심리학으로 읽는
고려왕조실록

고려의 흥망성쇠를 결정한 34인의 왕 이야기

심리학으로 읽는 고려왕조실록

이동연 지음

평단

고려 왕 34인을 심리학으로 읽다

귀신은 그림자가 없다. 그러나 사람은 누구나 자기 그림자를 지니고 있다. 고려 왕 34명도 각자 내면의 그림자를 가지고 있었다. 이 그림자를 '내면의 상처' 등 여러 말로 표현하지만, 그림자는 본인이 인식하기만 하면 충분히 다스릴 수 있다. 이 책에서는 이러한 그림자를 심리학이라는 현대 이론으로 들여다보았다.

후삼국 시대의 가장 뛰어난 인물이라 할 수 있었던 궁예는 자기 안의 그림자를 다스리지 못해 무너졌다. 고려 왕조에서 내면의 그림자가 가장 짙었던 인물이라 할 수 있던 현종은 그 그림자를 잘 다스려 성군이 되었다. 결국 삶을 좌우하는 것은 내면의 상처가 얼마나 큰지 작은지가 아니다. 그 그림자를 수용하고 받아들여 어떻게 삶의 동력으로 삼느냐가 더 중요하다.

인간은 무조건 선하거나 무조건 악한 존재가 아니다. 때에 따라 존재의 상태가 달라진다. 겉으론 당당하고 평화롭더라도 그 모습 뒤에 있는 동물적 욕구, 공격성 등이 나타날 수 있다. 그런 자신의 본모습을 직시하고 다스릴 때 비로소 내면의 그림자를 삶의 생산적 도구로 이용할 수 있다. 이는 곧 개성화를 이룬 참자아를 찾은 상태다.

자아란 한마디로 개인의식의 영역이다. 즉 기억, 사고, 인식, 관심, 판단 등을 통해 현실 검증으로 향하는 문이다. 그런 자아는 과거 인상과 지각으로 남겨진 기억 중에서 불필요한 흔적은 지우며, 또한 외부 세계를 관찰하고 사진처럼 보관해 현실에 반영하도록 도와준다. 다만, 무언가에 맹목적으로 의존할 때 자아는 약해진다. 이렇게 자아가 약해지면 현실을 직시하는 능력이 떨어져서 좋은 것과 나쁜 것, 생산적인 것과 파괴적인 것을 구별하지 못하게 된다.

건강한 자아를 가진 사람은 상반되는 여러 가지 생각을 가지고 있으면서도 정상적인 승화 방식을 택할 줄 안다. 이런 사람을 프로이트는 "본능(이드)이 있는 곳에 자아가 있게 하는 사람"이라고 표현했다.

자아 통합의 핵심은 과거의 경험을 재조직하고 자신의 모든 것과 화해하는 데 있다. 에릭 에릭슨에 따르면 자아 통합이란 이전 단계의 삶을 돌아봤을 때, 비록 우여곡절이 있었다 할지라도 발달의 긍정적 연속으로 바라보는 것을 말한다. 이런 관점을 지닐 때 자기 삶을 긍정적으로 통합할 수 있고 타인과도 친밀감을 형성할 수 있다. 에릭슨은 이를 "나르키소스적 자아 사랑"이라고 표현했다. 지난 세월 경험한 다양한 일이 개인의 자아 속에서 놀라운 긍정적 통합을 이루며, 이로 인해 우주적 시간과 친밀감을 가지며 지혜가 생긴다. 이 지혜로써 투사, 분열, 환상, 수동 공격성 같은 부정적 방어 기제를 버리고 유머, 봉사, 억제, 승화, 이타주의 등 비교적 성숙한 방어 기제를 사용할 수 있게 된다.

고려 왕 34명은 우리의 또 다른 모습이기도 하다. 그래서 이들의 행적을 심리적으로 들여다보면 우리도 자신의 그림자에서 빚어지는 시행착오를 줄이고 성숙한 자아 통합에 이를 수 있다. 그러면 인간과 사물은 물론 신까지도 일체의 공空으로 보는, 다음의 불경 한 구절이 가슴에 와 닿으리라.

어떤 소리에도 놀라지 않는 사자처럼,
어떤 그물에도 걸리지 않는 바람처럼,
어떤 진흙탕에도 더럽혀지지 않는 연꽃처럼.
그렇게 무소의 뿔처럼 혼자 가라.
ㅡ숫타니파타

1장

어지러운 후삼국 시대의 영웅들

집단 무의식의 형성 – 궁예, 견훤

궁예

부모로부터 버림받고 유모의 손에서 자랐으며, 출가했다가 큰 뜻을 품고 세력을 모아 후고구려를 세웠다. 허황된 알파형 리더로서 자신을 신격화하고 폭정을 일삼다 민심을 잃어버려 결국 왕건에게 전복당했다. 내면의 유기 불안을 극복하지 못한 그는 마음속 상처에 휘둘려 무너지고 말았다.

::

견훤

지방 군벌 중 가장 강력한 농민 출신 장군 아자개의 장남으로 태어나 젊은 나이에 후백제를 세웠다. 신라 땅을 정복하면서 패권을 주도했으나, 나르시시스트적 성격을 지닌 견훤은 후계자를 세우는 과정에서 주변의 반대에도 넷째 아들의 왕위 계승을 고집하다 반감을 사서 쫓겨났다.

민중의 등불, 신화

신라 말 나라의 기강이 흔들리고 혼란한 틈을 타 도처에서 천하 평정의 기치를 내건 세력들이 우후죽순처럼 일어났다. 이들 중에는 실제로 인걸도 있었으나 도적의 우두머리가 적지 않았으니 세상은 어지럽기 그지없었다. 한 치 앞도 내다볼 수 없는 암울한 시대, 사람들은 새로운 이정표를 제시해줄 무언가를 고대하기 마련이다. 이런 시대적 요구에 부응하고 사람들의 기대를 만족시켜 주는 데 가장 적합한 도구가 바로 '신화'다.

인간의 무의식은 개인 무의식과 집단 무의식으로 이뤄져 있다. 개인 무의식이란 어떤 사람이 살아오면서 겪은 경험이 무의식 속에 억압됨으로써 그 사람의 생각, 감정, 행동에 영향을 주는 것을 말한다면, 집단 무의식이란 그 사람의 옛 조상이 경험했던 의식이 쌓인 것을 말한다. 신화, 민담, 전설 등에는 집단 무의식이 내포되어 있으며, 한 민족의 특성을 알려면 먼저 그 민족의 신화나 민담을 살펴볼 필요가 있다.

백성은 무력감이 커질수록 보통 사람과는 다른 신의 선택을 받은 존재를 기다리며, 그 존재를 둘러싼 초월적인 이야기에 귀를 기울이게 된다. 옛사람들은 모든 물질에 생명이나 혼이 깃들어 있다고 믿는 물활론적物活論的 시각을 가지고 있었다. 이런 신화적 세계관을 가진 사람들을 자신의 세력으로 끌어들이려면 어떻게 해야 할까? 우선, 자신이 신의 소명을 받은 사람이라는 신화를 퍼뜨려야 한다. 그리하여 그 이야기가 집단 신화로 수용되면 그는 새로운 왕조의 시조가 되는 것이다.

어떤 이야기가 집단 신화로 수용되기 위해서는 두 가지 요소를 갖춰야 한다. 첫째, 그 집단에 전래한 신화적 상징을 빌려야 한다. 만일 전래한 것과 다른, 새로운 상징을 넣으려면 적어도 기존의 상징과 상충하지 않아야 한다. 둘째, 집단 구성원에게 동일한 희망을 심어주며 모두를 감싸 안는 내용이어야 한다.

고려를 세운 왕건(877~943) 가문의 신화는 이 두 가지 조건을 충분히 충족했다. 그래서 왕건이 목자를 잃은 양처럼 헤매던 삼한 민중의 등불이 될 수 있었던 것이다. 신화는 사람이 만들어내지만, 이렇게 탄생한 신화는 집단의 상징체계가 되는 순간부터 그 집단의 암묵적 정서를 지배하게 된다. 고려 왕씨 왕조의 문을 연 왕건과 관련된 신화 역시 신라 말의 사회적 분위기, 나아가 고려 사회 전반을 이해하는 데 중요한 자료가 된다고 할 수 있다.

왕건의 선대 족보에는 상식적으로 이해하기 어려운 신화가 많다. 신라는 타고난 혈통에 따라 신분이 결정되는 사회였으므로 왕이 되려면 자기 가문의 우월성을 드러내는 신화가 필요했다. 그러나 신화의 진위보다는 무엇을 지향하느냐가 더 중요하며, 그것이 대중적 염원을 담고 있어야 한다. 그래야 사람들에게 강력한 영향을 끼칠 수 있기 때문이다. 그러면 고려를 일으켜 세운 왕건 가문의 신화를 한번 살펴보자.

 ## 왕건 조상의 신화

고려 왕조 신화에 나오는 왕건의 5대조 호경은 백두산에서부터 유람하던 중 부소산(오늘날의 송악산)에 이르러 그곳의 한 여인과 혼인을 했다. 어느 날 호경은 마을 사람 9명과 함께 평나산에서 매사냥을 하다가 밤이 되자 바위 굴에 들어갔다. 그런데 굴 입구에서 호랑이가 포효하는 소리가 들려 뛰어 나갔으나 호랑이는 없고 갑자기 굴이 무너져 내렸다. 혼자 살아남은 호경은 굴에 묻혀 죽은 사람들의 장사를 지내고 나서 산신에게도 제사를 지냈다. 그때 산신이 나타났는데, 바로 굴 앞에서 으르렁거린 호랑이였다.

"나는 이 산을 맡고 있는 과부인데 늘 그대 같은 성골 장군을 만나 신정神政을 펴고 싶었소. 청컨대 나와 부부가 되어 이 산의 대왕이 되어주시오."

산신은 이렇게 말하고 호경의 손을 잡더니 홀연히 사라졌다. 이 광경을 본 마을 사람들은 9명이 죽었다 하여 산 이름을 구룡산으로 고치고 사당을 세워 호경을 대왕으로 모셨다.

그러나 호경은 옛 부인을 잊지 못하고 밤마다 찾아갔다. 이 부인이 낳은 아들이 왕건의 4대조 강충인데, 신라의 고명한 풍수가 팔원이 강충을 찾아와 다음과 같이 일러주었다.

"지금 사는 곳을 옮기고 새 고을에 소나무를 심어 바위를 드러나지 않게 하면 삼한을 통합할 큰 인물이 태어날 것이오."

그의 말대로 강충은 새로 이사한 곳에 소나무를 심고 마을 이름을 송악군(오늘날의 개성)이라 했다. 그랬더니 집에 천금이 쌓이고 두 아들이 태어났다. 그중 둘째 아들이 바로 왕건의 3대조 손호술(훗날 보육으로 개명함)이다.

보육은 어느 날 희한한 꿈을 꾸었다. 곡령(오늘날의 송악산)에 올라 소변을 보았는데 삼한 산천에 넘쳐흘러 은빛 바다가 되는 꿈이었다. 그 후 보육은 두 딸을 두게 되는데, 어느 날 큰딸은 오관산 꼭대기에서 본 소변이 천하에 넘쳐흐르는 꿈을 꾸었다. 둘째 딸 진의가 언니에게 비단 치마를 주고 그 꿈을 샀다.

당시 황태자 신분이었던 당나라 숙종이 여행하던 중 마침 보육의 집에 머물게 되었는데, 찢어진 옷을 꿰매달라고 보육에게 부탁했다. 보육은 첫눈에 그가 범상치 않은 인물임을 알고 큰딸을 불렀다. 그런데 큰딸이 문지방에 걸려서 넘어져 코피를 흘렸다. 할 수 없이 둘째 딸 진의가 옷을 꿰매주었는데, 이 일이 인연이 되어 진의는 황태자와의 사이에서 임신을 하게 되었다. 당나라로 돌아가는 날, 황태자는 비로소 자신의 신분을 밝혔다.

"나는 당나라의 귀성이다. 아들을 낳거든 이 활과 화살을 주거라."

진의와 당나라의 황태자 사이에서 왕건의 할아버지 작제건이 태어났다. 이에 대해 고려 말의 학자 이제현은 작제건이 당나라 숙종의 아들이라는 것은 허구라고 주장했다. 이 신화에 대해 원나라 한림학사들도 고려 신하들에게 의문을 제기했다. 그러자 고려 신하들은 작제건의 아버지는 숙종이 아니라 선종이라고 변명하기도 했다. 다른 학설에 의하면, 당나라 황실이 안사의 난 등으로 지방 통제력을 상실했을 때 고구려계 유민 이정기가 산둥 지역 신라방을 근거지로 신라와 교역하는 바닷길을 장악했는데, 이정기가 바로 작제건의 아버지라고도 한다.

어쨌든 집단 무의식에서 신화의 진위는 그리 중요하지 않다. 그 의미와 지향하는 바가 더 중요하다. 그래서 고대부터 내려온 신화, 민담, 전설 등은 개별 의식에 의해 가공되지 않은 채 집단정신에 큰 영향을 미친다. 한 민족이 공감하는 신화는 그 민족의 심리적 과정에 방향을 부여하는 바탕이 된다. 사람의 뇌는 지식과 신념을 처리하는 방식이 다른데, 뇌에 지식이 들어오면 옳고 그름을 판단해 기억을 수정하거나 보완하지만 신념의 경우는 다르다.

자신이 믿는 것과 다른 정보가 들어오면 그 정보가 옳든 그르든 상관없이 자동적으로 저항한다. 이 신념은 집단 무의식의 영향을 받는다.

 ## 왕건 탄생 신화

태어나면서부터 총명했던 작제건은 열여섯 살이 되자 아버지를 찾아 나섰다. 작제건은 아버지가 남긴 활과 화살을 가지고 당나라로 가는 배를 탔다. 바다 한가운데 이르러 구름이 자욱하게 끼자 배는 사흘 동안 나아가지 못했다. 그때 배에 타고 있던 무당이 점을 치더니 점괘를 내놓았다.

"저 청년을 용왕에게 바쳐야 한다."

이에 작제건이 활과 화살을 쥔 채 스스로 바다에 몸을 던지자 구름이 걷히고 배가 나아갈 수 있었다. 바닷속에서 작제건 앞에 한 노인이 나타나더니 절을 하며 이렇게 말했다.

"나는 서해의 용왕이오. 매일 신시가 되면 늙은 여우가 치성광여래상이 되어 하늘에서 내려와《옹종경臃腫經》을 읽는데 내 머리가 빠개질 듯 아프다오. 듣건대 그대는 가히 천하의 명궁이라 하니 부디 그 여우를 물리쳐주시오."

그 노인의 말을 듣고 작제건이 여우를 기다리고 있는데 과연 서쪽 하늘에서 풍악 소리가 들렸다. 구름과 안개 사이에 일월성신이 도열한 가운데 한 성인이 나타났다. 작제건이 그를 진짜 부처로 여겨 감히 쏘지 못하자 노인이 재촉했다.

"저것은 부처가 아니라 늙은 여우에 불과하다오."

마침내 작제건이 용기를 내어 활을 쏘아 맞히니 늙은 여우가 땅에 떨어져 죽었다. 노인은 크게 기뻐하며 작제건을 용궁으로 맞아들이고 소원이 무엇이냐고 물었다. 작제건은 동쪽 땅에서 왕 노릇을 하는 것이라고 답했다. 그러자 노인은 그것은 손자 대까지 기다려야 한다며 자신의 딸 저민의와 혼인하게 했다. 작제건과 용녀 저민의는 용왕에게 칠보, 버드나무 지팡이, 돼지를 선물로 받은 후 예성강 주위에 집을 짓고 살았다.

그런데 돼지가 1년이 넘도록 우리 안에 들어가지 않자 작제건이 돼지에게 말했다.

"만일 여기가 너 살 곳이 못 된다면 너 가고 싶은 대로 가거라. 나도 따라가겠다."

돼지는 송악 남쪽 기슭에 다다르자 그곳에 드러누웠다. 작제건은 그곳에 새로 집을 지었는데, 바로 4대조 강충의 옛 집터였다. 용녀 저민의는 새집 밖에 우물을 파고 그곳을 통해 용궁을 드나들면서 남편에게 부탁했다.

"제가 용궁에 가는 것을 엿보지 마세요. 그래야 다시 돌아올 것입니다."

평소에 아내의 말을 잘 따랐던 작제건은 어느 날 도무지 궁금해 참을 수가 없어서 훔쳐보고 말았다. 다음 날 저민의가 돌아와 크게 화를 냈다.

"부부 사이에는 신의가 제일입니다. 이를 당신이 깼으니 저는 더 이상 이곳에서 살 수 없게 되었습니다."

그러고는 홀연히 용이 되어 우물로 들어가 다시는 돌아오지 않았다. 이로써 왕건의 선대 모계는 용과 연결되고 고려 왕들은 용손龍孫 의식을 가지게 된다.

작제건과 지민의는 아들 넷을 두었는데, 장남을 용건이라 했다가 후에 륭으로 이름을 고쳤다. 어릴 적부터 삼한을 통합하겠다는 뜻을 품었던 륭은 어느 날 꿈속에서 미인을 만나 연분을 맺기로 약조했다. 그 뒤 륭은 송악의 거리에서 꿈속의 여인과 똑같은 여인을 만나 혼인을 하고 왕건을 낳았다. 그런데 이 여인이 어디에서 왔는지 아는 사람이 없어서 몽 부인이라 부르게 되었다.

륭은 송악의 남쪽에 새 저택을 지었는데 한 승려가 보더니, "기장을 심어야 할 땅에 삼을 심는구나"라는 묘한 말을 남기고 가버렸다. 이를 전해 들은 륭이 황급히 쫓아가 보니 잘 알고 지내던 동리산의 조사祖師 도선이었다. 도선은 륭을 데리고 곡령에 올라 산수의 맥을 살핀 후 지맥을 잡아주며 일렀다.

"내년에 반드시 성자를 낳으리니 이름을 왕건이라 하라."

이 같은 왕건의 탄생 신화는 '호랑이와 용, 식량'을 주요 소재로 한다. 호랑이는 삼한 민중이 신령하게 보는 동물이고, 용은 바다의 주인인 동시에 중국의 수호신이다. 이처럼 보편적 숭배 대상을 조상으로 둔 왕건이 도선 대사에 의해 식량(기장)을 주는 구체적인 인물로 소개되고 있다. 이런 신화는 일종의 주력呪力처럼 고려인에게 구성원으로서의 신념을 부여하는 역할을 했다.

견훤과 궁예, 군웅할거 시대를 정리하다

난세에는 영웅이 등장하곤 한다. 천하의 인걸들이 너도나도 영웅이 되겠다고 나설 때 민중의 선택을 받으려면 그들의 마음을 읽고 포섭해야 한다. 삼한을 통일한 왕건 또한 그런 영웅 중 한 사람이었다.

왕건의 신화가 궁예(?~918)나 견훤(867~936)처럼 주인공의 존엄성을 과시하는 데만 치중했다면 민중은 그에게서 등을 돌렸을 것이다. 왕건의 신화는 그 시대에 왜 고려 왕조가 세워져야 하는지에 관한 당위성을 내포하고 있었기 때문에 민중의 지지를 받을 수 있었다.

고려 태조의 신화는 삼한을 다시 통일할 임금, 바로 왕건의 출현을 주제로 한다. 일찍이 왕건의 탄생을 예언한 도선 대사는 왕건을 일컬어 "삼이 아니라 기장"이라 했는데 무슨 말일까?

삼, 곧 마는 뿌리를 약용과 식용으로 먹기도 하지만 주로 줄기로 옷을 만들어 입는다. 신라의 마지막 태자는 삼베 옷을 입고 금강산으로 들어가 최후를 맞이해 마의태자麻衣太子라고 불리지 않는가! 반면에 기장은 쌀, 보리, 조, 콩과 더불어 오곡 중의 하나다.

특히 쌀과 보리를 재배하기 이전부터 없어서는 안 될 중요한 식량이었다. 당시 신라는 지배층의 사치와 향락으로 백성이 굶주림에 시달리고 있었다. 그러므로 신화에서 왕건을 두고 마가 아니라 기장이라고 한 것은 그가 배고픈 백성에게 먹을 것을 준다는 의미다. 결국 삼한의 백성은 왕건의 다스림을 받게 되었는데 그 과정을 살펴보자.

신라는 세30내 문무왕(?~681)이 668년 고구려를 함락해 삼국을 통일하며 황금시대를 구가했다. 제35대 경덕왕(?~765)이 왕권 강화를 위해 관제를 정비하는 등 개혁을 시도하다가 귀족의 반발을 사서 도리어 왕권이 급속히 약화되었다. 이후 내리막길을 걷던 신라는 제51대 진성여왕(?~897)에 이르러 통일 국가의 기강이 완전히 무너졌다.

색욕에 빠진 진성여왕은 전국에서 수많은 미소년을 징집해 음사淫事를 즐기느라 나랏일을 돌보지 않았다. 여왕의 총애를 입은 자들이 요직을 독식했고 국고는 텅텅 비어 갔다. 이에 관리들이 전국을 돌며 강제로 세금을 징수하자 곳곳에서 반란이 일어났다. 이를 틈타 지방 호족들은 불만을 가진 자들을 규합해 스스로 장군이라 칭하고 세력을 기르기에 여념이 없었다.

그런 가운데 889년 사벌(오늘날의 상주)에서 농민 봉기가 일어났다. 원종, 애노, 아자개가 주도한 이 반란을 진압하기 위해 중앙에서 군사를 내려보냈으나 실패했다. 사벌 봉기를 기점으로 천년 신라는 혼돈에 빠져들었다. 조정의 힘은 겨우 서라벌(오늘날의 경

후삼국 시대의 지도

후삼국 시대는 신라, 후백제, 후고구려(태봉 · 마진), 세 나라가 한반도에 들어선 시대로, 이 시기의 사회 변동은 우리나라 역사상 고대 사회에서 중세 사회로의 전환을 의미한다. 9세기 말 신라가 혼란한 틈을 타여러 군웅이 등장했는데, 견훤은 후백제를, 궁예는 후고구려를 세웠다.

주) 주변에 머물렀고, 지방에서는 호족들이 우후죽순으로 군대를 일으켜 서로 뒤엉켜 싸웠다. 지방 호족들 가운데 대표적인 세력은 사벌의 아자개, 죽주(오늘날의 안성)의 기훤, 청주의 청길, 중원의 원회, 북원(오늘날의 원주)의 양길 등이었다. 아자개의 장남 견훤은 처음에는 아버지를 도와 서라벌 서남쪽을 휩쓸더니 독자 세력을 만들어 무진주(오늘날의 전라도 광주)를 장악하고 892년에 스스로 왕이 되었다.

한편, 중부에서 힘을 떨치던 기훤이 너무 독단적으로 처신하자 그를 따르던 궁예와 청길, 원회, 신훤 등이 강원도를 장악하고 있던 양길에게 투항했다. 그 후 견훤이 왕이 되자 궁예는 이에 자극을 받아 898년 송악을 도읍으로 정해 양길로부터 독립했다. 이에 분노한 양길이 공격했으나 궁예는 이를 물리치고 901년 후고구려를 세웠다. 이리하여 후삼국 시대의 서막이 열렸다.

알파형 리더를 고대한 신라 민중

이 시기에는 전국 방방곡곡에 도적 떼가 들끓었는데, 양길도 그중 하나로 독자적 세력을 형성해 천하 통일까지 도모했다. 이런 상황에서 가장 피해를 본 것은 일반 백성이었으니, 이들은 삼국을 통합해 태평 시대를 열어줄 왕을 고대할 수밖에 없었다. 세상이 혼란스러울수록 절대적 카리스마로 혼돈을 잠재울 영웅을 기다리는 법이다.

미국의 사회 심리학자 무자퍼 셰리프Muzafer Sherif는 여름 캠프를 열고 참가 남학생들을 무작위로 나눠 경쟁하게 하는 실험을 했다. 경쟁이 심할수록 이들 사이에서 근거 없는 억측이 난무해 다툼이 격화되고 자연스럽게 보스가 나타났다.

이런 보스는 알파형 리더다. 이들은 뜨거운 열정과 추진력, 강한 성취욕으로 큰 업적을 이루기도 하나, 자신을 비롯해 따르는 무리를 파멸로 이끌기도 한다. 치열한 경쟁 사회일수록 절대적인 권위를 행사하려는 알파 신드롬 혹은 권위 증후군을 지닌 리더가 등장하기 쉽다.

신라의 백성은 나라가 무너지니 불안감과 무력감에 빠졌다. 고대 사회처럼 개인의 주체적 자아가 각성되지 않은 상태에서 중앙 권력이 와해되면 백성은 자유를 추구하기보다는 다시 종속될 대상을 찾는다. 이는 사회 심리학에서 '자유로부터의 도피'라고 일컫는 현상으로, 일상의 자유를 포기하는 대신 안정과 안전을 선택하려는 성향에 따른 것이다.

이처럼 대다수의 사람들이 어떤 강한 힘에 종속되어 안도감을 느끼려 할 때 알파형 리더를 선호하는 현상이 나타난다. 알파형 리더는 사회적 안전을 미끼로 백성을 유혹하고, 백성은 자발적으로 독립과 자유를 바치는 대신 생존과 안전을 보장받으려 한다.

사회적 안전망이 잘 구축된 나라에서는 독재자가 출현하기가 쉽지 않다. 그러나 권리와 의무가 반비례하는 사회에서는 민중의 이름으로 일부 계층을 소외시키는 정치를 바라는 정서가 형성되기가 쉽다. 이래서 '집단 소외'가 나타난다.

사회 구조적 모순이 개인을 억압할 때 개인이 사회 구조에 대항하기는 매우 힘들다. 이럴 때 사람들은 그 구조와 맞서는 대신 약한 대상에게 억압된 분노를 표출한다. 이는 곧 인종 차별, 지역 차별, 성 차별, 종교 차별, 계층 차별로 나타난다.

밀그램의 고문 실험

밀그램은 실험에서 나타난 사람들의 잔인성이 사회 계층이나 성향 탓일지도 모른다는 생각에 자유주의자나 평화주의자를 선별해 실험을 하기도 했다. 그러나 오히려 이런 사람들이 더 잔인하게 행동하는 충격적인 결과가 나타났다. 한편, 전기 충격을 가하는 행동은 고통을 당하는 학생과의 관계에 따라 영향을 받았다. 학생과 친밀할수록 전기 충격을 가하는 데 주저하는 모습을 보였다. 고통을 당하는 사람이 자신과 똑같은 인간임을 인지하면 실험 대상자들은 비로소 자신이 무슨 짓을 하고 있는지 깨닫고 멈췄다.

미국의 심리학자 스탠리 밀그램Stanley Milgram은 평범한 시민을 대상으로 실험에 착수했다. 시민은 실험을 돕는 역할을 했는데, 교수의 말에 따라 학생에게 체벌, 즉 전기 충격을 가하는 것이었다.

실험실에 유리 벽을 설치해 시민들이 전기 충격을 당하는 학생의 모습을 볼 수 있게 했다. 사실 전기 충격은 거짓이었고, 교수와 학생은 전문 배우로서 연기를 한 것이었다.

이런 사실을 모르는 시민은 교수의 말에 따라 전기 충격을 가했다. 전기 충격을 당하는 학생이 괴로워하는 모습을 보면서도 명령 수행이라는 미명하에 그 강도를

알파형 리더, 히틀러

히틀러는 1889년 오스트리아의 작은 마을 브라우나우에서 태어났다. 엄한 아버지는 낙제생인 아들을 엄격하게 다룬 반면에 어머니는 아들을 아끼고 감싸주었다. 게르만 민족주의와 반유대주의를 내걸어 1933년 독일 수상이 되고, 1934년 독일 국가 원수가 되었다. 제2차 세계대전을 일으켰으나 패색이 짙어지자 자살했다.

높여 갔다. 그들은 사회적 위치에 따라 정당한 명령을 수행 중이라는 자기 합리화로 양심의 가책을 피했다. 알파형 리더는 바로 이런 점을 파고들어 독재자가 된다.

신라 말의 백성은 '메시아 대망 콤플렉스'를 가지고 있었던 셈이다. 이런 상황에서 알파형 리더 성향인 사람은 난국을 해결할 사람이 자신뿐이라는 '메시아 콤플렉스'를 가질 수 있다. 히틀러도 이런 망상에 빠졌었다. 그는 자신만이 선한 영靈의 화신이고 유대인은 악의 화신이라고 규정지었다.

민중의 메시아 대망 콤플렉스가 현실의 모순에서 생겨난 것이라면, 지도자 스스로 영웅으로 여기는 메시아 콤플렉스는 자아의 이상 과잉으로 나타나는 것이다. 이런 메시아 대망 콤플렉스와 메시아 콤플렉스가 맞아떨어지면 어떻게 될까?

히틀러가 등장했을 때 사람들은 그의 말과 제스처에 울고 웃고 열광했다. 이처럼 대중이 메시아급 지도자에게 보내는 지지는 전폭적이며 무조건적이다. 설령 지도자의 악행이 드러나더라도 이를 믿지 않거나 무슨 심오한 뜻이 있어서 그럴 것이라며 은유적으로 미화해버린다.

 궁예, 왕건의 신화에 묻히다

궁예는 자기 자신을 미륵불彌勒佛이라 칭했다. 그러나 당시에 백성은 궁예를 메시아의 반열에 올려주지 않았다. 결국 스스로 메시아라고 자화자찬하던 궁예가 자신은 메시아일 수도 있다고 은근히 간접적으로 암시한 왕건에게 패배한 셈이다. 대중은 이런 은근한 긍정적 후광 효과halo effect에 빠져들고 훨씬 더 감동한다.

후광 효과란 어떤 사람을 평가할 때 부분적인 속성에서 받은 인상이 다른 측면이나 전체적인 평가에 영향을 미치는 일반화의 경향을 의미한다. 즉, 한 부분을 보고 다른 측면까지 미뤄 짐작하는 것이다. 첫 만남에서 형성된 인상이나 고정관념으로 상대방을 평가하는 경우가 이에 해당된다. 사람들에게 좋은 이미지를 심어주어야 하는 정치인 등에게는 후광 효과가 특히 중요하다.

궁예는 낙인 효과labeling effect의 결과로 결국 나락으로 떨어지고 말았다. 자신을 미륵불이라 하면서도 전혀 부처답지 않은 행동을 하자 궁예는 곧 신망을 잃었다. 이렇게 한 번 낙인이 찍히면 주변의 호응은 차갑게 식어버리고, 이들을 다스리기 위해 지도자는 더욱 포악해지게 된다. 겉으로 부처인 척하면서 악행을 일삼은 궁예는 이중인격자로 낙인찍혀 결국 왕건에게 지도자의 자리를 내주고 말았다.

왕건 가문의 신화에 나타난 후광 효과를 살펴보자. 먼저 5대조 호경의 신화에는 한결같이 삼한 통합 인물에 대한 비전이 녹아 있다. 고조선 시대부터 전승된 이 신화는 백제, 신라, 고구려까지 통합한 평온한 세상을 바라는 민중의 열망을 대변한다.

호경은 평나산에서 호랑이로 둔갑했던 산신과 결혼했다. 이 호랑이는 단군 신화에서 태백산의 깊은 동굴을 뛰쳐나간 호랑이를 연상시킨다. 단군 신화에서 곰은 환웅의 말을 그대로 따라 웅녀가 되어 단군을 낳지만, 호랑이의 행방은 묘연하다. 고대인은 이 호랑이에 대해 궁금해했는데, 이 궁금증이 조선 시대에도 이어져 승려 설암(1651~1706)은 기행문《묘향산지》에 환웅이 백호와 결혼해 단군을 낳았다고 쓰기도 했다. 하지만 이는 어디까지나 단군 신화에서 자취를 감춘 호랑이에 대해 궁금증이 컸다는 반증일 뿐이다.

단군 신화를 통해 추측컨대, 환웅족과 곰을 섬기던 종족이 결합해 곰 종족의 신화와 문화가 사라졌다. 한편, 호랑이를 섬기던 종족은 환웅족에게 쫓겨 일본 규슈 지역으로 간 것으로 추정된다. 그 후 호랑이는 민속 신앙의 산신으로 남게 되었고, 오늘날에는 88 올림픽의 마스코트를 비롯해 여러 대학과 군부대의 상징물이 되었다.

그런데 호경 앞에 나타난 호랑이는 왜 호경에게 대왕의 자리를 맡아달라고 했을까? 이는 당시 고대인의 신관神觀이 변했음을 말해준다. 그 이전에는 신을 맹수와 같은 두려움과 공포의 대상으로만 보았으나, 호경의 시대에 이르러 점차 신을 인간적 속성을 지닌 인격신으로 보기 시작했다는 이야기이다.

호경은 여자 호신虎神과 부부가 되었으나 밤마다 옛 부인을 찾아가 합방해 강충을 낳았다. 왜 호신은 남편의 이런 행동을 묵과했을까?

우리나라의 산신 신앙은 수렵 문화 시기에 출현했다. 산신 중 최고의 신은 단연 호랑이로, 호랑이는 산의 주인이자 그 산의 일체를 주관하는 신체神體였다. 이는 고조선과 동예에도 그대로 전해져 동예는 '제호이위신祭虎以爲神'이라 하여 호랑이를 숭배했다. 산신 신앙을 국교國敎처럼 여기던 신라도 국가 제사에서 산신령을 모셨다. 중국의 용, 이집트의 사자, 인도의 코끼리처럼 호랑이는 신라에서 으뜸가는 신성한 동물이었다.

이렇게 대단한 호신이 호경을 대왕으로 모셨을 뿐만 아니라 그의 외도마저 묵인한 것은 왕건의 가문에 완전히 굴복하는 형국이다. 왕건 시조의 신화에는 호랑이가 굴복하는 모습뿐만 아니라, 중국의 토템인 용이 굴복하는 장면도 나타난다.

왕건의 2대조 작제건은 아버지를 찾기 위해 당나라에 가던 도중 용왕을 도와주고 용녀와 결혼하게 된다. 작제건은 중국인도 황제도 숭배하는 용과 결혼한 마당에 굳이 아버지 숙종을 만나러 갈 필요가 없어졌다. 따라서 그는 고향으로 돌아와 아들을 낳게 된다.

이처럼 왕건의 신화에 호랑이가 등장한 것은 천년 신라의 기운이 고려로 넘어갔음을 의미하며, 왕건의 조상 가운데 용이 포함되었다는 것은 고려가 중국도 지배할 수 있음을 암시한다. 이런 왕건의 신화는 왕건이 궁예로부터 독립한 직후부터 삼한 전역에 유포되기 시작했다. 일종의 대민 심리 전술이었던 셈이다.

그런데 궁예는 어쩌다 휘하의 장수 왕건에게 패배했을까?

미륵불이 되고 싶었다

궁예는 신라 제47대 헌안왕(?~861) 또는 제48대 경문왕(?~875)의 아들이라는 설, 제45대 신무왕(?~839)의 숨겨진 아들이자 장보고(?~846)의 외손이라는 설 등이 있는데, 경문왕의 아들일 가능성이 높다. 궁예의 어머니는 궁녀로 알려져 있다.

궁예가 태어나자 왕비의 아들을 태자로 앉힌 왕비의 측근 세력이 긴장했다. 이들은 일관日官을 동원해 궁예가 왕을 해칠 징조를 가지고 태어났다고 아뢰게 했다. 궁예는 5월 5일에 태어났는데, 당시에는 단옷날 태어난 아이가 부모에게 해를 끼친다는 속설이 있었다. 게다가 궁예가 태어날 때 이미 이가 났다는 것, 그날 지붕 위에 흰 무지개가 뻗쳐 있었던 것 등이 모두 아버지인 왕에게 불길한 징조라고 했다.

이런 궁예를 죽이라는 왕의 명령에 따라 한 병사가 갓난아기인 궁예를 내던졌는데, 마침 유모가 받아서 목숨을 건질 수 있었다. 하지만 그때 유모의 손가락이 궁예의 한쪽 눈을 찌르는 바람에 애꾸눈이 되고 말았다. 유모는 궁예를 데리고 시골로 달아나 숨어 살았다.

궁예는 10여 세에 강원도 세달사(오늘날의 흥교사)에 들어가 머리를 깎고 스님이

> **궁예의 출신 배경**
>
> 궁예가 죽임을 당할 뻔했다가 구사일생으로 살아난 과정은 왕위 다툼에서 희생된 왕자였다는 의미로 풀이하기도 한다. 한편으로 궁예의 아버지가 누구인지 명확하지 않다는 점 등을 들어 정쟁에서 패배해 몰락한 진골 귀족 출신으로 보기도 한다.

되었다. 그리고 스스로 법호를 선종善宗이라 지었다. 891년에 그는 죽주의 도둑 기훤을 찾아가 의탁했다가 다음 해 양길의 부하가 되었다. 당시는 진성여왕의 폐정으로 부정부패가 심각했고 도둑이 들끓던 혼돈의 시기였다.

양길은 궁예의 능력을 알아보고 그에게 많은 병사를 내주었다. 드디어 발판을 마련한 궁예는 군사를 이끌고 신라 영토를 휩쓸며 항복을 받아냈다. 애꾸눈 궁예는 삽시간에 전국적인 전쟁 영웅으로 떠올랐고 가는 곳마다 백성의 환영을 받았다.

그때만 해도 궁예는 모두가 평등하게 잘사는 미륵불의 세상을 만들고 싶어 했다. 지주의 재물을 빼앗아 백성에게 나눠주었고, 부하들에게는 군율을 엄정하게 적용하되 모두를 공평하게 대했으며, 사리를 취하지 않았다. 이리하여 병사와 백성의 신망을 얻은 궁예는 급기야 장군으로 추대되었다. 이에 궁예는 양길과 결별하고 독자 세력을 형성했으며, 왕건 부자의 투항을 받아들여 세력을 더욱 확장할 수 있었다. 궁예는 898년 한 해에만 평안도와 한산주의 30여 개 성을 공략해 창업의 기틀을 다졌고, 그해 7월 송악을 도읍지로 정했다.

이때 신라에도 큰 변화가 있었다. 진성여왕이 재위 10년 만인 897년에 세상을 뜨고 헌강왕(?~886)의 서자인 효공왕(?~912)이 그 뒤를 이었다. 그러나 효공왕의 나이가 열다섯에 불과해 조정은 왕의 장인인 박예겸이 좌지우지했다.

궁예는 899년 왕건에게 양주 등을 평정케 하고, 그다음 해에

국원(오늘날의 충주), 광주(오늘날의 하남), 청주 등 소백산맥 이북의 한강 유역 전체를 손에 넣었다. 궁예가 패배를 모르는 싸움을 계속하자 그가 가는 곳마다 호족들이 떨며 먼저 항복했다. 이미 왕이 되기에 충분한 힘을 가졌으나 궁예는 서두르지 않고 901년(효공왕 5년)에야 비로소 창업을 공포했다. 견훤보다 9년이나 뒤늦게 왕위에 오른 것이었다.

궁예는 백전백승의 명장이었지만 검만으로 세상을 통치할 수 있다고 생각하지는 않았다. 무엇보다 민심을 수습해야만 세상을 얻을 수 있고 백성의 불만이 무엇인지도 잘 알았다. 그래서 그는 향호鄕豪의 수탈을 금지하고 기존 불교의 폐해를 통렬히 비판했다. 더불어 한반도 역사상 가장 강성했던 고구려를 그리워하는 백성의 열망에 따라 그는 고구려 같은 국가를 재현하고자 다음과 같이 천명했다.

"옛적 신라가 당나라에 청병해 고구려를 무너뜨려 옛 서울 평양에 풀만 무성하도다. 내가 이 원한을 반드시 갚으리라."

스스로 고구려의 후계자라 자처하는 궁예의 포효를 들은 백성은 미륵불이 하생이나 한 듯 열광했다. 이로써 후삼국의 주도권을 견훤과 궁예, 두 사람이 쥐게 되었다. 견훤은 최대의 곡창 지대인 전라도를 장악하고 서라벌 남쪽을 휩쓸었다. 궁예는 주로 경기도와 황해도 지역을 점령했다.

904년 국호를 마진摩震으로 고치고 철원으로 천도한 궁예는 신라를 없애야 할 멸도滅都라 칭하면서 본격적으로 신라를 공략하

  심리학으로 읽는 고려왕조실록

기 시작했다. 궁예가 905년 군사를 몰아 죽령을 넘어 일거에 경상도 북부 지역을 손에 넣자, 견훤도 경상도 지역에 진출해 일선(오늘날의 선산) 이남의 10개 성을 장악했다. 이렇게 궁예와 견훤이 앞다퉈 신라 땅을 정복해 나갔다. 썩은 고목이 된 신라는 그저 두려움에 떨며 이를 지켜볼 수밖에 없었다.

궁예의 세가 견훤을 앞지른 데는 왕건의 힘이 컸다. 소년 시절부터 서해상에서 아버지 왕륭(?~897)의 선단을 지휘하며 자란 왕건은 해전에 능했다. 또한 장보고의 후예가 산둥 반도의 신라방을 중심으로 중국 동해안 지역에서 활동하다가, 왕건이 궁예의 수군 총대장이 되자 밑으로 들어와 왕건을 도왔다.

해전의 귀재 왕건은 전함을 이끌고 서해안을 따라 내려가 나주를 급습했다. 후백제로서는 나주를 빼앗기면 중국과의 뱃길이 끊기는 것은 물론이고 궁예에게 뒷마당을 내주는 것과 같았다. 당시 견훤은 서라벌을 정벌하기 위해 대군을 이끌고 강주(오늘날의 진주)를 지나는 중이었다. 결국 나주를 빼앗긴 견훤은 910년에 탈환하기 위해 대대적인 공세를 펼쳤으나 나주 포구에서 대치 중이던 왕건이 화공火攻을 사용해 나주를 지켰다.

 의심과 강박증에 빠지다

911년, 궁예는 국호를 태봉泰封, 연호를 수덕만세水德萬歲로 고쳤

다. 그해에 왕건은 궁예의 명을 받아 무진주를 점령하려 진군하다
가 빨래터에서 오씨를 만나 훗날 혜종(912~945)이 될 아이를 얻
었다. 궁예는 거듭 공로를 세우는 왕건을 크게 신임해 최고 벼슬
인 시중 자리에 앉혔다.

연전연승을 하며 세력이 급격히 확대되자 기세가 등등해진 궁
예는 중앙 집권적 왕권 강화에 몰두했다. 궁궐을 다시 짓고, 토지
소유 제도를 개혁해 세금 수입을 늘렸으며, 원활한 국제 교섭을
위해 사대史臺를 설치하고 중국어, 거란어, 일본어 등을 익히게 했
다. 여기까지는 무리가 없었다. 그러나 순군부를 설치해 지방 호
족의 사병을 관리하면서 호족들의 반발을 사게 되었다.

호족의 기반은 토지와 사병이었다. 평소에 사병은 호족의 토지
에서 일을 하다가 전쟁이 나면 호족을 따라 전쟁터에 나갔다. 그
런데 이 사병을 나라에서 직접 관리함으로써 호족의 군권과 경제
권은 무력화되기 시작했다. 궁예의 급진적 개혁에 호족들은 강력
히 저항했으나 오히려 많은 호족이 죽임을 당했다.

이 과정에서 궁예는 호족 출신의 아내 강씨와 두 아들까지 죽
였다. 황후 강씨가 신하들과 통정해 더러운 씨앗을 낳았고 그들이
합세해 반역을 도모했다는 이유를 들었다. 이 사건은 역사 기록을
살펴보면, 황후가 친정 세력이 몰락하는 데 반대해 궁예의 개혁에
제동을 걸자, 궁예가 황후마저 죽여 호족을 억누르겠다는 자신의
의지를 표명한 것으로도 해석할 수 있다.

호족의 실권을 해체하려는 궁예의 정책은 호족들에게는 크게

반감을 샀으나 백성에게는 환대를 받았다. 그러나 현실적으로는 호족의 막강한 힘을 무시할 수 없었다. 이에 궁예는 더더욱 백성이 자신에게 열광하도록 해야 했다. 궁예는 당시 민간에 퍼져 있던 미륵 신앙을 이용해 스스로 미륵불이라 자처하고 백성의 환심을 얻고자 했다.

그러나 급진적인 정치 개혁과 이를 뒷받침하기 위해 민중의 지지를 동원하려던 궁예의 전략은 다소 성급했다. 호족을 지나치게 몰아붙이며 자신을 신격화하는 데 집착한 것이 화근이 되었다. 호족 세력과의 갈등이 심해질수록 궁예는 불안이 더 깊어져서 조금이라도 거슬리는 자들을 가차 없이 제거했다.

그러던 918년 어느 날, 왕창근이라는 중국 상인이 묘한 글이 새겨진 거울을 들고 궁예를 찾아왔다. 그 거울 속의 문장이 예사롭지 않다고 여긴 궁예는 당대의 학자인 송함홍, 백탁, 허원을 은밀히 불러 해석해 보라고 했다. 이 고경결古鏡訣은 모두 147자로 이루어졌는데 핵심 구절은 다음과 같다.

> 사년에 두 용이 나타나는데於巳年中二龍見
> 한 용은 푸른 나무에 몸을 감추고一則藏身靑木中
> 또 다른 용은 검은 쇠 동쪽에서 나타날 것이다.一則現形黑金東

미륵불을 자처한 궁예

미륵 신앙은 어지러운 세상을 구할 미륵이 나타난다는 것이다. 궁예는 이 미륵을 자기 자신에게 적용해 스스로 미륵불이라 부르고 맏아들은 신광보살, 둘째 아들은 청광보살이라 했다. 또한 방포를 걸치고 머리에는 금빛 고깔을 썼으며 외출할 때는 백마를 타는 등 겉으로도 장엄한 미륵의 분위기를 연출했다.

푸른 나무는 송악, 검은 쇠는 철원을 가리킨다. 거울의 나머지 구절에서는 철원의 용이 쇠하고 송악의 용이 일어나 "먼저 닭을 잡고 후에 오리를 친다先操鷄後搏鴨"고 했다. 여기서 닭은 계림, 즉 신라를 말하고 오리는 압록강을 가리킨다.

이는 곧 왕건이 왕이 되어 압록강까지 통합한다는 의미였다. 만일 이대로 궁예에게 알리면 왕건은 살아남기 힘들었다. 세 학자는 의논 끝에 왕건에게 화가 미치지 않도록 적당히 꾸며서 보고했다. 그러나 궁예도 짐작하는 바가 있어서 왕건을 불러 물어보았다.

"그대가 어젯밤 사람들을 모아 반란을 일으키려 했지?"

이에 왕건이 극구 부인하자 궁예가 하늘을 우러러보며 말했다.

"나를 속이려 마라. 나는 사람의 마음을 꿰뚫어 보느니라."

궁예의 관심법

궁예는 자신이 사람의 마음을 들여다볼 수 있는 신통력을 지녔다고 했다. 이것이 바로 관심법이다. 궁예는 관심법을 내세워 자신의 말을 거역하는 사람들, 심지어 아내와 자식까지 처단했다. 그러나 이런 기이한 행태는 사람들이 등을 돌리고 혁명이 일어나는 계기가 되었다.

이때 왕건을 아끼던 최응이 그에게 인정하지 않으면 목숨이 위태롭다고 귀띔해주었다. 왕건은 순간을 모면하고자 역모를 꾸몄다고 거짓으로 인정했다. 그러자 궁예는 오히려 크게 기뻐하면서 왕건의 정직함을 칭찬하고 금으로 만든 안장과 굴레를 하사했다. 자신의 관심법觀心法을 많은 사람 앞에서 증명한 셈이었기 때문이다.

🪷 궁예 내면의 상처

천하를 쥐락펴락하는 자리에 오른 궁예. 그러나 그의 내면에는 '버림받은 아이'가 울고 있었다. 어릴 적 궁예가 철없이 말썽을 피우자 그를 키워준 유모는 출생의 비밀을 털어놓았다. 왕인 아버지로부터 버림을 받았다는 사실, 여태 자신을 키워준 사람은 진짜 어머니가 아니라 유모이고, 자신을 구하려다 한쪽 눈을 멀게 했다는 사실에 경악한 아이……. 이후로 궁예는 세상이 전혀 달리 보였을 것이고 기존의 모든 것이 무의미해졌을 것이다.

지울 수 없는 마음의 상처를 입은 궁예는 그길로 산속 절간에 들어가 승려가 되어 자기 침잠의 세계에 빠져들었다. '선종善宗'이라는 법명에서도 알 수 있듯이 궁예도 처음에는 파계승이 아니었다. 그는 자신의 한을 당시 억압받던 민중에게 투사해 차별과 고통이 없는 미륵의 세상을 꿈꾸며 어른이 되었다.

그러던 어느 날, 궁예가 재齋를 올리러 가는데 까마귀 한 마리가 점을 치는 산가지를 바리때 위에 떨어뜨렸다. 그 산가지에는 '왕王' 자가 새겨져 있었다. 그것을 본 순간 궁예에게는 승려로서 미륵 세상을 기원하며 살겠다는 생각이 떠나고, 난세에 직접 뛰어들어 통치자로서 세상을 뒤엎어 보겠다는 욕구가 끓어올랐다.

"왕자 출신인 내가 왕이 되어 혼돈 속의 세상을 구원하는 것은 당연한 일 아닌가!"

보통 사람 같으면 까마귀가 떨어뜨린 산가지를 보고 우연이라고 여겨 큰 의미를 부여하지 않았을지도 모른다. 그러나 버림받은 왕자라는 과거와 내면에 큰 상처가 도사리고 있던 그에겐 사소한 일도 그 상처를 터트리는 계기가 될 수 있었다. 궁예의 내면에 웅크리고 있던 버림받은 아이는 드디어 괴력을 발휘하게 되었다.

이처럼 과거의 원한이 어떤 계기로 인해 밖으로 표출될 때 해원解寃하고 통합적 변혁으로 나아가면 큰 업적을 남길 수 있으나, 반대로 내면의 상저에 지나치게 휘둘리면 파괴적이 될 수 있다. 궁예는 '왕' 자에 온 정신이 사로잡혔고, 자신을 버린, 자신을 불구로 만든 신라 왕실을 뒤엎겠다는 증오심에 휩싸였다.

궁예는 신라 왕실에 대한 증오심을 미륵 세상으로 구현하겠다는 의지로 겨우 대치했으나, 권력을 잡을 실낱같은 희망만 보여도 치솟아오르는 증오심을 막을 길이 없었다. 이처럼 승화되지 않은 대치로는 억압된 상처를 이겨 내기가 어렵다.

궁예와 비슷한 유년기를 보내고 성인이 되면 그 내면에 도사리고 있는 '버림받은 아이'가 늘 '유기遺棄 불안'을 불러일으킨다. 어릴수록 스스로 자족하지 못해 여러 종류의 불안을 겪게 되는데, 그중 심리적으로 가장 큰 불안이 유기 불안이다. 유기 불안의 정도가 강할수록 인간으로서의 정체감은 차치하고 개체로서의 온전한 느낌을 가지지 못한다.

엄마의 뱃속에서 평온하게 성장한 아이는 태어남과 동시에 세상과 직면하면서 원초적 불안을 경험한다. 멜라니 클라인Melanie Klein 등 아동 정신분석 학자들에 의하면 인간은 누구나 출생과 동반되는 원초적 불안의 영향을 평생 동안 받는다. 아이에게 출생의 경험은 평온했던 환경이 순식간에 산산조각 나는 것과 같은 일이다. 자신이 이런 세상에 나오려고 자궁을 손과 발로 찼다는 (태동) 사실이 무의식중에 일종의 파괴적 능력으로 자각된다.

이처럼 세상과의 첫 대면에서 경험한 두 가지 느낌을 가지고 아이는 어머니(아이를 돌보는 사람)와 상호 작용을 하게 된다. 이 과정에서 건전한 분리 개체화 작업이 일어난다. 하지만 이 과정이 순탄치 않으면 두려움, 죄책감, 전능 환상 등이 심화되면서 자폐 증세나 공생적 정서 장애(분리 불안 등)가 나타날 수도 있다.

신생아는 태어난 뒤 몇 주 동안 마치 자궁 속에 있는 것처럼 리비도libido의 지배를 받아 본능적 욕구를 충족하기 위해 반사적으로 움직인다. 이 기간의 리비도 집중은 생리적 과정으로서 심리적 과정이 거의 없다. 거의 하루 내내 잠을 자며, 배가 고플 때나 대소변을 보아 다른 욕구가 생길 때 잠에서 깨어나 울고, 욕구가 해소되면 다시 잠을 잔다.

정신 의학자인 마거릿 S. 말러Margaret S. Mahler는 이를 '정상적 자폐 단계'라고 했다. 그녀는 저서 《유아의 심리적 탄생》에서 이 단계를 지난 유아는 다음 단계인 '조건적 전능 환상 단계'가 시작된다고 했다. 이는 일차적 자기애의 상태인데, 유아

리비도

프로이트Sigmund Freud가 제시한 개념으로 성적 본능과 관련한 에너지를 말한다. 리비도는 전 생애에 걸쳐 쾌락, 애착에 대한 원인이 되므로 리비도가 적절히 방출되지 못하면 문제가 생길 수 있다. 프로이트는 리비도가 사춘기에 갑자기 나타나는 것이 아니라 태어나면서부터 서서히 발달한다고 보았다.

는 욕구가 해소되었는데도 돌봐 주는 사람이 누구인지 자각하지 못한다.

조건적 전능 환상 단계를 지나 생후 2개월이 되면 '정상적 공생 단계'에 접어든다. 새가 알을 깨고 나오듯 신생아의 자폐적 장벽이 깨지면서 자기 집중이 조금씩 줄어들고 외부 자극에 대한 감수성이 크게 늘어난다. 유아의 공생은 생물학적 상호 공존의 개념이 아니라 미분화된 융합의 상태다.

이 단계의 유아에게 모든 지각 대상은 '움직이는 덩어리'일 뿐이다. '움직이는 덩어리'란 프로이트의 표현인데, 유아는 무경계성의 감각으로 이 덩어리들을 마치 대양처럼 느낀다. 유아에게는 부모도 하나의 움직이는 덩어리인데, 이때 가장 의미 있는 행동은 '미소로 넉넉히 안아 주기'다.

이런 상호 작용은 유아의 정상적인 분리와 개별화 과정의 전제 조건으로, 이와 같은 경험이 없으면 아이의 내면은 통합되지 못하고 파편적·파괴적 충동이 생겨 이런 충동을 외부로 투사할 수밖에 없게 된다. 다시 말해, 양육자의 태도에 기복이 심하면 아이는 양육자를 상실할지도 모른다는 대상 상실 불안을 갖는다.

아이는 자신이 만족할 때 양육자가 함께 웃어 주고, 자신이 불만스러울 때 함께 울어 주며 공감하는 모습을 보고 안도한다. 이때 충동 조절과 이성적 판단에 관여하는 전두엽이 발달한다. 그러나 양육자가 변덕스러워서 일관되게 따뜻이 보살펴 주지 못할 경우, 환경으로부터 정보를 받아 분석하고 문제를 해결하는 능력이 제대로 발달하지 못한다.

이런 아이는 성장한 이후에도 원시적 세계관에 갇혀, 자신이 경험한 세상과 사람들을 '이상적인 선과 깨부숴야 할 악' 또는 '박해하는 것과 순교당하는 사람' 등 이분법적인 사고에 고착되기가 쉽다. 세상을 이분법적으로 보는 방식에 고착되면 연민과는 거리가 먼 비인간화된 성품을 지닌 사람이 될 가능성이 크다. 물론 자신의 방식으로 연민을 느끼기는 하지만 그 연민은 객관성이 없고 신뢰할 수도 없다.

아이의 정서적 성숙에서 양육 방식의 중요성은 아무리 강조해도 지나치지 않다. 아이가 마술적 전능감에서 벗어나 자율적 자아를 확립하기까지는 양육자의 정서적 지지가 계속될 것이라는 믿음이 있어야 한다.

아이에게 의존 대상으로부터 사랑받지 못할 수도 있다는 '애정 상실의 공포'보다 더 치명적인 것이 '의존 대상 상실의 공포'다. 그래서 유기 경험을 지닌 아이는 정서 조절력이 현저히 떨어진다. 이런 경우 자아 분열과 투사라는 원초적 수단을 통해 불안을 누그러뜨리려 하거나, 격렬한 신체 활동으로 좌절감을 달래려는 경향이 있다.

궁예는 아버지로부터 버림을 받았다는 유기감遺棄感과 함께 외상 후 스트레스 장애post traumatic stress disorder, PTSD도 있었던 듯하다. 정신 의학자 레노어 테어Lenore Terr는 유아 시절의 외상(트라우마)은 잊히더라도 사라지지 않은 채 남아 있다고 지적하며,

이런 경험을 지닌 사람들의 일상은 단조롭고 냉혹한 면이 있으므로 잘 관찰하면 외상의 유무를 짐작할 수 있다고 말했다. 궁예는 어린 시절 말썽을 많이 부렸는데, 이는 외상 후 스트레스 장애에 따른 것으로 볼 수 있다.

아동의 외상은 보통 경계선境界線 증후군으로 변해 부적절한 자기상自己像, 정동情動, 사고思考, 원만하지 않은 인간관계를 낳는다. 이런 사람들은 잠시도 가만히 있지 못하고 끊임없이 관심을 요구한다. 삶의 목표도 뚜렷하지 않다. 이들은 자기 구성이 산만해 공동체, 가족, 우정, 사랑 등에 대해 늘 의문을 제기하며 만성적으로 분노하거나 우울해한다.

궁예도 다른 사람들을 대할 때 전반적으로 이상화와 거부를 반복하며 자기 파괴적인 충동 행동을 했다. 성장 과정에서 무의식중에 영상화된 외상을 자기도 모르게 재경험하려는 충동에 따른 것이었다.

한 인간의 내적 기본 신뢰는 양육자가 누구냐에 따라 습득되기도 하고 어지럽혀지기도 한다. 안정적인 보살핌을 받았다는 첫 경험은 자신이 살아갈 세상도 호의적일 것이라는, 지워지지 않는 밑그림이 된다. 이런 관점에서 봤을 때, 궁예가 포악한 군주가 된 원인은 아버지에게 버림을 받으면서부터 시작되었다고 할 수 있다.

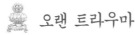 오랜 트라우마

궁예처럼 극단적이지는 않더라도 누구나 어느 정도는 내면에 트라우마를 가지고 있다. 이런 트라우마에 끌려다니는 사람은 내면의 한에 휘둘려 다중 인격, 경계선 장애, 신체화 증상을 나타내며, 삶을 이어 가기가 힘겨워 결국 자살을 시도하기도 한다.

공자는 "소인한거 위불선 무소부지小人閑居 爲不善 無所不至"라 했다. 소인이 한가하면 나쁜 일을 하기가 쉽다는 뜻이다. 여기서 소인은 트라우마를 극복하지 못한 채 권력을 쥔 궁예 같은 인물이라고 풀이할 수도 있다. 이들은 여유 만만하게 악행을 저지르며 사회적 외톨이가 된다. 주변에 간신은 많지만 충신이 없어서 군중 속의 고독감을 느끼고, 이는 이유 없는 증오심으로 발전한다. 이들은 권력을 남용하면서 멋대로 증오심을 해소하다 파멸에 이른다. 궁예처럼 강한 사람이 내적 트라우마에 휘둘릴 때, 왕건같이 물 흐르듯 유연한 성격을 가진 사람이 대안으로 떠오른다면 그는 결국 내쫓기고 만다.

어떻게 해야 내면의 우는 아이를 달래 치유할 수 있을까?

하버드 의대 교수 주디스 루이스 허먼Judith Lewis Herman은 가정 폭력과 성폭력 피해자, 참전 용사 등의 심리적 외상을 연구해 《트라우마》라는 책을 펴냈다. 그는 치유의 원칙으로 "자신에게 일어난 상처에 대해서는 책임이 없으나 회복에 대해서는 책임이 있다"고 강조했다.

KBS 드라마 〈태조 왕건〉

후삼국 시대부터 공민왕 시대까지를 다루는 가운데 궁예와 왕건을 집
중 조명한 대하드라마다. 2000년 4월 1일부터 2002년 2월 24일까지
총 200회를 방송했는데 높은 시청률을 기록하며 큰 인기를 끌었다.
왕건 역을 맡은 최수종과 궁예 역을 맡은 김영철은 큰 상을 휩쓸었다.

보호자에게 지속적으로 학대를 당한 아이의 경우, 학대의 원인을 자신에게 돌리며 자기 본성이 사악하다고 낙인찍는다. 자신이 맞을 만하니까 때렸을 것이라고 믿는 것이다. 그래야 아이는 자기 생존에 대한 절대 권력을 쥔 학대자를 덜 미워하게 되는데, 이는 아이의 생존 전략이기도 하다.

아이는 학대자를 증오하면서도 어느 정도 정당성을 부여해 무엇이든 성취해 보려고 노력한다. 이렇게 해서 성공하는 경우도 있지만 자신의 진짜 모습은 외부로 비쳐진 성공한 모습이 아니라고 생각한다. 본래 사악한 자기 모습이 드러나기만 하면 모두가 자기를 버릴 것이라는 근원적 오해를 품고 살아간다.

아이는 유아기에 학대자와 애착 관계를 유지해야 하기 때문에, 자신이 학대를 유발하는 사악한 존재라는 잠재의식을 가지게 된다. 또한 성인이 된 후 학대받지 않는 상황이 되어도 자신이 사악하다는 감정을 내려놓기가 어렵고, 일부러 비난받는 상황을 만들기도 한다.

그러므로 늘 학대받는 아동, 또는 그 상태로 성장한 성인에게는 '네 잘못이 아니라는 것'을 깊이 주지시켜야 한다. 성인이라면 과거의 두렵고 공포스러웠던 학대 경험을 있는 그대로 받아들이고 자신의 삶을 스스로 충분히 그리고 안전하게 통제할 수 있음을 인정해야 한다. 그럼으로써 그의 역량이 강화된다.

자신의 피학적 상태가 본래 가지고 있던 것이 아니라 외부의 부당한 행위에 의해 옷처럼 덧입힌 것임을 알고 확신하게 될 때 치유가 시작된다. 혹시 치료자가 개입하더라도 '심리적 외상을 당한 자가 자기 경험을 수용하고 스스로를 통제할 수 있어야 한다'는 대원칙하에 움직여야 한다. 심리적 외상을 급속히 카타르시스로 회복하려 하기보다 꾸준히 고치려는 마음 자세가 중요하다.

트라우마를 말살하기보다 그것과 더불어 살며 그 트라우마를 발전과 성숙의 원천으로 사용하는 방법까지 익혔을 때 마침내 내면의 상처가 완치된다. 이때 상처받은 내면의 아이가 '본래의 아이'로 회복된다. 카를 융Carl Gustav Jung은 이 본래의 아이야말로 가장 창조적인 에너지를 지녔다고 했다. 상처받은 내면의 아이를 자기 스스로 치유해 본래의 아이로 회복된 사람은 온실에서 자란 사람보다도 폭넓은 시야를 가지게 되어 창조적 통찰력, 변혁적 상상력, 통합적 구성력을 발휘할 수 있다. 반면에 궁예는 천하의 명군이 될 자질을 갖췄음에도 상처받은 내면의 아이를 보듬지 못해 결국 폭군으로 전락하고 말았다.

 ## 주몽과 왕건을 흠모하다

궁예와 같은 성장 배경을 지닌 아이는 따스한 보살핌에 대한 욕망이 전이되어 '가족 로맨스'를 품게 된다. 이는 프로이트가 신경증 환자를 치료하면서 발견한 특이한 상상력인데, 아직 사춘기를 맞지 않은 아이가 제 역할을 못하는 생물학적 부모 대신 다른 사람으로 대체해 상상하는 것이다.

어머니를 구타하는 아버지를 보고 자란 히틀러는 평생 자신이 본받고 존경할 만한 남성상을 찾아 헤맸다. 학창 시절에는 선생님에게서 찾으려 했으나 실패하고 역사 속의 인물인 시저, 나폴레옹 등을 인도자로 삼았다. 이처럼 궁예도 고구려를 세운 주몽(기원전 58~기원전 19)을 흠모했다. 스스로 활의 후손이라며 주몽의 후예, 고구려의 계승자를 자임한 궁예에게 신라는 고구려를 멸망시킨 철천지원수인 셈이었다.

궁예는 철원에 태봉국을 세우고 현실에 불만을 가진 농민들과 함께 동고동락하며 강원도 지역을 점령했다. 898년에 송악으로 도읍해 한강 유역을 장악했으며, 904년에는 국호를 대동방국大東方國을 뜻하는 마진으로 바꾸고 도읍을 다시 철원으로 옮겼다. 911년 국호를 또다시 태봉으로 바꿨는데, 이처럼 국호와 수도를 자주 바꾼 것도 궁예의 불안 심리를 보여 준다.

궁예는 주몽을 흠모하는 한편, 현실적으로는 왕건을 더 주목했다. 궁예와 왕건의 능력을 단순히 비교해 보면 궁예가 훨씬 앞선다. 그러나 왕건에게는 있으나 궁예에게는 없었던 것이 있었으니 바로 조화와 융화의 리더십이었다. 궁예는 비록 왕족 출신이라지만 핏덩이 때 버림받은 데다, 후에 초적들의 도움을 받아 손에 피를 묻히며 힘을 키우고 크게 성공했으나 큰 조직을 관리할 만한 자질과 인품을 갖추지 못했다.

궁예의 주변에는 굽실거리는 신하가 많았지만 정작 궁예는 누구 하나 마음 놓고 믿지 못했다. 불신이 깊을수록 궁예는 신하들과 신뢰를 쌓으려고 노력하기보다는 더욱 무자비하게 권력을 행사했고, 신하들 또한 그를 두려워만 할 뿐 진심으로 믿고 따르지 않았다. 그렇게 관계는 악순환을 거듭했다.

이와 반대로 왕건 주변에는 자발적으로 충성하는 가신들이 많았다. 신숭겸, 홍유, 복지겸 등이 그랬다. 약관의 나이에 궁예 밑으로 들어간 왕건은 후백제와의 싸움에서 연승하면서 충청도와 경상도, 그리고 전라도의 나주까지 공략해 태봉국의 세력권을 넓히는 데 크게 일조했다. 이런 공로로 왕건은 마흔도 되기 전에 백관의 우두머리인 시중에 올랐다. 그만큼 궁예는 자신과 달리 사람들을 마음으로부터 설복하는 왕건을 신뢰하고 총애했던 것이다.

 ## 건강한 관계 맺기에 실패하다

궁예가 포악해질수록 왕건은 인내하며 포용하는 모습을 보였다. 이처럼 왕건이 궁예와 상반된 이미지를 구축한 것은, 불안을 외부에 즉각 투사하는 궁예와 달리 사고 과정을 통해 원인을 파악하고 적절한 해결책을 찾을 수 있었던 그로서 내심 일인자의 자리를 노리고 펼친 고도의 전략이었다.

이런 왕건 주변에 장수들이 모이고 백성도 존경을 보내자 덩달아 시기하는 자도 생겨났다. 이때 왕건은 궁예에게 위협적인 인물로 비치지 않도록 자청해 변방으로 피했다. 왕건은 궁예에게 여러차례 간청해 남쪽으로 내려갔고, 수군 지휘관으로서 나주 지역을 되찾았다. 이런 왕건에게 궁예는 "내 장수들 중 누가 이 사람과 비교할 수 있겠는가"라며 극찬했다.

그러나 중앙 무대에서 벗어났어도 왕건의 인기가 식을 줄 모르자 불안해진 궁예는 급히 왕건을 불러들였다. 그는 관심법을 이용해 그에게 역모 누명을 씌우고 의중을 떠 봤다. 이때 왕건은 반역을 꾀한 일이 없음에도 태연히 인정해 절체절명의 위기를 넘겼다. 여기서 의문이 남는다. 설령 거짓이더라도 역모를 자백했는데 어느 왕이 웃어넘기며 상까지 준단 말인가?

궁예는 왕의 자리만 차지하고 있었을 뿐 신하들의 절대다수는 이미 마음으로 왕건을 따르고 있었다. 이런 상황을 알고 있었던 궁예로서는 왕건을 제거하기가 쉽지 않았다. 궁예도 자신이 신하들과 한데 섞이지 못하고 겉돌고 있음을 알았다. 그래서 택한 수단이 전지전능한 미륵불을 자처하며 공포 정치를 펼친 것이었다. 게다가 자신이 흠뻑 빠져 있던 관심법을 왕건이 인정해 주니 세상을 다 얻은 듯 흡족했을 것이다.

이런 가운데 왕건은 드러나지 않게 왕으로서의 상징화 작업을 진행하고 있었다. 그중 하나가 앞에서 언급한 고경결이었다. 철원 출신 궁예의 시대가 끝나고 송악 출신의 왕건이 새 시대를 열 것이라는 내용이 담긴 거울이었다.

언어는 사회적 의사소통의 수단으로서 신념과 가치관, 사상의 기조가 내포돼 있다. 만일 어떤 언어의 상징적 표현을 집단이 공유하면 그 집단은 그 표현에 직간접적으로 영향을 받으며 거기에 예속될 수 있다. 고경결의 명문장은 궁예를 실각시키기 위해 조작된 예언으로 민간에 유포되어 민심이 왕건에게 쏠리도록 했다. 이렇게 집단 심리가 형성되자 민중은 자연스럽게 왕건을 대망하게 되었다.

만약 궁예가 조금이라도 측근을 다독이고 끌어안았다면 왕건의 사회 심리 조작술이 그렇게까지 먹히진 않았을 것이다. 그러나 궁예는 사람들과 편안한 관계를 맺을 수 없는 심리 상태였으며, 이는 최고의 지위에 오르면서 더욱더 굳어지고 말았다.

내면이 불안한 어머니는 자신도 모르게 아이를 위협하게 된다. 궁예를 데리고 도망친 유모는 숨어 살며 궁예를 길렀다. 발각되는 날에는 목숨을 부지하기가 어려웠다. 이런 두려움을 안고 아이를 길렀다면 아이가 한 살이 지날 무렵 보이는 자연스러운 분리와 개별화 과정에 악영향을 미쳤을 것이다.

보통의 어머니라면 신세계에 눈을 떠 가는 아이에게 박수를 쳐 주며 기뻐한다. 이런 양육자는 아이의 욕구를 부드럽게 충족시켜 주면서 점차 독립성을 제공한다. 그러나 내면이 불안한 양육자는 아이가 낯선 것을 만지면서 탐험하려 할 때 짜증을 내면서 못하게 막는다. 이런 일이 반복되면 아이는 새로운 관계를 맺는 것에 대한 위협감을 내면화하게 된다. 물론 이후의 성장 과정에서 보다 안정적이고 신뢰할 만한 환경이 마련된다면 내면의 위협감이 사라지겠지만, 궁예처럼 풍전등화 같은 세월을 살게 될 경우 내면의 위협감이 고착되어 버린다.

이렇게 성인이 되면 안정된 직장에 들어가서도 언제 쫓겨날지 모른다는 막연한 두려움 때문에 능력을 충분히 발휘하지 못하고 주변 사람들과 편안한 관계를 맺기도 어렵다. 상대가 자신에게 안전한 사람인지 확신이 잘 서지 않기 때문이다. 설령 안전한 사람이라고 확신이 들더라도 언제 자신의 곁을 떠날지 몰라 불안해하며 더 집착하게 된다.

궁예는 잠시나마 미륵 사상으로 백성의 환심을 사는 등 심리 전술가다운 면모를 보였으나 결국 내면 깊은 곳의 불안을 떨쳐 버리지는 못했다. 그는 자기 조절에 실패해 내면의 불안을 고스란히 밖으로 드러내면서 주변 사람들에게 고통을 안겨 주었다. 이런 상황에서 궁예와 반대되는 성향의 왕건에게 민심이 쏠린 것은 지극히 당연한 일이었을 것이다.

2장

고려 역사의 문을 열다

용인술의 천재 – 제1대 태조(왕건)

태조

아버지 왕륭을 따라 궁예의 휘하에 들어가 궁예가 후고구려의 세를 키우는 데 큰 몫을 했다. 궁예의 신임을 얻어 높은 자리에 올랐으나, 나서지 않고 조용히 조화의 리더십을 발휘해 부하들이 스스로 따르도록 했다. 포악한 궁예에 비해 따뜻한 통솔력으로 민중의 마음을 사서 왕으로 추대되었다. 자신의 생애를 즐풍목우櫛風沐雨(바람으로 머리를 빗고 비로 목욕을 한다)라고 표현할 만큼 싸움터에서 긴 세월을 보내다 마침내 고려를 세우고 신라와 후백제를 흡수해 삼한 통일을 이뤘다.

왕룡, 고려 개국의 초석을 놓다

고려를 세운 사람은 왕건이지만 개국의 주춧돌을 놓은 것은 왕건의 아버지 왕룡이었다. 왕룡은 신라 말 혼란스럽던 시기에 송도(오늘날의 개성)에 살던 권세 있는 호족이었다. 혼란의 시기에 왕룡과 같은 부호가 살아남는 방법은 두 가지였다. 스스로 시대를 이끌어 가거나, 아니면 세력을 주도할 만한 사람의 편에 서서 추종하는 것. 왕룡은 일찍이 삼한 통합의 뜻을 품었으나 일을 서두르지 않았다. 시대적 상황을 주시하면서 좀 더 멀리 내다보고 큰일을 이뤄 낼 대책을 모색하고 있었다.

당시 천년 신라는 기력이 다해 회생이 불가능한 상태였다. 각 지역의 호족들이 앞다퉈 천하를 차지하겠다고 나섰으나 왕룡은 침묵의 세월을 보내며 기회를 엿보고 있었다. 그러는 사이 세력의 우열이 드러나면서 몇몇 영웅이 할거하게 되었다. 이때 가장 두드러진 인물이 바로 견훤과 궁예였다.

한동안 정국을 유심히 지켜보던 왕륭은 칩거를 끝내고 마침내 결정을 내렸다. 그는 자신이 직접 거병한다는 것은 무리이고 큰 세력에 의탁해야 하는데, 그런 세력은 지리적으로 가까운 데다 민심을 모아 욱일승천하는 궁예임을 알았다. 스스로 삼한 통합의 꿈을 이루기는 어렵다고 판단한 왕륭은 장남 왕건이 그 꿈을 대신 이룰 수 있도록 기반을 조성하기로 마음먹었다.

이를 위해 왕륭은 일을 차근차근 진행해 나갔다. 아무리 이상이 높고 꿈이 원대하더라도 세상 돌아가는 상황을 제대로 파악하지 못한다면 한갓 헛된 꿈에 불과하다는 것을 그는 잘 알았다.

왕륭은 궁예를 직접 찾아갔다. 그는 궁예의 신임을 얻기 위해 자신이 다스리던 송악을 바쳤다. 궁예는 기뻐하며 왕륭에게 금성 태수를 제수했다. 궁예는 서해안 최고의 호족인 왕륭이 자신의 휘하에 들어와 태수직을 잘 수행하자 몹시 흡족해했다.

얼마 후 왕륭은 아들 왕건을 데리고 궁예를 찾아갔다.

"지금 천하가 셋으로 나뉘었는데, 대왕께서 천하 통일을 앞당기시려면 송악에 성을 쌓고 인재를 널리 등용하심이 좋을 듯하옵니다."

궁예는 이 말을 받아들여 발어참성勃禦塹城을 쌓도록 허락하고 왕건을 성주로 임명했다. 이때 왕건은 스무 살이었다. 왕륭은 노쇠한 자기 대신 왕건을 밀어주는 편이 낫다고 판단했다. 왕륭은 궁예가 강한 추진력을 가지고 있으나 덕이 부족하다는 사실을 계산에 넣고 있었다. 그래서 조화로운 성격의 왕건이 불같은 궁예

심리학으로 읽는 고려왕조실록

밑에서 천하를 도모할 수 있도록 일을 꾸몄다.

삼한 통일의 원동력이 된 만족 지연 능력

왕륭은 강화만의 맹주로 서해안을 지배할 때 장보고의 외손이라는 소문도 있었다. 846년 장보고가 죽자 갈 곳 없던 장보고의 추존 세력이 왕륭에게 몰려와 그를 따랐기 때문이었다. 신라는 제46대 문성왕(?~857) 때 장보고가 반란을 일으키면서부터 지방 세력에 대한 지배력을 거의 상실한 상태였다. 당시 신라의 무역 상대국이던 중국, 일본 상인은 물론이었고 신라의 왕이나 귀족, 상인들조차 서해를 건너려면 왕륭 선단의 보호를 받아야 했다.

이처럼 서해안을 장악한 왕륭이 삼한 전체를 손에 쥐고 싶다는 욕심을 품은 것은 어쩌면 당연한 일이었으리라. 만약 왕륭이 단순히 그 욕심을 채우려고 군사를 일으켰다면 삼한 전쟁에 휘말려 별 볼 일 없이 사라지고 말았을 것이다. 그러나 그는 현실을 정확히 파악할 줄 알았다. 자신이 해전에는 능하지만 육전에는 약하다는 것을 잘 알고 있었다. 권력은 부자지간에도 나누지 않는 것이라 하지만, 왕륭은 스스로 왕이 되겠다는 생각을 접고 아들에게 그 꿈을 물려주었다.

왕륭은 호랑이처럼 예리하게 멀리 내다보며 꿈을 품었으나 실제 행동은 소처럼 신중하고 우직하게 했다. 이런 호시우보虎視牛步

의 마음 자세를 심리학적으로는 '만족 지연 능력'이라 하는데, 이것이 바로 고려 개국을 이끈 셈이었다.

만족 지연 능력은 성공하는 데 긍정적인 효과를 발휘하기도 한다. 실험 결과를 통해서도 이 사실을 확인할 수 있다. 만족 지연 능력이 큰 아이들은 어른이 된 후 성공할 확률이 높다. 미국 스탠퍼드대학교의 월터 미셸Walter Mischel 박사는 4세 아이들을 대상으로 마시멜로를 가지고 실험을 했다. 미셸 박사는 아이들에게 마시멜로를 하나씩 나눠 주면서, 지금 먹어도 되지만 15분 동안 먹지 않고 참으면 한 개를 더 주겠다고 했다.

이때 참지 못하고 마시멜로를 먹은 아이들과 15분을 참았다가 한 개를 더 받은 아이들의 성장 후 모습을 조사해 보았다. 그 결과 눈앞의 달콤한 유혹을 참아 냈던 아이들이 훨씬 더 성적이 우수하고 전반적으로 성취도가 높았다. 이는 유혹이나 어려움을 극복하는 능력이 클수록 사회적으로 성공할 가능성이 높다는 것을 말해 준다.

미래를 위해 현재의 쾌락을 억누르고 고통마저 감내할 수 있는 만족 지연 능력. 왕릉은 이 능력이 남들보다 뛰어났다고 볼 수 있다. 만족 지연 능력은 자기 조절과 자기 통제가 바탕이 된다. 자기 조절과 자기 통제의 개념은 혼용되기도 하지만 차이가 있다. 자기 조절이 자기 통제보다 더 광범위한 개념으로 여겨지는데, 자기 조절은 자신이 행동을 계획하고 평가하며 선택할 수 있는 능력이다. 자기 통제는 겉으로 보기에는 자신이 조절하는 것처럼 보이지만 실제로는 타인의 명령이나 지시에 따라 행동하는 것이다.

　자기 조절을 잘하는 사람들은 적응 목표를 정하고 그것을 달성하기 위해 매번 적합한 조치를 취한다. 반대로 자기 조절 능력이 부족한 사람들은 근시안적이며 충동적으로 현재의 욕구 충족에 집착한다. 즉각적인 쾌락 추구가 장기적으로 큰 손실을 가져온다고 해도 개의치 않는다. 당장 좋으면 그뿐, 나중 일을 깊이 생각하지 못하는 것이다. 만일 왕륭이 이처럼 생각하고 행동했다면 왕건을 고려 태조로 만들 수 없었을 것이다.

　왕륭이 서해 해상의 맹주라는 자존심만으로 거병했다면 역사는 어떻게 바뀌었을까? 육전에 능한 궁예나 견훤과의 다툼에서 밀려나 역사에서 자취를 감췄을 것이다. 그러나 왕륭은 자신의 만족, 즉 야망의 성취를 자신이 아닌 아들 대로 미루고, 아들이 성공할 수 있도록 노력했다. 그러나 안타깝게도 왕륭은 아들이 천하통일을 이루는 것을 보지 못한 채 세상을 뜨고 말았다.

 ## 조화의 왕건, 용맹의 궁예를 꺾다

왕건은 신숭겸 등에 의해 왕으로 추대되어 궁예가 있는 궁궐로 진격했다. 이미 궐문에는 사람들이 몰려와 왕건을 기다리며 환호하고 있었다. 그 소리에 잠을 깬 궁예는 비로소 사태를 직감하고 허름한 옷차림으로 도망을 갔다. 산골로 도망친 궁예는 결국 백성

경기도 포천에 있는 강씨봉과 국망봉

강씨봉은 궁예의 부인 강씨가 궁예의 폭정을 만류하다가 유배 온 곳이다. 후에 왕위에서 쫓겨난 궁예가 뒤늦게 강씨의 진심을 깨닫고 강씨봉을 찾았으나 강씨는 이미 세상을 떠난 뒤였다. 회한에 잠긴 궁예는 인근 국망봉에 올라 망연자실한 채 철원을 내려다보았다.

에게 발각되어 죽임을 당하고 말았다.

한편, 위의 기록과 달리 최남선 등은 궁예의 최후에 대해 철원 지역에 전승된 이야기를 모아 재구성했다. 내용은 이렇다. 궁예가 철원에서 발붙일 땅을 얻지 못하고 포천 방향으로 도주한 길목에 파주골이 있었다. 원래 이곳의 지명은 패배한 군주가 도망가던 곳 이라 하여 패주골이었다.

이 패주골의 성동리 산성 근처에는 강씨봉과 국망봉이 우뚝 서 있다. 강씨봉에서 보이는 연곡리 제비울 벌판 너머에는 명성산이 있다. 마지막으로 궁예는 이 산에 은거해 재기를 시도했으나 대세 를 돌리지 못했고 그를 따르던 소수의 군사마저 해산했다. 군사들 은 태봉국의 비애를 슬퍼하며 울었고, 궁예는 한탄강 물줄기를 바 라보며 신세를 한탄했다.

역사에는 궁예가 부인 강씨를 간통으로 몰아 잔인하게 죽인 포 악한 왕으로 기록되어 있으나, 민간에 내려오는 이야기는 이처럼 궁예에 대해 호의적이기도 하다.

만일 궁예가 내면의 상처를 치유하고 덕성을 갖춘 군주가 되었 다면 한반도의 역사는 완전히 달라졌을 것이다. 삼한 통합은 물론 이고 북간도를 공략해 한반도의 지형을 크게 확대했을 것이 분명 하다. 추진력과 돌파력은 궁예가 왕건보다 확실히 앞섰다. 그런데 왕건은 어떻게 자신보다 훨씬 힘센 궁예를 무너뜨릴 수 있었을까?

어릴 적 무시를 당하며 살았던 궁예가 보상 심리로 거짓 부처 행세를 하는 동안, 왕건은 자신의 한계를 인정하고 앞을 내다보았다. 왕건 가문의 신화를 보면 그의 조상과 관련된 이야기가 많은 비중을 차지하고 왕건이 주인공으로 등장해 펼쳐지는 내용은 없다. 이처럼 왕건은 삼국을 통일했으면서도 영웅 전설의 주인공이 되려고 하지 않았다.

과대망상에 빠져 자기 우상화에 몰입하는 궁예를 지켜봤던 왕건은 명시적인 우상화 대신 내밀한 상징 조작으로 여유롭게 혁명에 성공했다. 왕건은 삼한 사람들이 신령시하면서도 친숙하게 여기는 호랑이와 용의 후손으로 자신을 설정했다. 이렇게 신비감을 조성하면서, 자신이 송악에서 탄생한 것도 기장, 즉 풍족한 식량을 주기 위함이라는 비유적 신화로 삼한인을 설복했다.

왕건에게 무릎 꿇은 견훤과 경순왕

왕건은 트라우마를 극복하지 못한 궁예를 무너뜨리고 고려의 제1대 왕이 되었다. 연호를 천수天授라 하고, 국호는 고구려를 이어간다는 뜻에서 고려로 정했다. 그 후 태조 왕건은 본격적으로 후백제의 견훤과 세력을 겨루었다. 견훤은 농민 출신 장군인 아자개의 아들로, 서남해의 비장으로 있다가 반기를 들고 900년 완산에 도읍을 둔 후백제를 세웠다. 한때 후백제는 후삼국 중 가장 힘이 센 나라였다.

후삼국 시대를 풍미한 궁예, 견훤, 왕건은 각각 탄생 신화가 있다. 궁예가 태어날 때는 흰 무지개가 나타났고, 견훤은 지렁이의 아들로 태어났으며, 왕건의 할머니는 용녀였다. 셋 중 역사의 패자인 궁예와 견훤의 신화는 점차 기울어 가는 운명으로 해석되었고, 승자인 왕건의 신화는 하늘이 내린 왕의 후손이라는 상징을 담았다. 즉, 흰 무지개는 국가 변란을 일으킬 징조로, 지렁이는 승천하지 못한 용으로 풀이된다. 이런 역사의

견훤의 탄생 신화

광주 북촌에 한 부자가 살았는데 밤마다 한 남자가 그의 딸을 찾아왔다. 부자는 딸에게 바늘에 실을 꿰어 남자의 옷에 꽂아 두도록 시켰다. 다음 날 실을 따라가 보니 커다란 지렁이가 바늘에 찔려 죽어 있었고, 이후 딸이 임신해 견훤을 낳았다.

기록은 승자만을 위한 것으로, 패자에 대해 왜곡해 쓰더라도 어쩔 수 없는 일이다.

견훤에 얽힌 또 다른 신화를 살펴보자. 견훤이 갓난아이일 때, 어머니가 밭을 갈고 있던 아자개에게 점심을 가져다주며 잠시 아이를 나무 그늘 아래 두었다. 그때 난데없이 호랑이가 나타나 견훤에게 젖을 먹였다. 이후 견훤은 풍모가 특출하고 기개가 호방한 아이로 성장했다.

장성한 견훤은 창을 베개 삼으며 전쟁터를 누볐다. 그는 용맹하고 성격이 강인해 어떤 적도 거침없이 싸워 물리치며 후삼국 초기에 주도권을 거머쥐었다. 견훤이 서라벌까지 공격해 포석정에서 연회 중이던 경애왕(?~927)을 살해하자 왕건은 신라를 건지려고 출정했으나 공산 대전에서 견훤에게 크게 패했다.

이 전투로 견훤은 경상도 서부 지역을 장악했다. 하지만 뒤이

어 벌어진 고창(오늘날의 안동) 전투에서 왕건에게 패해 세력이 약해졌고, 설상가상으로 935년 무렵부터 집안에 내분이 일어났다.

이미 일흔을 바라보는 나이가 된 견훤은 여러 아내에게서 아들 열을 두었으나 후계자를 정하지 못한 상태였다. 견훤이 가장 총애한 넷째 아들 금강을 후계자로 세우려 하자 금강의 형이면서 적자인 신검, 양검, 용검이 반발했고, 조정 대신들도 맏아들 신검을 미는 부류와 금강을 미는 부류로 양분되었다.

결국 견훤이 금강을 태자로 정하자, 신검을 지지했던 능환이 강주와 무주(오늘날의 광주)에 도독으로 있던 양검과 용검에게 급히 연락해 대책을 세우라고 촉구했다. 만사를 제쳐 놓고 달려온 양검과 용검은 능환, 신검과 함께 반군을 형성해 난을 일으켰다. 이들은 금강과 비호 세력을 처단하고 견훤을 금산사에 가둔 뒤 신검을 왕위에 올렸다.

금산사에 유폐된 견훤은 분노를 삭이며 3개월을 지냈는데, 어느 날 애첩이 고려 왕건이 너그러우니 그에게 투항하자고 권했다. 견훤도 자신을 이 지경으로 만든 아들들에게 원한을 갚는 길은 그것뿐이라 생각하고 몰래 절을 빠져나와서 왕건을 찾아가 항복했다. 왕건은 견훤을 상부라 부르며 극진하게 모셨다.

한편 신라는 경주를 제외한 나머지 땅을 거의 빼앗긴 상황이라 명맥을 유지하기가 어려웠다. 신라의 경순왕(?~979)은 견훤이 왕건에게 귀부했다는 소식을 듣고 고려에 항복하기로 결정했다. 이때가 935년 10월로 이로써 천년 신라가 문을 닫게 되었다.

이제 남은 후백제를 치기 위해 936년 왕건이 10만 대군을 일으켜 친히 앞장을 섰다. 견훤도 왕건과 말머리를 나란히 했다. 고려군과 후백제군이 처음 맞부딪친 곳은 선산이었다. 전투가 시작되면서 후백제군이 밀리자 신검은 양검, 용검과 왕궁으로 들어가려 했다. 그러나 이미 왕궁도 고려군이 점령한 상태라 신검은 항복할 수밖에 없었다.

이렇게 해서 후삼국 시대 50년이 막을 내렸다. 왕건의 삼한 통일은 당나라의 힘을 빌렸던 신라와는 달리 자주적인 통일이었다. 왕건은 투항한 신검에게는 벼슬을 주었고 자신에게 맞선 양검과 용검은 귀양을 보냈다. 견훤은 자기 손으로 신검을 죽이지 못해 원통해하다가 화병이 나서 세상을 뜨고 말았다.

신라의 관리 출신인 견훤은 호족 출신인 왕건에 비해 지방의 후원 세력이 약했다. 당시 혁명의 주체는 지방 호족으로서 신라를 바꿔 보자는 뜻을 모았던 것이고 민심도 마찬가지였다. 그런데 견훤은 통솔력과 지혜는 갖췄지만 너그럽지 못했고 신라에도 지나치게 적대적이었다. 후백제를 건국하고도 기존 신라의 제도와 방식을 원용하고 백성에게 과도한 조세를 수취해 민심을 포섭하는 데 실패했다. 게다가 집안싸움까지 겹쳐 왕건보다 더 강성한 군사력을 가지고도 패자가 될 수밖에 없었다.

이에 비해 왕건은 적국의 백성은 물론이고 왕까지도 귀하게 대할 만큼 포용력을 지닌 사람이었다. 또한 궁예와 견훤은 조세를 많이 거둬들였으나 왕건은 고려를 건국하고 나서 바로 노비를 속량하고 귀족들의 조세 수취를 제한했다. 왕건은 신라가 후삼국으로 분열하게 된 원인이 중앙 귀족의 과도한 수취 체제에 있음을 잘 알고 이를 고쳤다. 그래서 백성에게 조세를 거둘 때 마구잡이식이 아니라 일정한 법도에 따르도록 취민유도取民有度해 백성의 신망을 얻었다.

왕건은 사람의 심리를 다루는 데도 능했다. 궁예나 견훤처럼 권력을 함부로 남용하지는 않았으나 간사한 자는 가차 없이 제거하고 재주 있는 사람은 임용한 후에 의심하지 않았다. 신라 왕실은 신라의 장군으로서 반란을 일으킨 견훤에 대해 역적이라며 적개심을 가졌으나 왕건은 그를 은근히 기댈 언덕으로 생각했다. 신라가 스스로 투항하도록 한 것이나 항복한 견훤을 극진히 대우한 것도 왕건의 용인술과 포용력을 보여 주는 사례다.

 고려의 통치 방향을 정하다

태조 왕건은 국가를 안정시키기 위해 북진 정책, 민족 융합 정책, 숭불 정책을 기본 3대 정책으로 삼았다.

먼저 북진 정책으로 서경(오늘날의 평양)을 제2의 수도로 삼고

개태사 삼존불

개태사는 태조 왕건이 후삼국 통일을 기념하여 후백제와 최후의 결전
을 치렀던 격전지에 세운 사찰이다. 936년에 착공해 940년에 완공했
으며, 창건 당시 거대한 석조 삼존불 입상을 만들었다. 충남 논산에 있
으며 보물 219호로 지정되었다.

구고구려 세력의 염원을 담아 고토 회복을 내세우며 여진을 공략했다. 발해가 거란의 습격으로 망해 세자 대광현이 귀순하자 태조는 발해도 형제국이라며 대광현에게 왕계라는 이름을 하사하고 왕족 명부에 올렸다.

지역 호족을 융합하는 동시에 견제하기 위해 호족의 딸들을 후궁으로 삼았고, 아들들은 송도에 머물게 했다. 이를 기인 제도라 하는데 지방 호족의 반란을 막기 위함이었다. 태조와 혼인한 여인은 정주 유씨, 평산 유씨, 황주 황보씨, 경주 김씨, 의성 홍씨 등 29명이나 되었다. 또한 딸은 외가 성을 따르도록 해 배다른 자녀들끼리 혼인할 수 있게 했다. 이는 왕권의 안전장치가 되었던 한편, 훗날 왕위 계승 다툼의 원인도 된다.

숭불 정책은 불교로 민심을 달래 왕권을 강화하려는 목적으로 추진되었다. 파괴된 절을 개축하고 곳곳에 절을 새로 지었으며, 연등회와 팔관회를 국가적 행사로 성대하게 치렀다. 또 해마다 무차대회를 열어 신분과 지역을 불문하고 누구나 불법을 듣게 했다. 백성의 신념을 하나로 묶으려는 의도였다.

왕이 된 후에도 왕건은 도량과 신의의 정치를 펼쳤다. 보통의 창업 군주들이 으레 가지는 강력한 카리스마나 공포 분위기는 그에게서 찾아볼 수 없었다. 이런 왕건의 성품이 고려 개국의 원동력이기도 했다. 그가 궁예 밑에 있던 시절, 독단과 전횡을 일삼는 궁예를 더 이상 섬길 수 없다며 홍유, 배현경, 신숭겸, 복지겸 등이 왕건을 적극 추대하고 거사를 종용했다. 이처럼 왕건은 스스로 나서서 권력을 손아귀에 쥔 것이 아니라 자연스럽게 분위기가 무르익어 추대되는 방식으로 고려를 세웠다. 개국 공신 네 사람은 모두 기병 대장으로 고려 건국 이후에도 태조와 변함없는 신의를 나눴다.

고려 건국 후 나흘째 되던 날 마군 장군 환선길이 반란을 일으켰으나 진압되었고, 그 후 청주 출신 순군리 임춘길 등이 청주에 내려가 반역을 도모하려다가 복지겸에게 발각되었다. 또한 웅주 (오늘날의 공주) 성주 이흔암은 웅주를 내팽개치고 철원으로 가서 세력을 모아 역모를 꾸몄다. 그 바람에 웅주가 후백제에 넘어갔는데, 이를 수상히 여긴 왕건이 첩자를 보내 이흔암을 감시하게 했다. 마침 이흔암의 아내가 한숨을 쉬며 혼잣말로 역모에 대해 걱정하는 것을 듣고 이흔암을 잡아 죽였다.

이처럼 건국 초기에 잇따랐던 역모는 궁예의 부하들과 후백제 지역 호족 세력의 반발에서 비롯되었다. 그동안 호족들이 궁예의 강력한 힘에 억눌려 있다가 고려가 들어서자 각자 입지를 굳히려 한 것이었다. 궁예의 텃밭인 철원 사람들의 반감이 심했다. 이에 왕건은 자신의 지지 기반인 송악이 유리하다고 판단해 즉위 후 수도를 송악으로 옮겼다.

호족 등의 도움으로 고려를 세운 왕건에게 가장 시급한 과제는 호족들과의 관계를 어떻게 정립하느냐였다. 즉위 초에 친궁예 세력과 임춘길 등의 모반을 가까스로 제압한 왕건은 호족에 대해 회유와 견제를 병행하는 정책을 폈다. 그리하여 왕권과 호족이 연

왕건 청동상

1992년 개성에 있는 태조 왕건의 능인 현릉을 손보던 중에 출토되어 북한의 국보로 지정되었다. 서울대 국사학과 노명호 교수는 앉은키가 성인 남자와 비슷한 데 비해 남근이 2센티미터에 불과한 것은 마음장상馬陰藏相, 즉 전생에 몸을 삼가 색욕을 멀리함으로써 성기가 작아진 것을 나타낸다고 설명한다.

합해 지배 권력을 행사하는 호적 연합 정권이 형성되었고, 태조 왕건은 호족 연합 정권의 대표자에 불과할 정도였다.

태조는 고려의 안정을 위해 무엇보다 왕실의 독자적 세력 기반을 갖춰야 할 필요성을 절감했다. 따라서 왕권 강화는 태조를 비롯해 이후의 왕들이 즉위하면서 가장 먼저 풀어야 할 중요한 과제가 되었다.

 ## 태조 왕건의 유훈, 〈훈요십조〉

한평생을 삼한을 통일하고 화합하는 데 바친 태조는 어느덧 나이가 들어 병석에 드러눕고 말았다. 그는 고명대신인 박술희를 불러 후대의 왕들이 귀감으로 삼을 유훈으로 〈훈요십조訓要十條〉를 내렸다. 〈훈요십조〉의 내용은 다음과 같다.

1. 숭불하되 승려와 간신의 결탁을 막아 사원 쟁탈이 일어나지 않게 하라.

2. 사원을 함부로 신축하지 못하게 하라. 신라 말에 사원을 마구 짓다가 지덕이 쇠해 망했다.

3. 서열에 관계없이 지혜로운 왕자에게 대통을 계승하게 하라.

4. 우리나라는 땅과 사람이 중국과 다르니 그 풍속을 반드시

따를 필요는 없다. 거란도 야만의 나라이니 본받지 말라.

5. 서경에 철마다 머무르되 모두 100일 이상이 되게 하여 안녕을 도모하라.

6. 연등회와 팔관회를 열되 증감하지 말라.

7. 상벌을 도리에 맞게 하고 헐뜯는 말을 멀리하라. 농부의 어려움을 알고 요역을 줄여 어진 정치를 하라.

8. 차현 남쪽과 공주강의 바깥 지역은 산지 형세가 거스르게 달리니 인심도 반란의 염려가 있다. 그들에게 벼슬을 주지 말라.

9. 나라의 관직을 함부로 증감하지 말라. 사사로이 친한 자나 친척을 뽑지 말고 뛰어난 자에게 관직을 내려라.

10. 옛 고전을 널리 읽어 나라 다스리는 일에 거울로 삼으라.

　

〈훈요십조〉는 생을 마무리하는 태조가 고려 왕조의 통치 방향으로 제시한 것이다. 불교를 중시하되 정치와 결탁하지 못하게 하고, 사찰이 비대해지거나 난립하지 못하게 했으며, 자주적 풍습을 지키고, 덕이 있는 후계자를 왕으로 세우도록 했다. 또한 태조는 태자 왕무의 외가 세력이 미약함을 걱정하며 박술희에게 태자를 부탁했다.

왕건 왕릉, 현릉

북한의 국보 문화유물 제179호인 태조 왕건의 능은 개성시 개풍군 해선리에 있다. 신혜왕후 유씨를 함께 묻었으며, 943년에 조성되었으나 역대 왕들의 보호가 각별해 전란이 있을 때마다 묘를 옮겼다. 현재의 능은 1994년에 복원했으며, 태조의 영정과 〈능행도〉, 〈서경순주도〉 등 왕건의 일생을 그린 그림을 보관하고 있다.

943년 5월 29일 임종을 앞두고 신하들이 크게 통곡하니 태조가 웃으며 말했다.

"인생이란 다 그런 것이다."

이때 그의 나이 67세, 재위 26년째였다.

3장

호족을 견제하며 왕좌를 잇다

자아의 여러 빛깔

― 제2대 혜종, 제3대 정종, 제4대 광종, 제5대 경종

혜종

왕건과 미천한 집안 출신의 오씨 사이에서 태어나 힘겹게 왕이 되었다. '주름살 왕' 혜종은 막강한 외척 세력을 둔 이복동생들의 왕위 찬탈 위협에 시달리며 자아가 위축되었고 늘 예기 불안에 시달렸다.

::

정종

혜종이 석연치 않게 사망한 뒤 왕이 되었다. 집권 과정에서 피를 부른 데 따른 죄책감에다 무리한 서경 천도 추진으로 떠나 버린 민심에 대한 불안을 겪었다. 이를 불심으로 달래려 했으나 효과를 보지 못했다.

::

광종

'핏빛 군주' 광종은 멀리 보되 눈앞의 일을 차근차근 해결했고 기회가 왔을 때는 전광석화처럼 처리했다. 탄탄하고 냉혹한 자아를 가진 그는 호족이 왕권에 위협적이라는 확증 편향을 굳히고 자신을 거스르면 가차 없이 처단했다.

::

경종

무서운 아버지로부터 자신을 보호하기 위해 투사라는 방어 기제를 택했다. 광종의 공포 정치를 목격하며 그에게 반감을 품었고 왕이 되자 부왕과 반대되는 정치를 행했다.

혜종, 전능 환상에 빠지다

태조와 장화왕후 오씨 사이에서 태어난 장남 왕무가 고려의 제 2대 왕으로 즉위했다. 그가 바로 혜종(912~945)이었다. 태조는 궁예의 신하로 있던 시절, 나주를 점령하러 갔을 때 왕후 오씨를 만났다.

혜종은 일찍이 태조를 따라 백제를 치는 데 큰 공을 세울 만큼 호장한 기질을 지녔다. 그런데 그의 이마에 돗자리 무늬가 있어 '주름살 왕'이라 불렸다고 한다. 그러나 이는 얼굴에 주름이 많은 혜종을 미천한 가문과 연결해 지어낸 이야기였다. 그만큼 혜종의 외가는 보잘것없는 집안이었고, 이런 출신 배경 탓에 2년 4개월의 짧은 치세 동안 이복동생들에게 끊임없이 왕권 찬탈의 위협을 받았다.

혜종이 왕위에 오르기까지의 과정도 험난했다. 태조는 장남인 그를 태자로 세우고 싶어 했으나 명문 호족들의 눈치를 보지 않을 수가 없었다. 이럴 때 태조의 세 번째 아내인 신명순성왕후 유씨가 왕태를 낳자 태자를 세우는 문제가 더 복잡해졌다.

신명순성왕후는 충주의 유력 호족 유긍달의 딸로, 태조가 고려를 건국한 후 당시 세력 판도를 감안해 제일 먼저 정략적으로 맞이한 왕비였다. 그녀는 29명의 왕비 중 가장 많은 소생을 두었다. 요절한 왕태를 비롯해 정종 왕요(923~949), 광종 왕소(925~975), 문원대왕 왕정(?~?), 증통국사 등 다섯 아들, 그리고 낙랑과 흥방, 두 공주를 낳았다. 맏딸인 낙랑 공주는 귀순한 신라의 마지막 임금 경순왕과 혼인해 신라 유민이 고려에 충성하는 데 큰 공을 세웠다.

왕태가 태어나자 호족들 간에 미묘한 갈등이 일어나기 시작했다. 왕무의 태자 책봉을 가장 반대한 세력은 당연히 신명순성왕후의 친정인 충주 유씨 가문이었다. 이 가문은 중원 지방의 실세이면서 불교 사원과도 밀접한 관계를 유지하고 있었다. 여기에 비해 왕무의 외가인 나주 오씨 집안은 초라하기 짝이 없었다.

이런 상황에서 태조는 태자 책봉을 더 미루다간 호족들 간에 큰 싸움이 날 것으로 보고 왕무를 태자로 세우는 일을 은밀히 서둘렀다. 태조는 신명순성왕후가 아들을 낳자 크게 낙심한 장화왕후를 불러 자신이 입던 자황포를 주면서 대광 박술희에게 전하라고 했다. 박술희는 후삼국 통일의 험난한 과정을 태조와 함께한 인물로, 태조는 그를 특별히 총애했고 박술희 또한 왕건에게만 충성을 바쳤다.

자황포를 받아 본 박술희는 금세 태조의 의중을 알아채고, 태조에게 장자가 왕위를 계승해야 마땅하다며 왕무를 태자로 책봉하라고 건의했다. 태조는 박술희를 태자의 후견인으로 세우는 한편, 태자 외가의 세력을 보완하기 위해 진천 임씨 집안의 딸을 태자빈으로 간택하고 뒤이어 왕규와 김긍률의 딸과도 혼인을 시켰다. 태조가 왕무의 측근을 보강해 주자 왕무는 가까스로 왕위에 오르게 되었다.

한편 다른 왕비들에게서 태어난 25명의 왕자도 왕위에 미련을 가지고 있었다. 그중 신명순성왕후가 낳은 왕요와 왕소의 능력이 출중했는데 훗날 왕요는 정종, 왕소는 광종이 된다.

외가의 힘이 약한 데다 주변에서 이복동생들을 칭송하자 태자 왕무는 심리적으로 위축되었다. 또한 얼굴에 잔주름이 많아서 놀림을 받자 밖에 나가길 싫어했다. 그는 자기 방에 물을 가득 담은 대야를 가져다 놓고 그 안에 팔을 담그며 혼자 놀았다. 기세등등한 외가를 등에 업은 출중한 동생들이 비웃으며 호시탐탐 왕위 계승을 노리는 가운데 소년 왕무는 늘 불안해하며 자기 연민에 빠져 지냈다. 이런 왕무의 초라한 현실을 달래 준 유일한 희망은 어머니의 태몽이었다.

왕무의 어머니 장화왕후는 왕건을 만나기 전 바다의 용이 자기 뱃속으로 들어오는 꿈을 꾸었다. 그리고 얼마 안 되어 우물가에서 빨래를 하던 중 왕건을 만나 왕무를 가지게 된다. 신화에 따르면 왕건의 2대조 작제건은 용녀와 결혼했으며, 그 용녀는 우물을 통해 용궁에 드나들었다. 장화왕후는 왕위 계승에 대한 불안을 달래기 위해 틈만 나면 아들에게 태몽을 들려주며 그가 용의 후손이라고 이야기했다.

이에 왕무는 우물가는 용궁의 문이고, 그곳에서 용의 후손과 만난 자기 어머니도 용왕의 후손이 환생한 것이라며 보잘것없는 외가를 과장되게 생각했다. 이렇게 왕무는 위축된 자아를 회고적 자기 위안으로 달래면서 31세에 기어이 왕이 되었다.

대부분의 부모는 아이가 울거나 보채면 곧바로 달래 욕구를 채워 준다. 이런 반응이 지속적으로 반복되면 아이는 자신이 의존적인 무력한 존재임에도 불구하고 마음만 먹으면 무엇이든지 할 수 있다는 환상, 즉 '전능 환상'을 품게 된다. 이런 전능 환상은 성장하면서 대부분 사라지지만 그 뿌리는 여전히 남아 있다.

그런데 성인이 된 후 엄청난 성취를 이뤘을 때 전능 환상의 잔재가 자아 팽창의 형태로 나타나는 경우가 있다. 이럴 때 오만방자한 행동을 하지만 시간이 지나면서 자기 태도가 비현실적임을 깨닫고 본래의 자아로 복귀한다. 그러나 일부는 자아 팽창을 그대로 유지하며 과대망상에 빠져 지내기도 한다. 궁예는 전능 환상이 자아 팽창으로 이어져 거짓 부처가 되었고, 혜종의 경우는 어린 시절부터 왕이 된 이후까지도 전능 환상이 습관적으로 자아를

자아 팽창

자신이 엄청난 힘을 가진 구세주나 위대한 영웅이 된 듯한 착각에 사로잡히는 것이다. 자아를 한껏 부풀려서 그 모습이 진짜인 양 믿게 되므로 자신을 과장하고 허풍을 떠는 등 과대망상적인 행동을 한다.

위축시키는 기능을 하면서 평생 전능 강박에 시달렸다.

혜종, 서경파에 밀리다

혜종은 왕이 되고 나서도 물이 담긴 세숫대야를 침전에 두고 수
시로 들여다보았다. 이런 행동은 현실을 직시하기 싫어하고 자기
만의 세계로 퇴행해 자기만족에 빠지는 '피터 팬 증후군'의 일종
으로 볼 수 있다. 이 증후군은 겉으로 관대한 사람처럼 보이지만
내심 모든 책임을 외부에 떠넘기고, 무기력증이 동반되며, 그런
자기 자신에게조차 싫증을 내는 증상을 보인다.

《햄릿》에서 레티어스는 햄릿에게 "인간의 성장이란 뼈와 근육
만 자라는 것이 아니라 내부의 정신과 영혼도 함께 자라는 것이
다"라고 했다. 인간이 진정한 성장을 이루기 위해서는 육체뿐 아
니라 내면도 자라야 하는데, 내면의 성장
은 자신이 가장 두려워하는 것을 직면하
면서 시작된다. 두려울수록 맞닥뜨려 극
복하고 해결해 나가는 과정에서 내면이
단단해지는데, 피터 팬 증후군을 가진 사
람들은 두려움을 무의식적으로 회피해 버
린다.

통치 기간 동안 혜종은 위태로운 나날

> **피터 팬 증후군**
> 1970년대 후반 미국에서 사회
> 에 적응하지 못하고 어린아
> 이처럼 행동하는 성인 남성
> 이 많아졌는데, 임상 심리학
> 자 댄 카일리Dan Kiley는 이들
> 의 마음 상태를 피터 팬 증후
> 군이라 이름 붙였다.

을 보냈다. 막강한 외척을 등에 업은 이복동생들이 왕의 자리를 넘본다 하더라도 왕이라면 이를 극복해 내야 하는데, 혜종은 왕권 강화를 위한 노력을 피했다. 그리고 자기 의지대로 빠져들고 환상으로 즐길 수 있는 대체물, 즉 물이 담긴 세숫대야를 들여다보며 마음을 달랬다.

이처럼 현실성이 없고 실제와 유리된 환상을 붙들고 집착하는 상태를 프로이트는 '보호적 망상'이라 일컬었다. 도박이나 마약, 스마트폰 중독 등 자기 존재감을 상실해 무기력해진 자아를 습관적으로 달래려고 빠져드는 모든 중독이 사실상 보호적 망상에 해당한다. 그러나 이렇게 환상에 빠져 지낼수록 현실 감각이 무뎌져서 상황은 더욱 악화되고 갈수록 미래가 불투명해지며 결국 자기 파괴적 파국을 맞게 된다.

혜종은 즉위 초기에는 적대 세력을 견제하려고 했다. 그러나 태조가 심히 걱정한바 충주 유씨의 세력이 워낙 막강했다. 혜종은 박술희와 왕규를 중용해 왕요와 왕소를 견제하면서도 회유책으로 자신의 딸을 이복동생 왕소와 결혼시켰다.

한편 왕규는 다른 뜻을 품고 있었다. 왕규는 태조에게 딸 둘을 바치고, 또 다른 딸은 혜종에게 바쳐서 이중 외척 관계를 맺고 있었다. 그는 태조와 작은딸 사이에서 태어난 광주원군을 태자로 세우려는 심산으로 혜종에게 왕요와 왕소를 없애야만 왕실이 편할 것이라고 했다. 그러나 혜종은 이 말을 듣지 않고 오히려 왕소에게 딸을 주었다. 《고려사高麗史》에는 왕규가 자객을 보내 혜종의 암살을 시도했다고 적혀 있으나, 이는 왕요가 왕이 된 후 정치적 혼란의 책임을 왕규에게 전가하기 위해 지어낸 것으로 보인다.

태조는 평양에 살고 있던 여진족을 몰아내고, 황해도 등지의 주민을 그곳에 이주시켜 재건하고 서경이라 칭해 개경과 함께 양경兩京 체제를 확립했다. 궁예는 고구려를 동경하던 중부권 이북 사람들의 민심을 얻으며 후고구려를 세웠으나, 세력이 팽창하자 독자적인 나라를 세운다며 태봉으로 개명했다가 민심을 잃었다. 하지만 태조 왕건은 고구려의 후계자라는 의미에서 고려를 세우고, 고구려 고토 복원 정책의 일환으로 평양성을 복원했다.

한편, 태조의 양경 정책은 고구려 유민의 민심을 얻었으나 조정 세력이 개경파와 서경파로 갈리는 부작용을 낳았다. 혜종은 개경파의 도움으로 왕이 되었고, 왕요는 서경파의 지지하에 왕위를 노리고 있었다. 당시 서경의 중심 세력은 평산 박씨와 왕식렴 세력이었는데, 충주 유씨는 평산 박씨와 힘을 모았고 왕요와 왕소는 왕식렴과 결탁했다. 게다가 왕요의 장인은 후백제 견훤의 사위 박영규였고, 왕요의 누이는 신라 경순왕의 부인이었다. 이런 상황에서 혜종의 왕권은 더욱 위축될 수밖에 없었다.

혜종처럼 전능 강박증을 가질 경우 불안할 때마다 과대 환상으로 퇴행한다. 퇴행 수단으로는 술이나 종교 등이 있는데, 불안한 현실을 잊고 자아가 부풀어 오르는 경험을 위해 그것을 이용한다.

왕이로되 무엇 하나 마음대로 해 볼 수 없었던 혜종. 그는 불안을 떨쳐 내려고 전능한 용의 후손이라는 환상에 잠겨 세숫대야의

물을 들여다보고 또 들여다보았다. 이런 퇴행적 과대 환상은 심리적으로 더 미숙하게 만들어서 더더욱 현실 도피로 내몬다. 서경 세력을 장악하지 못한 혜종은 매일 밤 침소를 옮겨 다니며 잠을 자고 항시 호위 병사를 데리고 다녀야 할 만큼 불안에 떨었다.

자아가 위축되어 좌불안석이던 혜종은 병상에 눕고 말았다. 이때 왕요는 왕식렴의 군사를 끌어들여 박술희가 역모를 꾸몄다고 모함해 그를 유배 보냈다. 박술희마저 곁을 떠나자 혜종은 바람 앞의 등불과 같은 처지가 되었다. 결국 혜종은 34세의 젊은 나이에 세상을 뜨고 말았다. 혜종의 죽음에는 의문이 남아 있는데 아마도 왕요가 꾸민 일이 아닐까 추측해 본다.

 ## 정종, 서경 천도를 추진하다

고려의 제3대 왕 정종은 왕위에 오르자마자 유배지에 있던 박술희를 없앴다. 뒤이어 왕규와 그 무리 300여 명도 최지몽의 점괘를 이용해 역모 혐의로 몰아 제거했다.

태조가 죽고 혜종이 왕이 될 때 21세였던 정종은 왕권에 대한 욕망이 대단했다. 외가인 충주 유씨 가문을 배경으로 혜종의 재위 기간 내내 왕위를 노린 그는 혜종이 병으로 드러눕자 본격적으로 왕위 계승권을 주장했다.

당시 종실 세력을 이끌며 서경 세력의 한 축을 이뤘던 태조의 사촌 동생 왕식렴도 왕요가 왕이 되어야만 왕실과 조정이 편안해지리라 여겼다. 병세가 깊어진 혜종이 자기 아들 흥화궁군을 태자로 세울 뜻을 은근히 내비치자 서경파는 흥화궁군이 너무 어리다며 반대했다. 혜종이 요절하자마자 서경파는 개경파의 수장 박술희를 귀양 보냈다. 이때 왕규가 서경파에 저항했지만 그 힘이 미약해 결국 정종이 왕이 되었다.

이렇듯 즉위 과정에서 개경파를 지나치게 제거하는 바람에 개경 사람들은 정종을 그다지 좋아하지 않게 되었다. 그래서 정종은 도참설을 내세워 서경으로 도읍을 옮기기로 하고, 947년 봄부터 수많은 백성을 강제로 동원해 새 궁궐 공사를 시작했다.

정종은 고집이 세고 강인한 성격으로 고구려의 고토를 수복하겠다는 신념도 강했다. 그런데 그는 한편으로 불심도 깊었다. 이는 자아가 강한 동시에 그 자아를 감시하는 초자아도 강하다는 것을 의미한다. 이런 경우, 주변 상황이 악화되고 앞을 내다보기 어려워지면 초자아가 자아를 비판하면서 자아가 크게 위축될 위험이 있다.

자아가 강했을 때 정종은 이복형인 혜종을 죽음으로 내몰고 기어이 왕이 되었다. 그 과정에서 수많은 사람이 피를 흘렸다. 즉위 후에는 무리해서 서경 천도를 추진했다. 서경에 성과 궁궐을 짓기 위해 개경 사람들을 동원하고 엄청난 물자를 투입했다. 이때 거란족과 여진족이 침입하자 이를 대비한다며 호족의 병사들로 광군 30만을 조직하려 했다. 이로 인해 개경의 호족을 포함한 백성의 민심은 더욱 사나워졌다. 결국 민심의 이반으로 서경 천도는 무산되었고, 이때부터 정종은 소심해지기 시작했다.

정종은 겉으로는 강한 척했으나 민심이 돌아서는 것을 내심 두려워했고 그 두려움을 종교에 의지해 해소하고자 했다. 정종의 실책은 바로 그것이었다. 민심 이반의 두려움을 개인적 종교 생활로 풀기보다는 백성이 공감하는 정치로 해결해야 했다. 공적인 일을 개인적 종교 행위로 해소하려 할수록 초자아는 관습과 인륜, 도덕으로 심판관 역할을 하며 자아를 한층 더 위축되게 한다. 이렇게 정종은 점점 더 겁이 많아지고 소심해지더니 결국 병에 걸려 드러눕고 말았다.

 ## 정종, 초자아의 불안에 휘둘리다

정종은 자꾸만 위축되는 자아를 정상 자아로 회복해 보려고 종교적 치유 행위에 더욱더 집착했다. 그럴수록 자아는 더욱 위축되었다. 정종은 불안과 죄책감을 달래기 위해 손수 불사리를 만들어 개국사까지 10리도 더 되는 거리를 걸어가 봉안하고, 곡식 7만여 석을 사찰에 보시하기도 했다. 그래도 죄책감은 사라지지 않았다.

이렇게 되면 이상과 도덕 원리에 따라 움직이는 초자아가 더 비대해지고 그만큼 상처받은 자아는 위축된다. 자아가 어떤 자극을 받을 때 통제할 수 없다고 느끼면 불안이 발생한다. 불안에는 세 종류가 있다. 난폭하게 운전하는 차를 탔을 때처럼 외부의 실재 위협과 위험에 대한 '현실적 불안', 현실적으로 불안해할 이유가 없는데도 자아가 본능의 욕구를 통제하지 못해 불상사가 초래될 것 같은 '신경증적 불안', 어떤 일이 양심과 신앙, 관습에 위배되지 않을까 경계하는 '도덕적 불안'이 그것이다.

자아가 약한 사람들은 점쟁이의 점괘나 종교의 예언을 쉽게 믿는다. 달리 말해 최면에 약하고 세뇌당하기 쉬운 뇌 상태가 된다. 이들은 누구에게나 적용되는 보편적 특성이 자기에게만 해당된다는 착각에 빠지는데, 그런 심리적 경향을 바넘 효과Barnum effect라고 한다. 점쟁이가 내놓는 점괘는 대부분 누구에게나 보편적으로 적용 가능하다. 그러나 자아가 약한 상태에서는 점쟁이의 어떤 말이라도 믿고 받아들이기가 쉽다. 정종은 바로 이와 같은 마음 상태로 불교에 매달렸다.

어떻게 해야 정종처럼 어리석게 바넘 효과에 넘어가지 않을 수 있을까?

첫째, 외부 세계에 실재하는 위협에 대해서는 그 요인을 제거하거나 줄임으로써 대처한다. 자동차 사고에 대한 두려움이 있다면 공격 운전을 하지 말고 방어 운전을 하면 된다. 건강 염려증이 있다면 무당을 찾거나 종교에 의존하기보다 조기 검진을 받으면 된다.

바넘 효과

"지금 이 순간에도 속기 위해 태어나는 사람들이 있다." 이는 바넘Phineas Taylor Barnum이 한 말이다. 19세기 말에 바넘은 속아 넘어가는 사람들의 심리를 서커스에 이용해 큰돈을 벌었다. 그의 이름에서 유래된 바넘 효과는 사람들이 보편적으로 가지고 있는 성격이나 심리적 특징을 자기만의 것으로 여기는 심리적 경향을 말한다.

둘째, 무의식의 충동에 대한 공포를 이겨 내려면 충동을 억제하는 의지를 단련해야 한다. 자기도 모르게 자주 화를 내고 실언을 하는 경우, 화가 날 때마다 다른 장면을 상상하거나, 먼저 좋은 생각을 하고 말을 하는 습관을 기른다.

셋째, 정종이 느낀 초자아에 의한 불안은 현실과 추상을 연결 짓는 인과적 사고방식을 줄여야만 해결된다. 현실의 난관이나 행운, 실수나 성공을 종교적 교리와 연결하지 말아야 과도한 도덕 불안에 빠지지 않는다. 모든 죄책감의 근원은 초자아이며, 양심은 사회적 존재인 인간이 더불어 살아갈 수 있도록 무질서와 불법을 고발해 죄책감을 유발한다. 여기까지는 모든 사람에게 필요한 일이고, 또한 정상적이다.

그러나 종교와 연결될 경우, 종교마다 다른 교리가 주는 압박감과 죄책감이 융합해 존재론적 불안을 야기할 수 있다. 예를 들어, 잘못을 한 나 때문에 하늘이 나와 내 가족에게 천벌을 내릴 것이라는 징벌의 예감에 빠지면 신의 노여움을 달래기 위해 만사 제쳐 놓고 종교 의식에만 몰두하게 된다.

신경증적 불안은 체계적이며 합리적인 습관으로 해결되고, 현실적 불안은 자신이 할 수 있는 일은 하고 할 수 없는 일은 정서적으로 수용할 때 해결된다. 일그러진 달을 보고 화를 낼 필요가 없으며, 엎질러진 우유를 보고 후회할 필요도 없다. 과도한 도덕적 불안을 지우려면 인식의 전환이 필요한데, 현실을 종교와 연결하지 말고 합리적으로 바라보기 시작할 때 해결된다.

현대 심리학의 아버지인 윌리엄 제임스William James는 이렇게 말했다. "삶이 변화되기를 원하면 이유나 변명을 달지 말고 열정적으로 살라. 지금 당장 그렇게 하라." 그는 행복해서 웃는 것이 아니라 웃으면 행복해진다고 강조하면서, 어떤 성품을 원하면 그 성품을 지닌 사람처럼 행동하라고도 했다. 이것이 행동주의 심리학의 가정假定 원칙이다.

우리의 자아는 현실을 체념하고 회피할수록 과잉 확대되거나 과잉 위축된다. 현실을 섬세하게 배려하고 자족해야 건강한 자아로 복원된다.

초자아가 야기하는 불안을 극복하지 못한 정종은 어떤 행동을 했을까?

948년 가을, 동여진의 대광 소무개 등이 정종을 찾아와 특산물과 말 700필을 바쳤다. 정종은 말을 직접 검열해 1~3등으로 나누고 그에 상응하는 상을 주었다. 그런데 갑자기 천둥과 번개가 쳐서 여러 사람이 죽고 어전의 한 모퉁이가 부서졌다. 아무리 그런 일이 있어도 일국의 왕이라면, 외국 사신을 접대하는 행사를 의연히 마무리했어야 한다. 그런데 화들짝 놀란 정종은 외국 사신들에게 주던 상을 땅에 떨어뜨리고 비틀거렸다. 신하들의 부축을 받은 정종은 겨우 안으로 들어갈 수 있었다.

정종은 바로 병상에 누웠고, 이 소식을 전해 들은 백성은 부역에서 해방될 수 있다고 좋아했다. 이런 민심에 정종은 더 기력을 잃고 회생하지 못했다. 정종에 대해 최승로는 '완고하고 남의 말을 듣지 않는 왕'이라고 평했다. 이는 흔히 초자아가 극단적으로 강한 사람들의 특징으로, 사실 이들이야말로 외강내약하다.

따져 묻는 사람이 아무도 없었는데도 스스로 죄책감에 시달리던 정종은 병을 이겨 내지 못하고 재위 4년 만인 27세에 붕어했다. 정종의 죽음은 초자아에 눌려 자아가 축소된 것을 견디지 못한 탓이 아닐까? 이로써 서경 천도 계획은 중지되었고 평양성 건립에 동원된 백성은 귀향하게 되어 크게 환호했다.

 ## 광종, 강력한 왕권 강화책

정종의 뒤를 이어 동생 왕소가 고려의 제4대 왕으로 즉위하면서 고려는 비로소 대전환기를 맞이했다. 호족과 공신 세력은 왕소를 온순하게만 보고 왕이 되도록 적극 도와주었다. 광종 초기까지도 고려의 국정 운영은 유력 호족들의 협의로 이루어졌으며 왕은 상징적인 위치였다. 이런 상황에서 왕의 자아가 과잉 확대나 과잉 축소로 안정적이지 않다면 정종처럼 무리한 정책을 밀어붙인다거나 혜종처럼 공상에 빠져 현실을 벗어나려 할 것이다.

광종은 앞의 두 왕에 비해 비교적 안정되고 통합된 자아를 갖춰 자신의 우수한 자질을 충분히 발휘했다. 마키아벨리는 군주에게 '사자의 가슴'과 '여우의 머리'가 필요하다고 했는데 광종이 바로 그런 왕이었다. 광종이야말로 행동주의 심리학의 충실한 이

행자라 평가할 수 있다. 광종은 대범하고 호탕하면서도 치밀하게 기회를 잡아 과감하게 밀어붙일 줄 알았다. 태조도 광종을 어릴 때부터 남달리 사랑했다.

왕자 시절에 광종은 서경 세력과 친밀하게 지내며 박술희와 왕규의 개경 세력을 제거하는 데 중요한 역할을 하여 형 정종의 즉위에 큰 공을 세웠다. 그는 호족들이 자신의 외손을 왕위에 올리려고 암투를 벌이는 현장을 지켜보며 호족이야말로 왕권의 안정에 가장 위협적인 요소라는 것을 깨달았다.

태조는 호족들의 갈등을 완화할 목적으로 신라 왕족의 풍습을 따라 이복 남매끼리 족내혼을 시켰다. 그래서 광종도 이복 여동생인 신정왕후의 딸 황보씨와 결혼했다. 대목왕후 황보씨는 외조부인 황보제공의 성을 따랐으며, 경종을 비롯해 2남 3녀를 낳았다. 그중 셋째 딸은 처음에 왕규와 결혼해 딸까지 두었으나 나중에 성종에게 재가했다. 이처럼 고려 사회에서는 여자가 외가의 성을 사용할 수도 있었고, 재혼해 왕비가 될 수도 있었다.

광종은 매우 현실적인 사람이었다. 초자아에 휘둘린 정종이나 전능 환상에 빠진 혜종과는 달리 비교적 탄탄한 자아를 형성한 자아 중심적인 왕이었다. 그의 자아는 현실 원칙에 따라 움직였는데 그런 기질이 치세에서 잘 드러났다.

광종은 재위 기간 26년 2개월 동안 탐색기, 왕권 강화기, 숙청기를 거쳤다. 즉위 초기에는 여우처럼 조용히 지내며 친위 세력을 길렀고, 후에는 사자처럼 호족을 숙청하기 시작했다. 성종 때의 최승로는 광종에 대해 "초기 8년의 통치는 가히 중국 하·은·주에 견줄 만하다"라고 극찬했다.

광종은 먼저 자신의 정치적 역량을 기르는 데 집중했다. 당 태종과 신하들 사이의 토론 내용이 담긴 《정관정요貞觀政要》를 읽으며 왕으로서의 덕성과 치세 능력을 기르는 한편, 호족들에게 정국의 주도권을 맡기고는 호족 상호 간의 역학 구도와 작동 방식을 면밀히 살폈다.

건강한 자아를 가진 사람은 자신의 주변 환경을 좋게 변화시킬 수 있다고 확신하며 현실에 대해 자신감 있게 접근한다. 방어 또는 공격 기제를 잘 사용하지 않고 현실을 있는 그대로 바라본다. 건설적인 관계를 만들어 자아를 실현할 수 있는 장으로 만들어 가기도 한다. 그런 이들은 상상력과 창의력을 발휘해 현실의 의미를 창출하고, 타인이 무엇을 느끼며 어떤 상태인지 공감하는 능력이 뛰어나다.

광종의 관심은 고려의 대외 위상 확립과 왕권 강화, 두 가지였다. 광종은 즉위 초인 950년 중국의 연호를 따르지 않고 독자적 연호 광덕光德을 사용하며 주권국의 면모를 과시했다. 그러나 후주가 중원의 맹주로 자리 잡자 후주의 연호를 따르다가 960년부터 다시 독자적 연호인 준풍峻豊을 사용했다.

고려가 후주의 연호를 사용하기로 했을 때 후주는 크게 기뻐하며 두 차례에 걸쳐 책봉사를 보냈는데 이들 중에 쌍기가 있었다. 쌍기는 후주 태조의 개혁 작업을 도운 인물로 광종은 특별 면담까지 하며 그에게 관심을 보였다. 당시 힘이 미약했던 광종은 후주 태조의 왕권 강화 작업을 진두지휘한 쌍기를 귀화시켰다.

쌍기가 광종의 총애를 받자 중국의 많은 인재가 고려 조정으로 들어왔다. 5대 10국이 송나라에 멸망하며 각 나라의 관료, 학자들이 고려로 몰려온 것인데, 광종은 이들을 적극적으로 받아들여 친위 세력을 구성했다. 광종은 호족들의 반발에도 불구하고 쌍기를 전격적으로 원보의 관직에 임명하고 곧바로 한림학사로 승격했다. 그리고 쌍기와 함께 노비안검법과 과거제 도입을 추진했는데, 고려 조정을 장악하고 있던 호족을 혁파하려면 그들의 경제적 기반을 허물어야 했기 때문이었다.

956년에 왕명으로 시행된 노비안검법은 말하자면 노비 해방법이었다. 이로써 원래 노비가 아니었으나 삼국 통일 전쟁 시 포로가 되었거나 빚을 갚지 못해 부당하게 노비로 전락한 사람들이 노비 이전의 상태로 되돌아가게 되었다. 그리하여 호족들은 사병 수가 격감하고, 공신전을 경작하는 대가로 노비가 내던 세금도 챙길 수 없게 되었다. 호족의 무력과 경제력 기반이 와해되기 시작했다. 당황한 호족들이 상소를 올리는 등 거세게 반발했으나 광종은 그들을 해임하면서 노비안검법을 강하게 밀어붙였다.

958년 5월에는 파격적으로 과거제를 도입했다. 이는 고려 건국 과정에서 전공을 세워 공신이 된 호족 세력에 결정적 타격을 주었다. 학문 능력에 따라 인재를 선발하는 과거 제도가 시행되면 주로 무인인 호족의 자제가 정계에 진출하기 어려워지는 것은 자명한 일이었다. 이에 호족들이 출신 성분도 모르는 인물을 등용한다며 반발했으나, 광종은 과거 시험 합격자 수를 서서히 늘리며 신진 관료들을 측근으로 발탁했다. 신진 관료들은 호족이라는 배경이 없었으므로 왕의 든든한 힘이 되어 주었다. 그리하여 고려의 국교는 무위無爲의 불교이지만 현실 정치는 인위人爲의 유교가 맡는 토대가 마련되었다.

광종의 무자비한 공포 정치

혜종은 박술희, 정종은 왕식렴의 세력을 기반으로 삼은 데 비해 광종은 독자적인 세력 기반을 구축했다. 비교적 건강한 자아를 지녔던 광종은 이때부터 자신만을 위해 자아를 집중하기 시작했다. 당시 고려의 관복은 신라의 것을 따르고 있었는데, 서열에 관계없이 부자는 좋은 옷을, 가난한 자는 허름한 옷을 입었다.

이런 풍습이 조정의 기강과 왕의 권위를 약화한다고 본 광종은 960년 백관의 관복 제도를 제정해 사색 공복을 마련했다. 지위의 높낮이에 따라 자색, 붉은색, 진홍색, 녹색으로 구분한 것이었다. 이는 왕을 중심으로 새로운 관료 체제가 형성되었음을 뜻한다.

국가의 세금과 병졸은 크게 늘어났지만, 호족들의 입지는 더욱 약해졌다. 호족들은 조직적으로 반발하기 시작했는데, 특히 노비 안검법에 대한 저항이 심했다. 광종은 원래 계획했던 사병 몰수를 백지화하고 호족들의 동향을 탐색했다. 그러던 중 평농서사 권신이 충주 호족 출신인 대상 준홍과 좌승 왕동 등이 역모를 꾸민다고 참소하는 일이 벌어졌다. 이 사건으로 공포 정치가 시작돼 왕의 정책에 불만을 품은 호족 세력과 훈구 대신에 대한 숙청이 대대적으로 단행되었다. 호족들은 훗날 경종 시대에 복수법을 만들어 이에 대해 앙갚음을 하게 된다.

광종은 권력을 행사하는 데 걸림돌이 된다면 왕족과 골육에게도 냉혹하기 그지없었다. 역모에 연루되었다 하여 혜종의 아들 흥화궁군과 정종의 아들 경춘원군을 처형했으며, 심지어 자기 아들까지도 의심했다. 태조 때 삼한 공신이 3,200여 명이었는데 그중 광종 말년까지 목숨을 부지한 사람은 겨우 40여 명이었다니 당시 사정을 짐작해 볼 수 있다.

광종은 피비린내 나는 개혁 정책을 감행하면서도 한편으로는 민심을 안정시키기 위한 노력도 병행했다. 정종의 서경 천도 추진 과정을 지켜보았던 광종은 나랏일은 민심이 뒷받침되어야 한다는 사실을 뼈저리게 깨달았고, 민심 안정과 국민 사상 통합의 방안으로 불교를 장려했다. 광종은 그 일환으로 왕권을 과시하는 동시에 옛 백제 유민을 달래기 위해 충남 논산에 대규모 석불을 중수했다. 970년부터 시작된 이 공사는 워낙 방대해 37년 만인 목종 9년에 완공되었다.

광종은 정치의 도구로 종교를 잘 이용했다. 당시 왕권 강화의 이념적 뒷받침이 될 수 있었던 교종이 크게 부상했는데, 광종은

강원도 춘천의 청평사

강원도 오봉산에 있는 청평사는 973년(광종 24년) 영현선사가 창건해 백암선원이라 했으나 폐사되었고, 1068년(문종 2년) 이의가 중건해 보현원이라 했다. 이의의 아들 이자현이 이곳에서 은거하니 오봉산에 도적과 호랑이, 이리가 없어져 산 이름을 청평, 사찰 이름을 문수원이라 했다. 1550년(명종 5년) 보우가 청평사로 개칭했다.

화엄종을 중심으로 교종을 정리하면서 호족의 불교 기반을 약화했다. 호족과 왕족을 숙청하면서 어수선해진 민심은 불교 법회 등으로 달랬다. 광종 통치의 마지막 시기는 이렇게 종교로 민심을 수습하면서도 왕권 강화를 위해 병적일 만큼 살육을 자행한 시기였다. 감옥에 사람이 넘쳐나 임시 감옥을 지어야 할 지경이었다.

광종의 첫째 아들 왕유도 예외가 아니었다. 왕유는 부왕의 의심을 샀다가 마침 효화 태자가 요절하는 바람에 목숨을 부지할 수 있었다. 태자가 된 왕유는 두려움에 떨며 숨죽인 채 지냈다.

광종의 집권 말기는 왜 호족의 피로 물들었을까?

태조의 셋째 아들 광종은 왕자 시절부터 친형 정종과 함께 왕실의 핵심 인물이었다. 그는 부왕이 호족들의 세력 관계에 대해 고심하면서 살피는 모습을 보았다. 또 이복형인 혜종이 호족들의 다툼에 희생되고, 정종이 개경 세력과 부딪치는 것도 목격했다. 이런 과정을 겪으며 그는 호족을 비롯한 관료가 왕실에 위협적인 대상이라는 생각을 굳히게 되었다.

이는 '확증 편향'의 일종으로, 자신의 가치관이나 신념에 부합하는 확증적인 것만을 받아들이고 그 반대되는 증거는 축소하거나 무의미하게 여기는 경향을 말한다. 확증 편향에 치우치면 어떤 정보가 있을 때 자신에게 맞는 정보만 수용하고 그 외의 것은 무시해 버린다. 객관적 사실 여부와 관계없이 믿고 싶은 것만 믿으며 모든 것을 아전인수식으로 받아들인다.

자기 심리학self psychology을 연구한 하인츠 코헛Heinz Kohut은 자기 욕구가 얼마나 공감을 받고 반응이 오는가에 따라 자존감이 생성된다고 했다. 아이는 자라면서 어느 순간 전능한 줄로만 알았던 부모가 한계가 있고 자신의 기대에 못 미치는 불완전한 존재임을 알게 된다. 이는 성장 과정에서 누구나 겪는 좌절이다. 이때 아이의 좌절을 '최적'화하는 게 중요한데, 비결은 비록 불완전한 부모일지라도 아이에게 따뜻한 애정과 존중을 느끼게 하는 것이다. 그런 아이는 건강한 자아상과 가치관을 가지게 된다. 코헛에 의하면 아이에게 그런 경험은 정신적 산소와 같고 도덕 발달의 기초가 된다. 광종의 아들 왕유는 호랑이 같은 아버지에게 지나친 통제와 심지어 살해 위협까지 받았으니, 정신적으로 유해한 가스를 마신 것이고 최악의 좌절을 경험했을 것이다.

태조 이후 혜종, 정종, 광종은 모두 형제였다. 이처럼 왕통이 자식으로 이어지지 못한 것은 왕권이 불안정한 탓도 있었다. 왕비를 배출한 호족들마다 자기 외손을 왕위에 앉히려고 정치적 암투를 벌였다. 이에 진절머리가 난 광종은 그들을 처단하느라 자기 손을 피로 물들였고, 975년 여름 갑자기 병환으로 사망했다.

 ## 아버지에 대한 경종의 투사

경종(955~981)이 21세에 고려의 제5대 왕이 되었다. 광종이 집권할 당시 신하들 대부분이 죽고 살아남은 자가 얼마 되지 않아서

경종은 즉위하자마자 대사면령을 내렸다. 마침내 공포 시대가 끝난 것이다. 불안과 두려움의 나날을 보내다 왕위에 오른 탓인지 경종은 광종 때의 임시 감옥을 모두 헐어 버리고 관직에서 쫓겨났던 사람들도 복직시켰다. 또한 참소를 분서하고, 부왕이 극도로 견제했던 호족들을 중용해 집정에 호족 출신인 왕선을 앉혔다.

왜 경종은 이처럼 광종과 반대되는 정치를 했을까?

경종은 친척들이 역모로 몰려 죽는 것을 보았고, 급기야 자신마저 그럴 위험에 처했었다. 호족을 싫어하던 일부 세력이 광종에게 호족이 그를 제거하고 경종을 옹립하려 한다고 무고한 일 때문이었다. 그때 동생 효화 태자가 병으로 죽지 않았다면, 혹은 다른 아들이 있었다면 경종은 살아남지 못했을지 모른다.

경종은 광종을 몹시 무서워했다. 왜 그가 그토록 냉혹했는지 이해할 엄두조차 내지 못했다. 이렇게 그가 아버지로부터 전적인 부정을 당하며 자신을 지키기 위해 택한 방어 기제는 투사였다. 투사란 자신이 가져서는 안 되는 충동이나 욕구를 다른 사람에게 돌리는 행태를 뜻한다. 경종은 자신을 의심했던 아버지에 대한 증오심을 바로 아버지에게로 돌려 아버지가 언제 자기를 해칠지 모른다고 생각했다. 왜 아버지가 호족들의 동태에 그렇게 예민했는지 이해할 여유가 없었다.

투사가 반복되면 투사적 동일화로 발전한다. 투사적 동일화의 한 예는 아이가 엄마를 보며 웃으면 엄마도 따라 웃는 것이다. 엄마는 아이의 감정에 점령 및 조종당한 것이고, 아이는 엄마의 웃

투사

방어 기제의 하나로 동일시의 한 유형이다. 자기 자신의 불안이나 불만의 원인을 해소하기 위해 다른 사람이나 환경에 뒤집어씌우는 행동을 말한다. 예를 들면, 글씨를 잘 못 쓰고는 펜이 나빠서 그렇다고 펜을 탓하는 것이다.

는 모습을 보며 안도한다. 또 다른 예로, 처벌받아야 하는 자신의 내적 이미지를 타인에게 투사해 그 타인이 화를 내게 하고 화내는 소리를 들음으로써 자신의 죄책감을 해소하는 경우도 있다.

자신의 감정을 다른 사람에게 투사해 대상과 공감 상태를 유지하려는 투사적 동일화로 발생하는 감정은 결코 공감이 아니며, 분별을 상실한 감정의 반작용에 불과하다. 투사를 당하는 대상이 투사적 동일화를 거부하면, 말년에 왕 노릇을 포기한 경종처럼 의욕을 잃게 된다.

광종이 아들을 의심한 것은 맞지만 경종이 생각하는 것처럼 그렇게 미워하지는 않았을 것이다. 아무리 아들이 하나뿐이라도 그를 미워했다면 왕위를 물려주지 않았을 것이다. 왕위야 동생들 중 한 명에게 물려줄 수도 있었다.

아버지에 대한 반감을 안고 왕위에 오른 경종은 정치에 이를 표출하기 시작했다. 왕자 시절 투사 감정에 휘둘렸던 그는 정치가 무엇인지 깊이 생각해 볼 겨를도 없었다. 경종은 오직 아버지에 대한 반감으로 호족을 덥석 끌어안았다. 물론 경종 나름대로는 호족들을 포용하면서 화해의 시대를 열려는 뜻도 있었다.

그러나 일인지하 만인지상에 오른 왕선은 경종과 생각이 달랐다. 그는 지난날 억울하게 죽임을 당하고 재산과 공직을 빼앗긴 공신의 한을 달래는 복수법을 만들어야 한다고 건의했다. 처음에 경종은 반대했으나 호족 세력의 요구를 이기지 못해 결국 허락하고 말았다.

경종, 화합 정치에 실패하다

복수법의 주요 표적은 광종 때 과거제를 통해 관료가 된 신진 세력이었다. 이에 지난 15년간 세력을 다지며 단삼 계층을 주로 점하고 있던 신진 관료들과 자삼 계층을 차지하고 있던 호족들의 힘겨루기가 본격적으로 시작되었다.

약 1년간 피비린내 나는 복수전이 계속된 가운데 왕선은 복수법을 빌미로 태조의 아들인 효성 태자와 원녕 태자를 살해했다. 광종 때 호족 제거에 깊이 관여했더라도 이들은 종실의 어른이었고 경종에게는 삼촌이었다. 이에 놀란 경종은 복수법을 폐지하고 왕선을 귀양 보냈다.

경종은 한 신하에 권력이 집중되는 집정제를 좌우 집정제로 바꾸고 순질과 신질을 임명했다. 또한 전시과를 마련해 관품(벼슬의 등급)과 인품(학문적 업적과 덕망)에 따라 토지를 분급하도록 했다. 그리하

> **피를 부른 복수법**
>
> 광종 대에 참소로 피해를 입은 사람들의 분노를 풀어 주기 위해 만든 법이다. 관청에 소를 올리고 재판을 받을 필요 없이 자신을 모함했던 사람의 자손을 죽여도 된다는 것으로, 이 법 때문에 오히려 억울하게 죽은 사람이 많았다.

여 관품이 높은 호족들뿐만 아니라 낮은 신진 관료들 또한 토지를 분배받도록 배려했다.

경종이 전시과를 시행할 수 있었던 것은 광종이 호족 공신 세력을 대거 축출한 덕분이었다. 경종은 호족을 완전히 무시하기가 어려워 양면책을 구사했다. 즉 실무자가 대부분인 단삼 계층의 신진 관료들을 위해 토지 분배의 기준에 인품을 도입하고, 원윤 이상의 자삼 계층을 차지하고 있던 호족을 달래기 위해 관품을 포함했다. 이로써 공신 세력을 다독이는 동시에, 광종 때 성장한 신진 관료가 그들을 견제하게 했다. 이는 당시 모든 지배 계층을 정부의 토지 제도 안으로 흡수하는 획기적인 조처로 왕권 강화에 큰 도움이 되었다.

경종이 복수법을 금지하고 좌우 집정제와 전시과를 시행하면서 국정이 안정되자 979년 발해 유민 수만 명이 귀화했다. 그러나 경종이 최지몽을 중용하면서 나라의 안정은 무너지고 말았다. 최지몽은 정종과 광종을 위해 거짓 점괘로 개경파의 왕규를 역모 혐의로 몰아낸 전적이 있는 사람이었다.

최지몽은 본명이 총진이며 어려서부터 총명해 천문과 역술에 능했다. 18세에 왕건을 만나 삼한 통일을 예언하자 왕건이 크게 기뻐하며 이름을 지몽으로 바꾸게 했다. 그는 태조를 비롯해 혜종, 정종, 광종을 모셨는데, 광종 때 왕과 함께 귀법사에 갔다가 만취해 주정을 부린 죄로 좌천되었다.

경종은 호족의 견제를 받자 최지몽을 불러들여 왕명을 다루는 내의령에 임명했다. 하루는 최지몽이 자신의 특기를 살려 호족인 왕승 등이 모반을 꾸미고 있다며 신중히 경계하라고 아뢰자 경종은 이들을 처단하고 최지몽에게 상을 내렸다. 경종은 최지몽의 역술을 이용해 정적을 제거하기는 했으나 이는 호족의 반발을 불러일으키는 계기가 되었다.

이때부터 경종은 정사를 멀리하게 되었다. 광종의 공포 정치에 대한 트라우마가 있던 경종은 나름대로 화합 정치를 펴고자 했으나 도리어 정국이 얼어붙자 정치를 회피한 것이다. 그리고 자포자기 상태가 되어 대사를 논하는 군자는 멀리하고 소소한 흥밋거리를 나누는 소인들과 친하게 지냈다.

경종처럼 자아가 약한 사람은 한 번 실패하면 거기에서 헤어 나오지 못한다. 이들은 세상 모든 일을 분리해서 어둡게 또는 밝게만 본다. 자기 기분에 따라 어떤 사람에게는 자기 속의 좋은 면을 투사하고, 또 다른 사람에게는 나쁜 면을 투사한다. 이는 자아가 약한 사람들이 쓰는 원시적 방어의 한 형태다.

이렇게 분열된 내적 대상관계에 따라 좋게 투사된 상대에게는 늘 호의적이며 나쁘게 투사한 상대는 증오한다. 세상을 향한 분리된 해석은 삶에 만성적 두려움을 야기한다. 일어나지도 않았고 일어나지도 않을 일, 이미 과거의 일이라 어찌해 볼 수 없는 일, 또는 아주 사소한 일을 붙들고 걱정한다. 하지만 자아가 탄력적이고 강한 사람은 실패를 병가상사兵家常事로 알고 다시 복구하면서 더 강해진다.

자아가 약한 사람도 얼마든지 강해질 수 있다. 우리가 지레 걱정하는 일의 98퍼센트는 결코 일어나지 않는다. 과거나 미래의 일을 미리 상상해 걱정하기보다는 현재의 일에 몰입하는 자세를 가질 필요가 있다. 자신이 어떤 상황에 놓여 있느냐보다 더 중요한 것은 그 상황을 어떻게 받아들이냐다. 상황이 불리하더라도 새로운 도전으로 받아들이고 자신을 업그레이드할 수 있는 좋은 기회로 만든다면 자아가 건강해진다.

경종은 왕자 시절 자신을 불신하는 아버지에게 크게 놀랐고, 왕이 된 후 화합 정국을 위해 믿고 정권을 맡겼던 왕선의 독주로 놀랐고, 이를 진정하려고 최지몽의 점술에 의지해 호족을 다스리려다가 극렬한 반대에 부닥쳐 또 놀랐다. 그 후 경종은 거절과 실패의 두려움에 빠져 대신들과의 접촉을 피하고 정사를 멀리했다. 오히려 여색에 빠져 음탕한 생활을 하고 바둑을 좋아해 정교政敎가 쇠잔해졌다.

결국 마음뿐 아니라 몸까지 쇠약해진 경종은 981년 7월 자리에 누웠고, 한 달 후 사촌동생인 개령군 왕치에게 선위했다. 이때 그의 나이 겨우 27세였다.

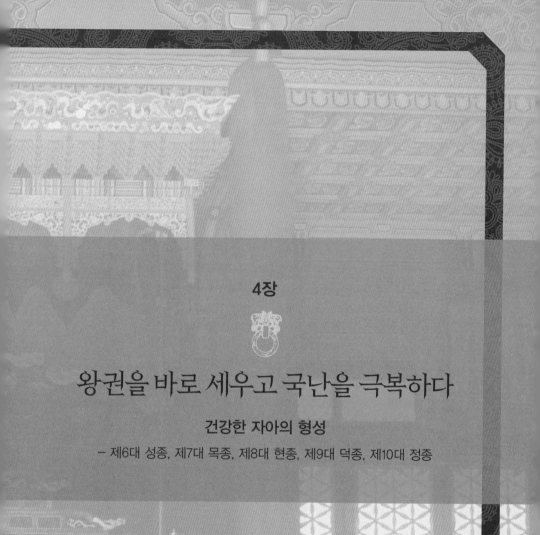

4장

왕권을 바로 세우고 국난을 극복하다

건강한 자아의 형성
– 제6대 성종, 제7대 목종, 제8대 현종, 제9대 덕종, 제10대 정종

성종

어머니를 일찍 여의고 할머니인 신정왕후의 손에 자랐다. 유교적 가치관에 따른 가르침과 따뜻한 보살핌을 받은 성종은 정서적으로 안정되고 자기 조절을 잘해 명군이 되었다.

::

목종

어머니는 김치양과 사통에 빠져 어린 목종을 소홀히 했고 목종이 왕위에 오르자 섭정을 했다. 어머니의 사랑이 부족하고 지나친 통제를 받으면 후천적 동성애자가 되기도 하는데 목종이 바로 그런 경우였다.

::

현종

어머니와 아버지가 삼촌지간인 데다, 왕위 계승자로서 살해 위협을 받는 등 왜곡된 성품을 가질 가능성이 있는 환경이었으나 자기 내면을 스스로 치유하고 긍정적인 면을 살려 현군이 되었다.

::

덕종

재위 기간은 짧았으나 현종의 뒤를 이어 나라를 안정적으로 이끌었다. 화합 정치를 펼쳐 백성을 평안히 하는 한편 거란을 굳건히 막아 냈다.

::

정종

형인 덕종의 뒤를 이어 너그러운 성품으로 민생을 살펴 나라를 평화롭게 하고, 대외적으로는 거란의 침략에 잘 대비했다.

성종, 나라의 중심을 잡다

고려의 제6대 왕 성종(960~997)은 태조의 손자다. 22세에 왕위에 올라 16년간 통치하며 내치·외치에 많은 업적을 쌓아 고려 시대의 명군으로 기록되었다.

태조가 고려를 개국하고 삼한을 통일한 후, 제2대 혜종 때는 나약한 왕을 제치고 호족의 기세가 등등했다. 겉으로는 강한 것 같지만 실상은 나약한 제3대 정종에 이어 제4대 광종은 호족 세력을 억누르고 중앙 집권 체제를 강화했다. 제5대 경종은 말년에 정사에 태만해 다시 호족이 득세하려던 참이었다.

광종의 개혁을 마무리해야 하는 시대적 과업을 안고 즉위한 성종은 차분히 법과 제도를 정비해 고려 왕조를 정상 궤도에 올려놓았다. 그는 이념이 다른 정치 집단을 포용해 적재적소에 배치했다. 신라 6두품 가문 출신의 신진 관료 최승로(927~989)를 재상에 등용하고, 고려 전통을 중시하는 서희(942~998)를 국방 책임자인 병관어사 자리에 앉혔다. 서희의 아버지 서필은 광종이 귀화인을 우대하며 쌍기 등에게 집과 여인을 내주자 차라리 본인의 집을 주라며 반발한 인물이었다. 성종은 이처럼 출신도 정치 성향도 다른 최승로와 서희가 조화와 균형을 이루는 시대를 이끌었다. 성종의 이런 리더십은 어디서 생긴 것일까?

성종은 어머니 선의왕후가 일찍 죽자 할머니인 신정왕후 황보씨의 손에 자랐다. 그런데 신정왕후 황보씨의 딸은 노골적으로 숭유억불 정책을 편 광종의 아내였다. 광종은 왕권을 강화하기 위해 과거 제도를 실시했다. 과거에 합격한 신진 유학자들이 대거 등용되면서 호족 자제들의 관계 진출이 난관에 부딪혔다. 이런 분위기에서 자란 성종은 유교적 세계관에 호감을 갖게 되었다.

조부모는 아이의 양육자로서 조상의 지혜를 전승하고 잘 가르칠 수 있는 위치다. 조부모가 손자·손녀를 권위적이거나 자기 기분대로만 대하지 않고 대리 부모의 역할을 잘 수행한다면 아이의 자기 조절력과 정서적 성숙에 큰 도움이 된다. 신정왕후는 손자인 성종이 유교 경전을 많이 읽고 좋은 인품을 기르며 세상을 신분으로 구별해 질서 있게 보도록 길렀다.

그 덕분인지 성종은 즉위하자마자 충효와 계급 질서 확립을 강조했다. 이로 인해 양반, 평민, 천민이 명확히 구별되기 시작했다. 왕을 기준으로 오른쪽에 무관이, 왼쪽엔 문관이 섰는데 이들이 양반이고, 평민은 농·공·상인, 천민은 노비 등이었다.

성종이 유교의 충과 효 이념으로 통치하려 하자 불교에 위배된다는 이유로 일부 호족들이 반발하기도 했다. 또한 성종은 팔관회의 잡기들이 떳떳지 못하다며 연등회, 선랑 등과 함께 고려의 전통 행사를 폐지하라고 명했다. 이처럼 성종은 〈훈요십조〉까지 거스르며 불교 전통을 없애고 유교 사회를 건설하고 싶어 했다. 성종은 최승로 같은 유학자들이 소신껏 발언할 수 있도록 언론을 개방하는 일부터 착수했다.

 ## 성종, 중앙 집권 체제를 완성하다

성종은 중앙 집권 체제 확립을 염두에 두고 982년 5품 이상 관리들에게 봉사封事를 올리게 하여 이 중 최승로의 '시무 28조'를 채택했다. '시무 28조'는 크게 세 부분으로 나뉜다. 상소문을 올린 배경, 태조부터 경종에 이르는 5대조의 치적에 대한 평가, 왕의 통치를 위한 28조의 시무책이 그것이다.

먼저 상소문을 쓴 배경으로 당나라 사관 오긍이 편찬해 현종에게 올린 《정관정요》와 같은 의미라고 했다. 이어서 5대조의 정치를 평했는데, 태조는 넓은 도량과 뛰어난 계략, 인재를 알아보는 눈, 예양심禮讓心이 있었고, 혜종은 형제간 우애를 지키려 했고, 정종은 사직 보존 의지가 강했고, 광종은 공평무사했고, 경종은 정세를 현명하게 살폈다고 언급한 후 각 왕의 정치적 실책도 지적했다. 여기서 최승로는 태조를 이상적인 군주로 꼽으며, 정치의

시무 28조 중 현존하는 22조

1. 국방비를 절감해야 한다.
2. 불교의 폐단을 줄여야 한다.
3. 시위 군졸을 줄여야 한다.
4. 상벌을 공정하게 해야 한다.
5. 사신을 보낼 때 장사꾼을 함께 보내지 말아야 한다.
6. 승려의 고리대금을 금지해야 한다.
7. 지방 토호의 횡포를 막아야 한다.
8. 승려의 횡포를 막아야 한다.
9. 관복을 제정해야 한다.
10. 승려가 관이나 역에 유숙하는 것을 막아야 한다.
11. 중국의 제도를 무조건 따르는 것은 옳지 않다.
12. 공역을 공평하게 해야 한다.
13. 연등회와 팔관회의 사람 동원 과 노역을 줄여야 한다.
14. 군주는 덕을 베풀고 사심이 없는 마음가짐을 가져야 한다.
15. 궁중의 비용을 줄여야 한다.
16. 백성을 동원해 절을 짓는 것을 금지해야 한다.
17. 부호를 견제해야 한다.
18. 불경과 불상을 사치스럽게 만드는 것을 금해야 한다.
19. 개국 공신의 후손을 등용해야 한다.
20. 불교를 억제하고 유교를 일으켜야 한다.
21. 미신을 타파해야 한다.
22. 신분 차별을 엄격히 해야 한다.

주체는 왕이지만, 왕과 신하들의 협치가 중요함을 강조했다. 이 같은 5대조 평가는 왕도 정치로 귀결된다. 끝으로 28조의 시무책이 열거되었는데 현재 전하는 것은 그중 22조뿐이다.

최승로는 광종 때 실시한 노비안검법 중단을 건의했는데, 이는 광종 때 지나치게 숙청당해 약화된 호족과 삼한 공신을 포섭하기 위한 것이었다. 그러면서 동시에 주요 지방에 외관을 파견해 호족을 억제하는 정책을 제안했다. 유교 사상을 통해 중앙 집권화를 시도하려는 성종에게 최승로는 구체적인 대안을 내놓았다.

성종은 이런 건의를 바탕으로 문물 제도를 정비하고 중앙 집권적 봉건 체제를 확립했다. 중앙의 정치 조직은 3성(중서성·문하성·상서성) 6부(이부·병부·호부·형부·예부·공부), 지방 행정 조직은 12목(양주·해주·광주·청주·충주·공주·상주·진주·전주·나주·승주·황주)으로 개편하고 교육 정책을 추진했다. 성

심리학으로 읽는 고려왕조실록

종은 989년에 내린 교서에서 "소털처럼 배우는 자가 많아도 과거 보는 자가 드물고 성공하는 자도 기린의 뿔처럼 희귀하다"며 초야에 묻힌 학자들을 발굴해 우대하라고 했다. 교통망인 역참 제도도 정비했다. 교통로가 신라는 경주 중심, 백제는 공주와 부여 중심, 고구려는 평양을 중심으로 뻗어 있던 것을 개경 중심으로 재편성했다.

성종은 아무리 숭유 정책을 편다 해도 민간에 여전히 불심이 만연하다는 사실을 잘 알고 있었다. 그래서 개경에는 국자감, 지방에는 향교를 세워 효 사상을 고취하면서 동시에 자신의 어머니 선의왕후의 제삿날에 불공을 드리고 도살을 금지했다. 오래된 민간의 의식을 존중하면서 개혁을 추구한 것이었다.

성종은 비교적 건강한 자아를 지니고 있었다. 나도 소중하지만 다른 사람의 생각도 소중함을 인정하고, 자기의 내적 자원과 외적 자원을 긍정적으로 동원해 일을 해결했다. 성종은 중용의 덕을 지닌 최승로를 문하시랑으로 임명해 개혁 정책을 맡겼다.

인간은 자기와 성향이 비슷한 이를 좋아하는 경향이 있다. 성향이 비슷한 사람끼리는 많은 공감과 지지를 주고받고 예측 가능한 관계를 맺을 수 있다. 중용의 덕을 갖춘 왕이라면 널리 포용할 줄 아는 신하들을 가까이 두므로, 자연히 탕평 정책을 내놓게 된다. 반대로 편견에 사로잡힌 왕의 유유상종은 치세에 치명적인 독약이다. 따라서 편견이 강한 왕일수록 자신과 다른 의견을 지닌 신하를 발탁하려고 의도적으로 노력해야 한다.

사회 심리학에서는 유유상종, 동성상응同聲相應 현상을 기대 가치 이론으로 설명한다. 즉, 함께할 상대를 고를 때 매력 정도만 따지는 것이 아니라 그 사람과 함께 결과를 성취할 가능성 또한 고려한다. 그러다 보면 무의식적으로 태도와 가치관이 유사해 덜 부닥치고 잘 어울릴 상대를 고르게 된다. "가재는 게 편, 솔개는 매 편"이라는 속담처럼 말이다.

인간은 사회적 관계를 형성할 때 큰 기대가치를 가진다. 기대가치란 노력해서 얻을 수 있는 가치에 대한 기대를 뜻한다. 이를 반감 가설로도 설명하는데, 인간을 포함해 진화하는 모든 생물체는 자신과 다른 개체가 나타나면 종족 보존의 본능에 의해 반감을 나타내며 배척한다.

그렇다면 왕은 어때야 하는가? 왕은 한 나라의 백성을 책임지는 존재다. 만일 왕이 중심을 잡지 못하고 광종처럼 확증 편향에 빠지면 자신과 성향이 다른 사람에게 잘못이 없더라도 무의식중에 그를 배척하고 만다. 이렇게 왕이 편협하다면 다양성을 확보하기 어려워 나라가 통합해 발전할 수 없다.

성종처럼 성숙한 자아와 중용의 덕을 갖춘 왕이라면 그가 통치하는 사회도 덩달아 성숙해진다. 성숙한 자아란 자아가 완성되었다는 뜻이 아니라 자아의 방향이 완성을 향한다는 뜻이다. 경험에의 개방성, 정서적 안정감, 좌절에 대한 관용과 자아감의 확장, 수동성을 넘어 자발적인 창조성, 개성적이며 효율적인 현실 지각, 비적대적 유머 감각 등을 가지려고 노력할 때 성숙한 자아라고 할 수 있고, 그런 사람은 자아실현의 삶을 살고 있다고 할 수 있다.

중용의 덕을 갖춘 성종의 곁에는 역시 중용의 자질을 지닌 최승로 같은 신하들이 있었다. 왕과 신하가 서로 교감하면서 중앙 집권을 추구하되 귀족과 백성을 모두 배려하는 정책을 폈다. 음서 제도를 수용하는 동시에 과거 제도를 통해 유학을 진흥했다.

성종은 유학의 효를 강조하고 효를 왕에 대한 충성으로 연결했다. 성종 9년(990)에 나온 교시의 내용은 다음과 같다.

"국가 통치의 기본은 효가 제일이다. 효야말로 모든 선善의 주제다. 임금이 만백성의 우두머리이기에 부모 공양을 잘하는 자가 반드시 나라의 충신이 된다."

 ## 서희를 내세워 거란을 물리치다

한편 발해를 차지한 거란은 옛 고구려 땅을 내놓으라며 고려를 협박했다. 거란은 자기들이 발해를 몰락시켰고, 고려는 신라를 몰락시켰을 뿐이므로 고구려의 옛 땅은 자기네 것이라는 억지 주장을 펼쳤다. 고려는 건국 이후 대외적으로 송나라와 친교를 맺고 있었다. 그런데 거란이 요나라를 세우고 발해까지 차지하더니 송나라를 공격한 데 이어 고려에도 압박을 가하기 시작했다.

거란이 고구려의 옛 땅을 달라고 시비를 걸자 고려는 자신들은 신라를 승계한 것이 아니라 고구려의 후예라며 반발했다. 거란은 기다렸다는 듯 993년(성종 12년) 10월 소손녕의 대군을 이끌고 고려를 쳐들어왔다. 이들은 단숨에 청천강 북안까지 내려와 두 가지 최후통첩을 보냈는데, 옛 고구려 땅을 내놓을 것과 송나라와 단교해 요나라와 친교할 것이었다. 이에 성종도 군사를 이끌고 서경에 진을 치고 문무백관을 모아 논의했다. 신하들은 대부분 겁을 먹고 국경을 황주에서 절령(자비령)으로 후퇴하자고 했는데 서희가 대세를 거스르는 말을 했다.

"전쟁의 승패는 병사의 수에 있지 않습니다. 적을 알고 나를 알고, 적의 약점을 보고 움직이면 얼마든지 이길 수 있습니다. 거란에 고구려 땅을 돌려준다는데 어디까지입니까? 서경 이북을 준다면 저들은 다시 삼각산까지 고구려 영토였다며 삼각산을 요구할 것입니다."

성종은 서희의 말에 따라 항전을 명했다. 고려가 투항하지 않자 소손녕은 노발대발하면서 얼어붙은 청천강을 건너 안융진을 공격했다. 안융진 성에서는 대조영의 후손으로 알려진 대도수가 수백 명밖에 안 되는 병졸들과 함께 적에 맞섰다. 백성들도 힘을 모았다. 그들은 접근하는 거란병에게 뜨거운 물을 퍼붓고 돌로 내리쳤다.

소손녕은 작은 성 안융진에 막혀 진격하지 못하자 크게 당황했다. 이대로 돌아갈 수는 없는 노릇이었다. 그는 잠시 공격을 멈추고 고려에 항복을 권유하는 서한을 보내면서 담판을 제안했다.

국립외교원 마당에 있는 서희 흉상

서희는 960년(광종 11년) 문과에 급제해 광평원외랑에 이어 내의시랑
이 되었고, 982년 송나라에 가서 중단되었던 국교를 트고 검교병부상
서가 되어 귀국했다. 거란의 내침 때 서경 이북을 넘겨주자는 데 반대
하고 적장 소손녕과 담판을 벌여 거란군을 철수시켰다. 그 후 여진을
몰아내고 지금의 평북 일대 땅을 완전히 회복했다.

성종은 거란과의 협상 테이블에 고려의 대표로 서희를 보냈다. 대쪽 같았던 아버지 서필처럼 서희도 행동과 예법에 절도가 있었다. 이런 사람들은 자기감정에 치우치지 않고 문제를 합리적으로 풀어 간다는 특징이 있다. 서희는 이미 거란의 속셈을 간파하고 있었다. 거란은 고려의 영토를 차지하려는 것이 주목적이 아니었다. 그들은 중원을 놓고 송과 전면전을 벌일 경우 후방의 고려가 공격할 것을 우려하고 있었다.

거란의 진영에 찾아간 서희에게 소손녕은 신하의 예로 엎드려 절을 하라고 했다. 서희는 군주와 신하가 만나는 것이 아니라 대신과 대신이 대면하는 자리라며 이를 거부했다. 소손녕은 그 당당함에 내심 놀라 대등하게 대좌해 회담을 시작했다.

먼저 소손녕이 고려를 침략한 이유를 설명했다. 고려는 신라 땅에서 창건했으면서도 옛 고구려 땅을 잠식했고 그것도 모자라, 거란과 국경이 접해 있으면서도 바다 건너 송나라를 섬긴 것을 침략의 이유로 들며 해명을 요구했다.

서희는 이렇게 대답했다. 고려는 국호가 보여 주듯 명백히 고구려를 잇고 있다. 고구려의 옛 수도인 평양을 도읍으로 삼은 것을 보라. 게다가 거란의 논리라면, 거란의 동경(오늘날의 랴오양)도 옛 고구려 지역이니 고려가 차지해야 한다. 또 고려가 거란과 외교하지 못한 것은 거란과 고려 사이를 여진이 가로막고 있어 바다를 건너는 것보다 어렵기 때문이다. 그러면서 서희는 이렇게 주장했다. 고려와 거란이 통교하기 위해서는 여진을 쫓아내고 성을 쌓고 도로를 만들어야 하는데 이를 거란이 도와줘야 한다. 소손녕은 서희의 말에 수긍해 왕에게 회담 내용을 전했다. 마침내 거란의 왕은 고려와의 화의를 허락하고 여진을 평정하는 데 도움을 주겠다는 약속까지 했다.

서희는 과거를 거쳐 벼슬을 시작했으나 그의 조부는 이천 지방의 토착 호족이었다. 서희를 중심으로 한 신정치 세력은 당시 조정의 유교적 사대 외교를 반대해 거란이 스스로 물러가도록 했다. 한편 개국 공신인 호족들은 광종 때부터 관직에서 밀려났고, 성종에 이르러서는 신라 6두품 출신인 최지몽, 최승로, 최량 등이 주요 요직을 차지하고 있었다.

성종은 이렇게 정치적 배경과 지향점이 다른 서희와 최승로를 적절히 활용해 자신의 개혁 정책을 실현해 나갔다. 996년에는 규격화된 화폐인 건원중보를 주조해 유통시키기도 했다. 이로써 원시적인 물물교환 중심의 유통 질서에서 벗어날 수 있었다.

국가 안정을 위해 혼신의 힘을 기울였던 성종은 재위 16년 만인 997년 병을 얻어 자리에서 물러났다. 성종은 조카인 개령군 왕송을 후계자로 지목했으니 그가 바로 목종(980~1009)이었다. 목종은 경종의 맏아들로, 경종이 죽을 때 두 살에 불과해 성종이 대신 왕위를 이은 바 있었다. 아들을 얻지 못한 성종은 사촌형의

> ### 강동 6주
> 외교적 담판으로 80만 거란 대군을 자진 철수시킨 서희. 그는 거란을 물리친 이후 압록강 동쪽의 여진족을 몰아내고 강동 6주(흥화·용주·통주·철주·귀주·곽주)를 개척해 성보를 쌓았다. 이로써 압록강 연안을 확보해 고려의 국경을 확장하는 계기를 마련했다.

건원중보

관에서 주조한 우리나라 최초의 화폐로 철전과 동전, 두 종류가 있다.
당나라의 화폐를 모방해 앞면에는 건원중보乾元重寶, 뒷면에는 동국東
國이라고 표기했다. 건원중보 철전은 996년(성종 15년)에 처음 주조해
이듬해에 발행했다. 그 뒤 1002년(목종 5년)까지 계속 유통되다가 사용
이 금지되었다.

아들 왕송을 데려다 친자식처럼 기르고 왕위까지 물려주었다. 성종의 인격을 가늠할 수 있는 대목이다. 고려 후기 학자였던 이제현은 성종을 다음과 같이 평가했다.

"수령들이 백성을 잘 보살피게 했고, 효자·효부를 표창했으며, 선비들에게 학비를 넉넉히 주어 훌륭한 인재를 양성했다. 아아! 성종처럼 어질고 밝은 식견을 가진 분이 왕이 되어야 한다."

목종, 어머니에게 억눌린 동성애자

18세 왕송이 고려의 제7대 왕 목종으로 등극했다. 목종의 어머니인 헌애왕후(964~1029)는 태조의 아들인 대종의 딸로, 동생 헌정왕후와 함께 경종의 비가 되었다. 왕송을 낳은 헌애왕후는 경종이 죽은 뒤에도 궁궐에서 살았으나 헌정왕후는 사저에 나가 살았다. 그런데 헌정왕후는 나이 많은 이복 숙부 왕욱과 정을 통해 임신하게 되었고, 이에 성종은 왕욱을 귀양 보냈다.

헌정왕후는 혼자 아들을 낳고 얼마 지나지 않아 세상을 떠났다. 헌정왕후와 숙부 왕욱 사이에서 태어난 아들이 대량원군 왕순이었다. 성종은 천애고아가 된 왕순을 불쌍히 여겨 보살펴 주었는데, 왕순이 바로 고려 제8대 왕 현종(992~1031)이다.

유교 이념으로 통치하던 성종은 과부가 된 이복동생 헌애왕후가 수절하기를 바랐다. 그러나 헌애왕후는 궁궐에 드나들며 자신을 보살펴 주던 승려 김치양(?~1009)과 눈이 맞고 말았다. 비록 고려 초기에는 이복형제 간의 결혼이 가능하고 남녀 교제가 자유로웠다 하더라도, 유학을 정치 이념으로 삼은 성종은 이를 용납할 수 없었다. 그는 김치양을 귀양 보냈다.

997년 성종이 세상을 뜨자 상황은 바뀌었다. 헌애왕후는 자기 아들이 왕이 되자 왕의 나이가 어리다는 이유로 섭정을 시작했다. 그녀는 천추태후가 되어 성종의 정책과는 다른, 고려의 전통을 부활할 정책을 구상했다.

천추태후는 귀양 간 김치양을 불러들여 우복야 겸 삼사사에 앉히고, 목종에게는 서경을 자주 행차하도록 하여 태조 왕건의 유훈인 북진의 의지를 과시했다. 또 자신과 목종, 김치양을 위한 절을 지어 불교와 도교, 토속 신앙이 함께 어우러지는 팔관회를 열었다. 천추태후를 등에 업은 김치양은 권력을 마음대로 휘두르고 재물을 쌓았다.

이런 상황을 목종이 가만히 보고만 있었던 것은 아니었다. 김치양을 축출하기 위한 시도를 여러 차례 했으나 천추태후가 번번이 가로막아 실패하고 말았다. 이에 좌절한 목종은 정사를 멀리하고 동성애에 빠졌다. 동성애 상대는 용모가 수려한 유행간과 유충정이었는데, 목종은 이들이 원하는 것은 무엇이든 다 들어주었다. 유행간과 유충정은 목종의 사랑에 힘입어 나랏일을 쥐락펴락하면서 목종을 허수아비 왕으로 만들어 버렸다.

목종의 동성애는 기질적으로 타고난 것이라기보다는 환경 탓이라고 볼 수 있다. 남성의 동성애에 대해 임상적으로 관찰한 프로이트는 지배적인 어머니와 수동적인 아버지 사이에서 자란 경우가 많다고 보았다. 아버지의 관심을 받지 못한 데다 적대적이고 파괴적인 모성애를 겪고 자란 아들의 경우 동성애자가 되기 쉽다는 것이다.

목종은 두 살 때 아버지를 여의었다. 아버지 부재 상태에서 어머니인 헌애왕후는 김치양과 사통에 빠져 어린 목종을 돌보는 데 소홀했을 것이다. 게다가 목종이 왕이 되고 나서는 그가 어리다는 이유

> **피아제의 인지 발달 단계**
> • 감각 운동기 : 출생~2세경. 감각과 지각을 신체적 활동과 통합하는 능력이 증가하며, 대상 영속성(어떤 물체가 시야에서 사라져도 계속 존재한다고 생각하는 것)이 생긴다.
> • 전조작기 : 2~7세경. 비논리적인 사고를 하고 자기중심적이다.
> • 구체적 조작기 : 7~11세경. 자기중심적 사고에서 벗어나며 추론을 할 수 있다.
> • 형식적 조작기 : 11~15세경. 논리적·추상적 사고 능력이 증가하며 추론이 가능하다.

로 섭정을 감행했다. 사실 즉위 당시 목종은 열여덟 살로 아주 어린 나이는 아니었다. 목종은 한창 성장하는 시기에 부모로부터 방치되었고 청소년기 말에는 어머니의 섭정으로 억압을 당했다.

아동기가 끝나고 사춘기에 접어드는 시기를 피아제Jean Piaget는 '형식적 조작기'라고 했다. 이때 성장 폭발이라 할 만큼 신체적 변화가 급격하면서 2차 성징인 성적 성숙이 나타나며, 인지 측면에서도 논리적이고 추상적인 사고가 가능해진다.

발달 심리학자 에릭 에릭슨Erik H. Erikson은 형식적 조작기의 주요한 과제를 자아 정체감의 형성이라고 보았다. 이 시기의 청소년들은 새로이 마주하는 사회적 요구에 갈등을 느끼면서 "나는

누군가?"라는 고민을 한다. 또한 자신의 역할에 대해 "이 거대 사회에서 내 위치는 어때야 하는가?"에 대한 생각을 확립한다.

에릭슨의 심리 사회적 발달 이론에서 '정체감 대 역할 혼미'의 시기로 언급된 청소년기에 자아 정체감을 제대로 확립하지 못하면 역할을 혼동하는 위기를 만난다. 반면 이때 긍정적인 자아 정체감을 형성하면 이후 성인기에 이르러 다른 사람들과 진정으로 친밀한 관계를 만들어 나갈 수 있다.

목종은 급격한 신체적 성장을 이룬 시기에 왕이라는 최고 권력을 맛보는 듯했으나 곧 어머니와 그의 정부 김치양에게 짓눌리고 말았다. 게다가 목종은 자신의 자리를 되찾기 위해 김치양을 추방하려 했으나 번번이 좌절을 겪었다. 이처럼 정체감 유실을 반복적으로 경험하면 사회적 역할과 자신의 업무에 대한 충실성이 흐려진다.

청소년기를 지나 성인기 초반에 이르면 타인과 친밀감을 형성해 서로 관계를 맺을 수 있다. 청소년기에 합리적인 자아 정체감이 어느 정도 형성되었다면 이것이 가능하지만, 자아 정체감이 건강하게 형성되지 못한 상태에서는 진정한 관계를 맺기도 힘들뿐더러 고립감을 느끼며 자기 몰두에 빠질 수 있다. 이런 경우 인간관계가 유사 친밀로 퇴행하고, 다른 사람의 필요보다는 자신이 원하는 것에만 관심을 두게 된다.

에릭슨의 심리 사회적 발달 이론상에서 성인 초기의 특징은 '친밀감 대 고립'으로 표현되었다. 이 시기에 타인과 의미 있는 친밀감을 형성하지 못한 목종은 자기 침체에 빠져 나라를 돌봐야할 왕으로서의 직무에 관심을 두지 못했다. 좌절에 따르는 공허한마음을 채우기 위해 목종이 택한 것은 바로 유행간과 유충정과의애정 행각이었다. 목종은 그들에게 의존해 정사를 처리함으로써조정을 어지럽히는 결과를 초래했다.

 ## 목종, 강조의 정변으로 폐립되다

유행간은 고려 건국의 최고 공로자인 명장 유금필의 일족이고, 유충정은 당대 최고의 호족인 충주 유씨 가문이었다. 이 둘은 마치자신이 왕이라도 되는 듯 오만방자하게 행동했다.

목종의 아내는 태조의 손자인 홍덕원군 왕규와 문덕왕후의 딸선정왕후 유씨였다. 문덕왕후는 왕규가 죽자 성종에게 재가해왕비가 되었다. 선정왕후의 성씨는 외가 쪽을 따른 것이었다. 고려 초기에 왕위 계승권자의 아내는 황보씨와 유씨 중에서 선택되었다.

목종 6년(1003)에 천추태후는 김치양의 아들을 낳았다. 목종과선정왕후 사이에 소생이 없던 터라 천추태후와 김치양은 새로 얻은 아들을 왕위에 앉히려고 했다. 그래서 목종의 후계자가 될 수있는 인물, 즉 헌정왕후와 왕욱 사이에서 태어난 대량원군 왕순을없애려고 갖은 수를 썼다. 한편, 천추태후가 고려 전통을 다시 일으키면서 성종 시대에 유교 정치를 주도했던 유학자들이 밀려나자 이들은 왕순을 왕으로 추대하려고 했다.

이처럼 목종의 후계 자리를 놓고 암투가 벌어지는 가운데 목종이 병들어 눕게 되었다. 심약한 목종은 깊은 궁궐에 처박혀 나오지 않았고, 그런 사이에 유행간과 유충정이 왕 노릇을 대신하다시피 했다. 병이 깊어진 목종은 왕순에게 선위하려 했으나 유행간의 반대로 뜻을 이루지 못했다.

그러자 목종은 유행간이 잠시 자리를 비운 틈을 노려 황보유의에게 삼각산 신혈사에 유폐되어 있던 왕순을 궁궐로 데려오라고 했다. 그리고 김치양 세력인 전중감(왕실의 족보를 맡아보던 관직) 이주정을 서북면으로 보내고, 서북면 도순검사 강조(?~1010)를 불러들여 왕궁을 호위하게 했다.

왕명을 받은 강조는 개경으로 가는 도중에 위종정과 최창을 만나게 되었다. 부정한 짓을 저지르다가 들통 나서 좌천된 위종정과 최창은 앙심을 품고 있었는데, 김치양과 의논해 계략을 세우고 급히 강조를 찾아온 것이었다. 이들은 천추태후와 김치양이 왕위를 찬탈하려고 하는데, 변방의 군사력을 쥐고 있는 강조가 방해될까 싶어 불러 올려 없애려는 것이라고 거짓으로 고했다.

그 말을 들은 강조는 서경으로 돌아갔다. 그런데 강조의 아버지는 목종이 사망했다는 소문을 그대로 믿고 강조에게 "왕이 이미 죽었으니 빨리 군사를 이끌고 와 국난을 바로잡으라"는 편지를 보냈다. 아버지의 편지를 받은 강조는 김치양 일파를 제거하고

천추태후를 보는 또 다른 시각

그동안 천추태후는 김치양과 간통을 저지른 여인으로 여겨졌지만 이는 유학자들의 시각에 치중한 평가다. 고려 시대에는 이성 교제가 자유로웠고 재혼도 가능했다. 천추태후는 여러 남자를 사귄 것이 아니라 끝까지 김치양하고만 사랑을 했으니 오히려 절개가 있었다고 볼수도 있다.

목종의 뜻대로 왕순을 세우기 위해 군사를 이끌고 급히 개경으로 향했다. 그러나 평주(오늘날의 평산)에 이르렀을 때 왕이 살아 있다는 소식을 듣게 되었다. 강조는 잠시 어찌할 바를 몰랐으나 결국 목종을 왕위에서 끌어내리고 왕순을 올리기로 결심했다. 이것이 강조의 정변이다.

강조는 목종에게 궁궐에서 일을 처리하는 동안 잠시 귀법사에 피신해 있으라고 했다. 이에 목종은 천추태후와 함께 법왕사로 갔다. 목종이 떠난 뒤 강조는 왕순을 왕으로 세우니 그가 바로 현종이었다. 이어서 강조는 김치양 부자와 유행간 등을 처형했다.

법왕사에 피신한 목종은 천추태후와 함께 충주로 내려가 여생을 보내려고 했다. 그러나 강조는 이마저도 두고 보지 않고 죽여 버리라고 명을 내렸다. 목종은 후계자를 세우는 데 강조의 힘을 빌리려 했다가 도리어 그에게 죽임을 당하고 말았다. 고려 왕조 사상 첫 번째 폐위 군주의 비참한 최후였다.

한편 천추태후는 가까스로 죽음을 모면하고 외가가 있던 황주로 가서 현종 20년(1029)까지 살았다.

현종, 우여곡절 끝에 왕위에 오르다

왕순은 성종의 사촌동생이었다. 그의 아버지 왕욱은 귀양을 갔고 어머니 헌정왕후는 왕순을 낳고 얼마 지나지 않아 죽었다. 왕순은 갓난아기 때부터 유모의 손에서 자랐다. 이런 왕순이 안쓰러워 성종은 왕순을 귀양 간 아버지에게 보냈다. 하지만 왕순이 다섯 살 되던 해에 아버지마저 세상을 떠나 왕순은 개경으로 돌아왔다.

왕순은 이후 대량원군으로 봉해져 왕위 계승자가 되었지만 안심하기엔 일렀다. 천추태후와 김치양 사이에서 아들이 태어나는 바람에 그는 암살의 표적이 되었다. 당시 섭정을 하던 천추태후는 왕순을 승려로 만들어 삼각산 신혈사에 보냈다. 신혈사에 머무르는 동안 왕순은 죽을 고비를 여러 번 넘겼다.

이런 시련 끝에 1009년 강조의 옹립으로 왕위에 오른 왕순, 곧 현종이 왕으로서 어떻게 나라를 다스리고자 했는지는 다음의 교서에서 살짝 엿볼 수 있다.

"짐이 욕되게 왕위를 이어받고 백성을 사랑하며 편할 새가 없었다. 한 가지 덕이라도 신실치 못해 부패할까 염려한다. 그러나 만기친람하기 어려우니 신하의 공을 힘입어 하늘의 도에 맞춰야 한다. 이에 잠언을 말하노니 관리는 공평해서 아부하는 무리를 멀리하고 어진 이를 돌봐야 한다. 형을 심리할 때 긍휼과 애정을 가져야 하며 공公을 등지고 사私에 향해서는 안 된다. 각기 백성을 사랑하고 물건을 아끼며 무도함을 주의하라. 나태하지 말고 시종일관하여 함께 잘 다스려 장래를 보전해야 한다."

고아와 마찬가지로 어린 시절을 보내고 왕위 계승자로서 목숨의 위협을 받으며 성장한 현종은 고려 역사상 가장 덕이 많은 왕이 되었다. 자기 주도적 삶을 살았던 현종의 삶에는 인간 심리의 오묘함이 숨어 있다.

서양의 정신분석은 처음부터 무의식의 의식화에 집중했다. 미해결로 남아 있는 지난 상처의 근원이 무엇인지를 자유 연상과 꿈의 해석으로 밝혀내 그 굴레에서 벗어나도록 했다. 무의식 속 애증의 감정적 근원이 의식화되지 못하도록 억압하는 저항을 분석하면 된다고 생각했던 것이다.

그러나 이것만으로는 인간을 이해하고 상처를 치유하는 데 부족했다. 인간이 타고난 기질도 중요하고, 여기에 성장기의 정서적 교류가 더해져서 인격 구조가 만들어진다는 사실이 밝혀졌다. 더불어 정신분석은 인간의 심리 중 과거의 부정적인 내용만 다룬다는 한계가 있음이 드러났다.

심리학이 고고학처럼 인간의 과거 심층을 밝혀내는 것도 중요하지만, 거기에만 머무른다면 과거로의 퇴행만 있을 뿐 미래가 없을 것이다. 인간의 심리를 이해할 때 과거를 분석해 현재의 실존 상태를 파악하고, 더 나아가 발전적 미래를 지향할 수 있어야 한다. 긍정적인 자아상을 가질 필요가 있다. 이런 관점에서 등장한 것이 실존 심리학과 긍정 심리학 등이다.

실존 심리학에서는 인간의 불안이 '소유된 감정'이 아니라 '현존재'의 어떤 상태에 기인한다고 본다. 즉, 현재 자기 존재의 근거가 위협당하며 '무無'가 될 수도 있다는 주관적 자각이 신경증적 불안의 본성이라는 것이다. 인간의 정신세계는 과거의 결정적 경험의 영향만 받는 것이 아니라, 개인적 고유성과 자의식을 상실하도록 하는 현재의 상황과도 긴밀히 연관되어 있다. 그러나 한편으로 희망적인 것은 우리 앞에 놓인 무한한 가능성도 큰 영향을 미친다는 사실이다. 긍정 심리학의 창시자인 마틴 셀리그먼Martin E. P. Seligman은 여기에 주목했다. 그의 행복 공식을 한번 보자.

$$H = S + C + V$$

H는 행복Happiness, S는 기본 설정값Set point, C는 환경Conditions, V는 자발적 활동Voluntary activities을 뜻한다. 기본 설정값(S)이란 유전적으로 타고난 기질 또는 성격에 해당하며 크게 바뀌지 않는다. 주어진 환경(C)도 마찬가지다. 이 둘은 우리가 통제하기 어렵지만 자발적 활동(V)은 얼마든지 통제가 가능하다. 쉽게 바꾸기 힘든 S와 C가 우리의 행복에 끼치는 영향은 15퍼센트에 불과하다. 행복의 최대 변수는 V다.

빅터 프랭클Viktor E. Frankl에 따르면 이 V는 고도의 선택적 자유다. 아우슈비츠에 끌려갔던 프랭클은 아무리 비인간적인 대우를 당하고 모든 자유를 박탈당했다 해도, 포로가 가진 절대적인 마지막 자유는 지킬 수 있었다고 했다. 그것은 내면에서 자신을 존중하고 긍정적 감정을 고양할 수 있는 자유임을 그는 발견했다.

인간에게는 과거의 기억을 해석하고 선택할 자유와 현재를 조절하고 미래를 조망할 자유가 있다. 자기 삶을 행복하게 만드는 사람은 과거에 대한 긍정적 감정을 되살리고, 현재 일어나는 일

중에서 좋은 것은 지속적으로 느끼고 나쁜 것은 드물다고 생각하며, '그럼에도 불구하고' 미래를 낙관한다. '그럼에도 불구하고'란 지금 상황이 썩 좋지 않고 미래를 밝게 전망할 요소가 많지 않더라도 이를 잘 알고 대비하면서 앞으로 나아간다는 의미다.

현종은 이처럼 스스로 행복한 삶을 추구한 사람이었다. 세상에 태어나자마자 어머니를 여의었고 다섯 살 때 아버지마저 잃은 데다 이모인 천추태후의 살해 시도까지 겪는 등 인생 초반 파란만장한 삶을 살았지만, 그는 이런 비운의 과거에 휘둘리지 않았다. 현종은 과거의 부정적 영향을 떨쳐내고 미래를 바라보며 왕의 역할을 충실히 하여 태조 다음으로 존경받는 왕이 되었다.

현종이 성군이 되는 데 영향을 준 것은 무엇이었을까? 현종은 두 살 때 아버지를 만나 여의기 전까지 3년간 친밀감을 나누었다. 한창 말을 배울 시기에 할아버지뻘인 아버지에게서 애달픈 사랑을 받았다. 늙고 기구한 운명의 아버지가 아들에게 들려준 이야기는 무엇이었을까?

고려의 건국 신화, 태조 왕건의 삼한 통합 등을 쉽고 재미있게 들려주었을 것이다. 그러면서 각인된 왕의 비전은 현종이 어려움 속에서도 희망을 품고 버티는 데 힘이 되었다. 심리 전문가들은 세 살까지 형성된 인성과 여섯 살 무렵까지 몸에 밴 관계 맺기 방식을 토대로 평생 살아간다고 보기도 한다. 현종은 그 시기를 아버지와 함께 보냈다. 매일같이 고개를 넘어 찾아온 늙은 아버지와 나눴던 애정의 경험은 현종이 삶을 긍정적으로 바라보고 자기 치유가 되는 데 동력이 되었을 것이다. 강제로 출가해 절에서 살았을 때도 아버지가 들려준 이야기를 떠올리며 꿋꿋이 버틸 수 있었을 것이다.

현종의 할아버지 왕건은 송악 호족의 귀한 아들로 태어나 궁예 밑에서 풍찬노숙의 세월을 보내고 마침내 뜻을 이루었다. 현종은 왕건과 같은 마음가짐으로 고려 왕이 되어야 한다는, 될 수 있다는 신념을 품었다. 절에서 지내는 동안 자객의 칼을 피해 굴속에 숨어 있을 때 꿈에서 왕위 계승을 상징하는 닭 울음소리와 다듬이 소리를 듣고는 그 신념이 더욱 확고해졌다.

만일 성종이 어린 현종과 아버지 왕욱이 함께할 기회를 주지 않았다면 어찌되었을까? 아버지의 얼굴 한 번 보지 못하고 아버지에 관해 아무런 추억도 갖지 못한 채 아버지를 영영 잃어버렸다면, 현종은 왜곡된 성격의 소유자가 되어 권력 다툼을 버텨 내지 못했을 것이다. 설령 험난한 과정을 견뎌 내고 왕위에 올랐다 하더라도 냉혹한 군주가 되었을 것이다. 아니면 궁예처럼 내면에 '상처 입은 아이'를 안고 살아갔을 것이다.

그러나 현종은 자기 스스로 내면의 아이를 낙관적인 아이로 변화시켰다. 그래서 자신의 약점에 휘둘리지 않고 감춰져 있던 강점을 찾아내 연마할 수 있었다.

한 인간의 성장 조건이 완벽하게 좋거나 완전히 나쁜 경우는 극히 드물다. 현종과 같이 자기 치유가 된 사람들은 과거가 억압, 모멸, 수치, 냉대로 점철되었다 해도 그 속에서 긍정적인 경험을 되살릴 수 있다. 그러나 반대의 경우라면 따뜻한 과거를 거쳤더라도 회의적이고 우울한 기억만 되살려 내어 미래마저 어두워진다.

거란의 침입을 막고 민생을 안정하다

현종이 즉위한 지 얼마 지나지 않은 1010년, 거란은 강조가 목종을 폐위한 것을 문책하겠다는 구실로 40만 대군을 이끌고 고려에 쳐들어왔다. 고려와 거란의 2차 전쟁이 벌어졌다. 993년(성종 12년) 1차 전쟁 때는 80만 대군이 몰려왔으나 서희가 담판을 지어 스스로 물러난 바 있었다.

2차 전쟁 때 강조가 30만 대군으로 맞서 싸웠으나 역부족이었다. 거란군은 더욱 거세게 남하해 1011년 1월 개경이 함락되고 현종은 나주로 피난했다. 거란도 피해가 적지 않았다. 양규, 김숙흥이 이끄는 고려군과의 전투에서 수많은 군사를 잃고 더 이상 버틸 기력이 없자 거란은 개경에 들어선 지 일주일 만에 스스로 물러나 자국으로 돌아갔다.

거란의 2차 침략을 막는 데는 양규의 공이 컸다. 압록강을 건넌 40만 거란군은 먼저 홍화진(평북 의주) 성을 완전히 포위하고 항복을 기다렸다. 그러나 홍화진의 도순검사 양규가 성을 철통같이 고수하자 거란은 통주(평북 선천)에 주둔 중이던 강조의 군사를 공격해 강조를 포로로 잡고는 이후 죽였다. 거란은 강조의 편지를 위조해 양규에게 항복을 권유했으나 거부당했고, 이에 서경을 점령하고는 개경으로 진격했다. 이 소식을 들은 양규는 700명으로 별동대를 조직해 게릴라식으로 거란의 후방을 공격해 거란군을 자진 철수시켰다.

현종이 개경으로 돌아와 전란을 수습한 지 얼마 후에는 여진족이 함대를 이끌고 침략했다. 고려군은 이 또한 잘 막아 냈다. 그 뒤 거란은 현종의 친조親朝를 요구하며 또다시 고려에 시비를 걸어 왔다. 고려가 이를 거부하자 거란은 강동의 6성 반환을 요구했고, 이마저도 거절당하자 1018년 소배압이 10만 병사를 이끌고 3차 침략을 감행했다.

그러나 고려에는 강감찬 장군(948~1031)이 있었다. 강감찬의 20만 군대는 삼교천 상류에서 쇠가죽으로 물을 막아 놓고 거란군이 건너기를 기다렸다가 터트렸다. 거란군은 급류에 휘말려 떠내려갔고 겨우 뭍으로 올라온 병사들은 기다리고 있던 고려군의 칼에 쓰러졌다. 그런데도 소배압은 무모하게 개경으로 진격해 귀주에서 강감찬과 맞부딪쳤다. 이 귀주대첩에서 거란군은 겨우 수천 명만이 목숨을 건져 자기 나라로 달아났다.

1019년 5월, 마침내 거란은 고려에 화친을 청하기에 이른다. 이어서 동여진과 서여진도 화의를 청해 고려는 이들과 국교를 맺고 동북아의 최강자가 되었다. 그러나 현종은 방심하지 않고 각 지방과 강동 6성의 성곽을 튼튼히 하도록 했다.

전란을 수습해 사회가 안정되자 현종은 고려 최초로 대장경

〈칠대실록〉

거란의 침입으로 사관이 불에 타 기록이 모두 소실되어 현종은 황주량 등에게 태조·혜종·정종·광종·경종·성종·목종의 실록을 편찬하게 했다. 임무를 맡은 관원들은 전국 방방곡곡을 돌아다니며 사적을 찾고 노인들의 구전 자료를 모아 이를 토대로 실록을 편찬했다. 36권으로 이뤄진 이 책은 1034년 덕종 때 완성되었으나 현재는 전하지 않는다.

6,000여 권을 펴내게 했다. 후에 만들어진 〈팔만대장경〉은 이 대장경을 표본으로 한 것이었다. 현종은 호화로운 의식과 사치스러운 제도를 폐지하고 기민 구호에 힘썼으며, 관료나 승려가 횡포를 부리지 못하도록 했다. 현종은 개인적인 고난을 딛고 왕이 되었듯이, 엄청난 국난을 수차례 이겨 내어 고려의 위상을 드높이고 백성을 편안하게 했다.

심리학자 윌리엄 제임스는 자아를 세 가지 구성으로 보았다. 첫째는 자기 신체나 의복, 자동차 등의 소유물인 물적 자아이고, 둘째는 다른 사람들이 나를 어떻게 보느냐에 따른 사회적 자아이며, 셋째는 내면의 주관적인 심적 자아다.

소유물과 자신을 동일시하는 사람은 물적 자아가 커서 겉으로 드러나는 것을 기준으로 자신과 세상을 비교한다. 사회적 자아가 큰 사람은 사회적 평가와 위신에 따라 죽고 산다. 사람들에게 인정받으면 당당하고 즐거우나, 그렇지 못하면 의기소침해지고 화가 난다. 심적 자아가 큰 사람은 소유물이나 타인의 평가와는 무관하게 자기 자신에 대해 긍정하고 만족할 줄 안다. 물적 자아, 사회적 자아, 심적 자아는 모든 사람의 자아 속에 다 존재한다. 그중 어떤 자아를 더 키울 것인가는 본인의 의지에 달려 있다.

현종은 물적 자아와 사회적 자아보다 심적 자아를 키워서 어린 시절의 상처를 스스로 다스리고 자기 치유를 이룰 수 있었다. 이는 내면 아이의 긍정성을 고무하고 감격하게 하는 것이다. 어른의 마음에는 성장 과정에서 비롯된 내면 아이가 있는데, 이 아이는 긍정성과 부정성을 가지고 있다. 내면 아이의 상처가 클수록 자발적이고 창의적인 긍정성이 힘을 잃고 자기애적이고 무절제하며 친밀감 장애를 지닌 부정성이 활개를 친다. 이런 상처받은 내면 아이를 치유할 수 있는 최고의 치료사는 바로 자기 자신이다. 나 스스로 내면 아이를 보듬고 달래 주면 아이는 긍정성을 갖게 되어 성인이 된 나 자신에 맞게 성숙해질 수 있다.

모든 역경을 밝은 빛 아래에서 바라보며 헤쳐 나간 현종은 1031년에 태자 왕흠에게 후사를 부탁하고 세상을 떠났다. 이때 현종의 나이 40세, 재위 22년이었다. 그를 지켜본 사람들은 "어려서부터 총명하고 인자하더니 장성해서 학문에 민첩하고 기억력이 비상했다. 현종은 치세에도 난세를 대비하고 평안할 때도 위태함을 잊지 않아 끝까지 조심하기를 처음처럼 했다. 간연함이 없는 현종에게서 하나의 흠도 찾을 수가 없었다"라고 했다.

현종은 고려를 다시 세운 두 번째 창업 왕으로 칭송받았다. 그의 첫째 아들 덕종, 둘째 아들 정종 또한 평안한 시기를 보냈고, 셋째 아들 문종은 37년간 태평성대를 이룰 수 있는 기틀을 마련했다.

덕종과 정종, 현종의 유업을 유지하다

고려의 제9대 왕 덕종(1016~1034)은 현종의 장남으로 현종 13년 (1022)에 태자로 책봉되었고, 1031년 즉위할 당시 열여섯 살이었다. 그는 타고난 성품이 너그러워 왕이 되자마자 대사면령을 내려죄가 가벼운 사람들을 풀어주었다. 덕종은 3년밖에 재위하지 못했지만 그동안 부왕의 통치를 유지하려고 노력했다. 대내적으로는 화합 정치를 펴면서도 군사력을 신장해 거란에 대해서만큼은 현종과 마찬가지로 강경하게 대응했다.

덕종은 즉위하자마자 백관을 대폭 교체하는 한편, 원로인 황주량, 서눌, 왕가도, 최충 등을 임용해 조정의 안정을 이루었다. 조정이 평안하니 백성은 마음 편히 생업에 종사할 수 있었다. 국내의 안정을 기반으로 덕종은 거란에 압록강의 다리를 없애고 억류한 고려 신하들을 돌려보내라고 요구했다. 그러나 거란은 이를 받아들이지 않았다.

이때부터 고려는 거란과 국교를 단절하고 전쟁에 대비했다. 1032년 초에는 거란에 내부적 혼란이 일어 관료들이 고려에 대거 망명해 오자 이들을 받아들였다. 1033년 10월 거란이 고려를 재침략했으나 어렵지 않게 물리쳤고, 이후 거란은 고려를 감히 건드리지 못했다.

덕종은 국자감시라는 입학시험 제도를 설치해 실력 있는 학생들이 국자감에 들어갈 수 있게 했다. 이에 국자감은 명실공히 고

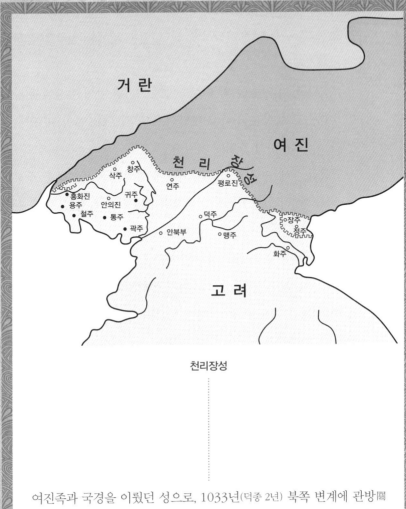

거 란

여 진

천 리 장 성

삭주　창주
　　　○　　연주
　　귀주　　　○　　평로진
●흥화진
용주　　안의진
　●　철주　통주
　●　　●
　　　곽주
　○안북부

덕주
○

맹주
○

장주
○청주

화주
○

고 려

천리장성

여진족과 국경을 이뤘던 성으로, 1033년(덕종 2년) 북쪽 변계에 관방關防을 처음으로 쌓으면서 축조되기 시작했다. 돌로 쌓은 석성으로 총길이가 천여 리에 달했다. 정치적·외교적·제도적으로 안정을 기하면서 국경선의 기능과 함께 문화권을 구분하는 의미를 지녔다.

려 최고의 인재 산실 기구가 되었다. 현종 때 시작된 실록 편찬 사업 또한 계속 추진해 완성하게 했고, 입춘 뒤에는 벌목을 금하는 법도 제정했다.

그러나 몸이 약했던 덕종은 즉위한 지 3년 만에 동생에게 왕위를 물려주고 세상을 떠나고 말았다. 덕종의 뒤를 이어 제10대 왕 정종(1018~1046)이 왕위에 올랐다.

열일곱 살에 즉위한 정종은 거란에 대해 강온 양면책을 구사했다. 덕종 때 시작한 천리장성 축조를 계속하도록 했고, 평북 창성에도 성을 쌓아 주민을 그곳에 이주시켰다. 이에 거란이 항의하며 친교를 맺자고 요구하자, 정종은 자주국이 성을 짓는 것은 당연한 일이며 거란에 억류된 사신을 먼저 돌려보내라고 응수했다. 덕종에 이어 정종 때도 이전 시대에 비하면 매우 평화로웠다. 그래도 두 왕은 북방족의 침략에 대한 대비를 게을리하지 않았다.

정종은 사회 안정책으로 노비종모법과 장자상속법을 실시하기도 했다. 하지만 정종 역시 몸이 약한 데다 나랏일을 돌보느라 과로해 건강을 잃고 치세 11년 만에 생을 마감했다.

덕종이나 정종은 아버지 현종처럼 너그러운 왕이었다. 이들의 통치 시기에 고려는 비교적 강성했고, 민생 또한 안정을 찾았다. 여기에는 과거 시험을 통해 배출된 신진 관료들이 성종 때부터 정계에 진출하면서 정치적 기반이 다져지고, 현종이 두 차례의 국난을 이겨 내고 국력을 키운 게 컸다.

이런 바탕 위에 고려의 황금기를 연 왕은 현종의 셋째 아들 문종(1019~1083)이었다. 정종은 자신의 후사가 있었는데도 동생을 후계자로 삼았는데 이유는 태조의 유훈을 따라, 성군의 자질이 있는 문종을 선택한 것이었다. 정종은 문종에게 선위하며 다음과 같이 이야기했다.

"짐이 사랑하는 아우이니라. 지극한 효성과 어진 성품에 검소하고 공손해 이웃 나라에까지 알려졌으니 마땅히 보위를 맡아 성덕의 빛을 나타내리라."

5장

국력을 키우고 치세를 이어 가다

인간의 본성과 행동 유발 동기

– 제11대 문종, 제12대 순종, 제13대 선종, 제14대 헌종, 제15대 숙종

문종

사리에 밝고 자아가 성숙한 문종은 검소를 실천함으로써 모범을 보였고 태평성대를 이루었다. 자아가 잘 정돈된 문종의 고품격 가치관과 신념을 고려 전체가 따름으로써 고려는 동일시의 방향으로 나아갔다.

::

순종

문종의 장남으로, 본래 병약한 체질인 데다 부왕의 죽음에 따른 상실감을 이기지 못해 즉위한 지 3개월 만에 세상을 뜨고 말았다.

::

선종

직관·감정·인식형의 성격으로 집권 초기에는 냉철하게 통찰력을 발휘해 국력을 끌어올렸다. 그러나 말기에는 개인적 흥미에 빠지고 감성적이 되었다.

::

헌종

어린 나이에 왕위에 올랐는데 이는 선종의 감성적인 선택 때문이었다. 어릴 때부터 몸이 아팠고 즉위하자마자 왕권 다툼에 휘말려 숙부에게 왕좌를 내주었다.

::

숙종

병약한 조카가 왕이 되자 인지 부조화와 상대적 박탈감을 느껴 공격적 본능을 분출하게 되었다. 쿠데타를 일으켜 어린 조카를 몰아내고 왕이 되었으나 국정 안정을 위해 애썼다.

문종, 황금 용상을 버리다

1046년에 이복형 정종에게 왕위를 물려받은 문종(고려의 제11대 왕)은 고려의 태평 시대를 구가한 성군으로 칭송받는다. 선왕인 두 형이 덕은 갖췄으나 병약했던 데 비해 문종은 궁술을 즐기는 등 건강했고, 문무의 재능을 두루 갖추었다. 정종 대에 그는 왕명 출납의 책임자인 내사령을 맡아 일을 잘 처리하기도 했다.

궁중에서 가장 중심이 되는 인물은 왕이며 그다음이 왕위 계승 자다. 문종은 현종의 셋째 아들로 왕권과는 거리가 멀어 보였으나 뛰어난 재능으로 어릴 적부터 이목을 끌었다. 문종의 이런 두드러진 모습은 타고난 기질 덕도 있었지만, 셋째 아들이라는 출생 순서의 영향이 합쳐진 결과였다.

오스트리아의 정신 의학자 알프레드 아들러Alfred Adler는 다음과 같이 출생 순서를 기준으로 성격의 형성을 설명했다.

첫째는 맏이에 대한 기대와 책임 의식 때문에 부모나 윗사람에게 동조하는 생활 방식을 발달시키게 된다. 이렇게 성장한 큰아들은 규칙과 법을 중시하며, 형이 동생을 타이르듯 다른 사람에게도 분발할 것을 요구한다.

형을 둔 둘째는 타협과 협동의 생활 방식을 익히게 된다. 형과 관계가 원만한 둘째는 윗사람의 지시를 잘 견뎌 내지만, 너무 강한 형에게 억눌린 경우 나태, 도박, 사기 등 현실 도피적인 경향을 보일 수 있다. 형과 맞서 싸우며 자란 둘째는 절대적 법칙을 무시하는 혁명아적 기질을 지닐 수 있다.

막내는 늘 가족들의 과잉보호를 받으면서도, 자기를 둘러싼 힘센 형제들과 경쟁할 것인지, 아니면 약한 모습을 보여 보호 심리를 자극할 것인지에 대한 선택의 기로에 선다.

외동아이는 어떨까? 외동아이는 경쟁과 비교의 대상이 없어서 집안의 관심과 사랑을 독차지하므로 자기중심적이고 의존적인 응석받이가 되기 쉽다.

물론, 출생 순서가 성격 형성에 절대적인 영향을 미치는 것은 아니다. 부모의 양육 태도, 형제자매의 상호 역동, 성性 등의 사회적 위치도 성격 형성에 작용한다. 또한 태어날 때부터 가지고 있는 열등감을 어떻게 극복하는지도 성격 형성에 영향을 준다고 아들러는 보았다. 인간은 열등감을 보상하기 위해 더욱 노력하게 되므로 열등감은 인간을 발전시키는 하나의 원동력이기도 하다.

문종은 왕이 된 후 다음과 같은 첫 조서를 내렸다.

"선조께서 쓰시던 금은으로 장식된 용상과 답두(디딤판)는 동철

로 바꾸고, 금은 실로 짠 이불과 요는 비
단과 무명으로 바꿔라."

환관과 내시의 수 또한 대폭 줄였는데,
사치 풍조를 개선하는 문종의 이런 결정
은 심리학적으로 아버지와 형들에 대한
열등감의 보상으로 볼 수 있다. 열등감은
아들러의 이론에서 모든 인간이 경험하는
것으로 중요하게 다뤄졌는데, 인간은 이
를 극복하기 위해 우월성 혹은 자기완성
을 추구하게 된다.

열등감을 극복한 위인들

아들러의 이론에 따르면 모든 인간은 열등감을 가지고 있지만, 이 열등감을 보상하려고 노력한 끝에 위인이 탄생하기도 한다. 신체적 열등감을 승화한 예로는 헬렌 켈러, 프랭클린 루스벨트를 비롯해 소아마비를 극복하고 로마 올림픽에서 금메달을 세 개나 딴 윌마 루돌프 등을 꼽을 수 있다.

문종은 겉보기만 그럴듯한 나라가 아니라 품격과 예의가 있고
백성이 잘살며 실속 있는 나라를 만들고자 했다. 사리에 밝았던
문종은 자신의 통치 철학을 이루기 위해 스스로 검소한 생활을
실천했다. 황금 용상을 버렸다고 해서 당장 국가 재정이 부유해지
는 것은 아니지만, 이런 상징적 행동의 메시지가 나라 전체에 퍼
짐으로써 변화가 일어나게 된다. 말로만 변화를 촉구한다면 파급
효과가 미미할 것이다. 왕이 먼저 허례허식을 버리면 신하가 이를
따라 부정부패가 사라지고 백성의 삶이 편안해진다.

세계적 경영 대가인 짐 콜린스Jim Collins는 리더들에게 말보다
상징적 행동으로 메시지를 보여 주라고 했다. 문종 역시 자신의
정치 철학을 하나하나 실천해 나감으로써 통치의 목적을 분명히
나타냈다. 두 형이 부왕 현종의 유업을 이어받아 유지했다면 문종

은 거기서 멈추지 않고 사회, 경제, 문화, 군사, 교육, 외교 등 모든 분야를 비약적으로 발전시켰다.

고려의 황금기를 맞이하다

문종은 왕실을 소박한 환경으로 만들어 놓은 다음 곧바로 법률 개정에 착수했다. 그는 올바른 법률이야말로 사회 통합과 발전의 으뜸 요건이라는 신념을 가지고 있었다. 셋째 왕자였던 그가 왕이 될 수 있었던 것도 태조 왕건이 남긴 〈훈요십조〉 중 "서열에 관계 없이 지혜로운 왕자를 세우라"는 조항이 있었기에 가능했다.

"법률과 판례가 밝으면 형벌을 함부로 하지 않고, 밝지 못하면 형벌을 잘못 적용한다. 지금 시행되고 있는 것 중에 잘못이 많아 참으로 마음이 아프다. 시중 최충은 여러 법관과 함께 기존 판례 를 상세히 살펴 잘못된 부분을 타당하게 교정하라."

1047년 6월, 문종은 문하시중 최충을 비롯한 율사들에게 위와 같이 명하고도 마음이 놓이질 않아 같은 해 8월에 재차 당부했다.

"누구든 목숨은 지극히 귀중한데 한 번 죽으면 다시 살릴 수 없다. 하여 짐은 사형수를 판결할 때마다 세 번 심사하고도 또 실 수할까 봐 염려된다. 그렇게 해도 억울한 사정을 하소연하지 못해 한을 품게 된다면 이 어찌 통탄할 일이 아니냐. 그러니 법관들은 재판에 주의하고 또 주의하라."

이리하여 삼복제와 죄수를 심문할 때 반드시 법관 3명이 입회해야 한다는 삼원신수법 등의 형법이 정비되었다. 또 재난을 당하면 세금과 노역을 면제해 주는 연재면역법을 제정하는 등 문종의 애민 정치는 온 백성에게 고루 닿았다.

정치적 안정을 위해 향리의 자제를 개경에 머물게 하는 선상기인법을 시행하고, 문무백관과 노역자의 녹봉제, 공평 징세를 위한 양전보수법, 5품 이상 관료의 생활이 안정되도록 상속 가능한 토지를 지급하는 공음전시법, 국자감 학생들이 무한정 재학하는 것을 막기 위해 재학 연한을 한정하는 고교법도 만들어 내치의 기초를 세웠다. 여러 제도가 제정·확립되고 국력이 날로 신장하는 등 문종은 아버지와 두 형을 능가하는 치적을 세웠다. 선대에 꾸준히 고려를 건드려 왔던 거란은 문종 때는 군사 강국이 된 고려를 감히 침략할 엄두를 내지 못했다.

선진 문물을 도입하고 싶었던 문종은 그동안 거란과의 불필요한 마찰을 피하려고 단교했던 송나라와 국교를 재개하고자 했다. 이에 신하들이 입을 모아 반대했다.

"지금 고려는 문물과 예악이 최고로 번성한 때입니다. 외국의 장삿배들이 줄을 지어 진귀한 물품을 싣고 우리 바다에 들어옵니다. 굳이 중국과 교통한다 해서 얼마나 이득이 있겠습니까?"

이처럼 문종 시대의 고려인은 자부심이 강했다. 당시 고려가 중국을 무시할 수 있을 만큼 강성했음을 알 수 있는 대목이다. 신하들은 경제적 이득도 별로 없는 서해 건너의 송나라와 국교를

맺었다가 거란을 자극해 분란이 일어날 것을 우려했다. 이에 문종
도 더는 고집을 부리지 않았다. 고려의 친송 정책에 불만을 품은
거란의 대규모 침략을 세 차례나 치른 상처가 있었기 때문이다.

문종은 송나라와의 국교를 강행하지 않는 대신 송나라 상인들
과 개인적으로 접촉하며 송 왕실에 자신의 의중을 전달했다. 그러
자 송나라가 먼저 사신을 보내 정식으로 국교를 제안해 1071년
고려와 송의 국교가 다시 이어졌다.

신하들은 송과 다시 국교를 맺으면 송과 다투던 거란이 크게
반발하리라 예상했지만 문종의 생각은 달랐다. 문종의 예측대로
고려와 송이 국교를 맺었는데도 거란은 별 반응을 보이지 않았다.
거란이 거세게 대처할수록 고려와 송이 더 가까워지는 것을 우려
했던 것이다. 이처럼 문종은 외교적 감각이 뛰어나고 국제 정세에
도 능통했다.

고려는 송과 국교를 정상화해 선진 문물을 수입하는 한편, 거
란과는 기존 관계를 그대로 유지하는 등거리 외교 방식을 취했다.
이 시기에 송의 영향을 받아 고려청자가 탄생했는데, 이후 기술이
발전해 비색 청자 시대를 열면서 고려인만의 독특한 상감청자를
만들게 되었다.

고려와 송 양국의 사신이 왕래하면서 물품 교역은 물론 문화
교류도 활발하게 일어났다. 특히 1080년 송나라에 사신으로 갔
던 박인량의 문장은 송나라 사람들의 칭송을 받아 《소화집小華集》
이라는 책이 간행되기도 했다.

청자칠보투각향로

고려청자는 흙으로 빚어 800도에서 한 번 구워 낸 다음 유약을 발라 1,300도에서 한 번 더 굽는다. 두 번째 구울 때는 가마의 온도가 높아질 때 아궁이를 흙으로 막는다. 공기가 부족한 상태에서 불을 때면 유약에 들어 있는 철 성분이 흙과 합쳐져 규산제일철이라는 물질로 바뀌면서 옥빛과 같은 푸른색을 띠게 된다.

문종의 오른팔과 왼팔, 이자연과 최충

문종 시대에 고려는 정치와 외교뿐만 아니라 학문도 비약적으로 발전했다. 벼슬에서 물러난 최충이 왕의 허락을 받아 최초의 사립 학교인 구재학당(악성·대중·솔성·진덕·성명·경업·조도·대화·대빙)을 만든 이후 다른 사학들이 생겨나 십이공도가 되었다. 그러자 전국의 수많은 학도가 개경에 몰려들었으며 과거를 보려는 이들은 학당에 들어가 공부를 했다.

목종 때 과거에 급제하고 문종 때 문하시중을 지낸 최충은 유학 열풍을 일으킨 장본인으로, 고려 국법의 기틀을 완성하기도 했다. 일흔이 된 최충이 국법에 정한 대로 은퇴하던 날 문종은 조서를 내려 그를 치하했다.

"어진 신하를 얻으면 임금의 지모가 빛나고 나라 또한 융성해진다. 요임금에게는 재능과 인덕을 갖춘 여덟 명의 신하가 있었다. 만일 내게 그런 현인을 얻었느냐고 묻는다면 얻었다 할 것이다."

최충이 이런 망극한 조서를 받고 물러난 이후에도 왕은 수시로 그에게 자문을 구했다.

최충과 함께 문종 시대를 이끌었던 사람은 경원 이씨 집안의 이자연이다. 최충과 이자연, 이 두 사람에 의해 문종의 문치 정책이 추진되었다고 해도 과언이 아니다. 문종은 친불교적인 이자연을 통해 불교계를 조절하고, 친유교적인 최충을 통해 유교계를 관리했다.

이자연의 세 딸은 모두 문종에게 시집을 갔는데 맏딸인 인예왕후는 순종, 선종, 숙종 등을 낳았다. 이자연은 임금의 장인이기는 했지만 곁에서 사심 없이 임금을 보필했다. 그는 현종 때 장원급제로 벼슬을 시작해 정종 때 중추원부사가 되고 문종 때 내사시랑평장사가 되었으며, 최충의 뒤를 이어 문하시중의 자리에까지 올랐다. 그의 가문은 이자겸(?~1126) 때까지 날로 번창해 급기야 인종 대에 이자겸이 난을 일으키기도 했다.

왕이 현명하면 사특한 신하도 그 재주를 나라를 위해 쓰고, 왕이 어리석고 유약하면 유능한 신하도 간신이 되어 일신의 영달을 꾀하는 법이다. 이자연은 자연재해가 발생하자 행정과 형벌을 잘못 집행한 탓이라며 이부와 형부에 공정한 관리를 등용하도록 왕에게 건의하기도 했다.

최충은 원칙을 중시하는 인물이었으나 문종은 인품과 능력을 더 중시했다. 한번은 최충이 과거에 급제한 이신석이 씨족에 등록되지 않았으니 벼슬을 줄 수 없다고 진언했다. 그러자 다른 신하가 씨족에서 누락된 것은 부친의 과실이지 본인 잘못이 아니라고 논박했다. 이때 문종은 최충의 의견을 물리치고 이신석을 관리로 등용했다. 이처럼 문종은 아무리 최측근의 말이라도 자신의 통치철학에 비춰 받아들일 것은 받아들이고 물리칠 것은 물리쳤다.

어진 사람을 쓰는 것은 성스러운 일이라고 생각한 문종은 인재등용 시 전례나 방법에 구애받지 않았다. 문종의 인사 등용 정책은 분명했다. 현인의 부류가 따로 있지 않다는 것이다.

문종이 청요직에 경정상을 임명했을 때의 일이다. 당시 청요직은 귀족 문벌이 오르는 자리였다. 중서성에서 경정상은 철장의 후손이므로 청요직에 마땅치 않다고 반대하자 문종은 자신의 인재관을 분명히 밝혔다.

"배추와 무를 캘 때 뿌리가 안 좋다 하여 잎까지 버릴 수는 없지 않은가."

천태종을 개창한 왕자 의천

불교를 신봉하던 문종에게는 열세 아들이 있었는데 그중 세 명이 출가했고, 넷째 아들 왕후가 바로 대각국사 의천(1055~1101)이었다. 문종이 왕자들에게 누가 출가해 공덕을 쌓겠냐고 묻자, 의천은 자신이 부처를 공양하겠다고 먼저 손을 들었다.

총명한 의천은 출가 후 10년간 일정한 스승을 두지 않고 이곳저곳 도인을 찾아다니며 스스로 공부했다. 그는 《화엄경》과 제자백가들의 사상을 통달했고 강의도 잘해 '법문法門의 종장宗匠'이라는 명성을 얻었다. 의천은 유불선儒佛仙의 지식이 어느 수준에 오르자 송나라로 유학을 가려고 했다. 아버지의 반대로 잠시 뜻을 접었다가 아버지가 승하하고 난 뒤에 송나라로 떠났다.

의천은 송의 황제 철종을 알현하고 인도 승려 천길상을 비롯해 중국 여러 학파의 고승들과도 만나 천태 사상과 화엄 사상에 대해 토론했다. 이렇게 송나라에서 뜻깊은 시간을 보내는 사이에 고려의 인예왕후와 선종은 의천이 귀국하기를 간절히 바랐다. 이에 의천은 어쩔 수 없이 고려로 돌아왔는데, 귀국길에 불교 경전 3,000여 권을 가지고 왔다.

고려로 돌아온 의천은 흥왕사의 주지가 되었다. 흥왕사는 문종이 주도해 건립한 절로, 경기도의 덕수현을 양주로 옮기면서까지 절터를 확보해 지은 것이었다. 2,800여 개의 방을 짓고 황금 탑을 쌓고 절 주변을 성으로 둘렀는데, 고려 후기 학자 이제현은 문종의 완전한 덕에 하나의 흠이 있다면 바로 이것이라며 탄식했다. 현종 때 요나라 침략을 불력으로 막는다며 만들기 시작한 불경 6,000권도 그 무렵 완성되었다.

원래 화엄종이었던 의천은 1099년 선종과 교종의 화합을 도모하기 위해 회삼귀일會三歸一, 일심삼관一心三觀을 교리로 삼는 천태종을 개창했다. 의천이 중국에 유학 갔을 당시 송나라에서는 선종이 유행이었다. 선종은 깨달음을 위해 굳이 독경하거나 불상에 절을 할 필요가 없다는 주의였다. 의천은 철저한 교종파로 경전과 불상을 중시했으나, 선종 자체를 비판하지는 않았다. 다만, 선을 '습선習禪'과 '설선說禪'으로 나누고는 선종을 말로만 하는 설선이라 비난했다. 의천은 선종 또한 습선으로 돌아가기를 촉구하며 천태종을 열었다. 말로만이 아니라 몸에 배도록 익혀 각행합일覺行合一하는 습선이 중요함을 역설했다.

한편, 왕자마저 출가해 불교 교리를 주도하고 조정에서 승려의

대각국사 의천

문종의 넷째 아들로 태어나 11세에 출가했으며, 47세에 입적할 때까지 구법과 수행, 학문과 강학으로 일생을 살았다. 대각국사大覺國師는 시호, 법명은 의천義天이다. 송나라에 가서 불법을 교류하고, 귀국 후 흥왕사에 교장도감을 설치해 《고려속장경》을 간행했다. 또한 천태종을 세워 교단의 통일과 국가 발전을 도모했다.

신분을 보장해 주기 위해 승과 및 왕사·국사 제도를 만들자 평민은 물론 귀족의 자제까지 앞다퉈 출가하는 현상이 벌어졌다. 이들 중에는 신분 상승을 노리거나 심지어 군역을 피하려는 사람들도 많았다. 이런 폐단을 없애기 위해 문종은 아들 셋 이상인 집에서 한 명만 출가할 수 있되, 나이가 열다섯 이상일 때만 가능하도록 제한을 두었다.

절에 돈과 권력이 모이자 불교는 세속화되었다. 승려들은 계율을 내팽개치고 음주 가무를 즐기며 온갖 만행을 저질렀다. 문종은 이를 탄식하며 사원을 쇄신하려고 노력했다. 그러나 이미 왕실과 귀족의 많은 자제가 승려가 되어 거대 권력 집단을 이룬 마당이라 사원의 폐단을 근절하기가 어려웠다.

그럼에도 불구하고 문종이 이끈 37년은 고려 역사상 정치, 경제, 외교, 문화 등 모든 면에서 가장 융성한 시기였다. 귀족만 잘 살고 백성의 삶은 고단했다면 문종도 태평성대를 이끈 왕이라는 평가를 받지 못했을 것이다. 제도를 개혁해 빈민을 구휼하고 국가의 대외적 위상을 높이는 등 괄목할 만한 치적을 남긴 문종은 백성의 전폭적인 지지를 받았다.

어떻게 문종은 백성의 진심어린 지지를 받을 수 있었을까?

엘리엇 애런슨Elliot Aronson이 제시한 '순종, 동일시, 내재화' 이론에서 그 답을 찾을 수 있다. '순종, 동일시, 내재화'란 사회적 지지를 얻는 방법에 관한 이론으로 그의 저서 《사회적 동물》에서 제시되었다. 순종은 권력자의 처벌은 피하고 보상을 얻으려는 동기에서 나오는 행위이고, 동일시는 자신에게 영향을 주는 대상을 모델로 삼아 그 대상의 매력적인 부분을 닮으려는 욕구에서 나온다. 내재화는 자신에게 영향력을 주는 사람의 가치관과 신념 등이 훌륭할 때 그 가치관과 신념 등을 내면화하는 것이다.

폭군은 위협을 가해 백성의 순종을 강요하고, 인기 스타는 매력을 발산해 사람들의 동일시 욕구를 자극한다. 간디나 테레사 수녀 같은 성자는 경건한 삶을 보여 줌으로써 감동을 일으킨다. 즉 순종은 권력으로, 동일시는 매력으로, 내재화는 신뢰성으로 이룩되는데, 이것들의 지속 시간은 내재화, 동일시, 순종의 순으로 길다. 문종이 백성의 전폭적인 지지를 얻는 데는 세 가지가 모두 작용했으며, 특히 문종은 스스로 사치를 멀리하고 검소를 실천해 백성의 깊은 신뢰를 얻었다. 다음은 문종의 인품과 공덕을 기리는 〈대명지곡大明之曲〉의 한 구절이다.

높은 문덕을 지닌 문왕이여允文文王

총명도 하시어라聰明允塞

인자함으로 돌보아躋民於仁

백성의 곳간마다 가득 찼도다倉盈庾億

너그러운 정사를 펴시니布政優優

신령하고 밝은 덕이라神明其德

그 복이 자손에게까지 흘러가니慶流雲孫

천지와 함께 다함이 없도다與天無極

  심리학으로 읽는 고려왕조실록

고려인을 골고루 잘살게 한 문종에게도 죽음이 찾아왔다. 1082년 7월 인절현비가 세상을 떠나고 이듬해 4월 아홉째 왕자인 왕침마저 잃은 뒤 깊은 실의에 빠진 문종은 병을 얻어 그해 7월 태자 왕훈에게 왕위를 물려주었다.

3개월짜리 왕 순종과 감성적이었던 선종

고려의 제12대 왕 순종(1047~1083)은 재위 기간이 3개월에 불과해 고려 34대 왕 중 가장 짧은 통치 기간을 기록한다. 순종은 인예왕후 이씨의 소생으로 8세 때 태자가 되었으며, 1083년 37세에 왕위에 올랐으나 곧바로 임종하고 말았다. 워낙 몸이 약하기도 했거니와 부왕의 상주 노릇을 하면서 과도하게 상심한 나머지 체력이 급격히 떨어진 탓이었다. 순종에게는 세 아내가 있었으나 자식을 하나도 두지 못했다.

순종의 뒤를 이은 것은 문종의 둘째 아들, 곧 순종의 동생 왕운이었다. 1083년에 왕운은 고려의 제13대 왕 선종(1049~1094)으로 옹립되었다. 선종은 문종의 정치를 그대로 답습했다. 그는 어려서부터 슬기로웠으나 절제가 조금 부족했다. 동생 의천이 송나라에서 돌아오자 성대한 환영식을 치러 주었고, 회경전에 13층 금탑을 세웠다. 인예왕후의 청에 따라 천태종의 본산인 국청사를 건립하기도 했다.

선종은 불교와 함께 유교의 발전을 위해서도 노력했고, 불교와 유교의 화합 또한 도모했다. 1091년 예부가 국자감에 공자의 제자 안회를 비롯한 72인의 벽화를 그리자고 건의하자 이를 수용했다. 이로써 국자감의 교육 이념은 유학이었음을 알 수 있다.

선종은 학문으로서의 유교와 종교로서의 불교를 조화시켜 문종이 이룬 사회 안정을 그대로 유지했다. 외교적 주도권도 놓치지 않아 송, 거란, 일본, 여진과의 교역에서 주도적인 역할을 했고, 거란에는 강경책을, 일본에는 유화책을 쓰는 등 유연한 외교 전략을 폈다. 현종 때부터 강성해진 고려의 국력은 선종 때 이르러 동북아에서 최고에 달했다.

선종은 재위 초반에는 비교적 냉철하게 통치했으나 말기에는 감성적으로 국정에 임했다. 1092년 개경 시내의 민가에 불이 나 640호가 소실되었다. 이 일이 있고 나서 선종은 의지가 약해져 자신이 곧 병이 들 것이라고 예감하더니 문득 느끼는 바가 있어 〈고풍장편古風長篇〉이라는 시를 지었다. 시의 말미에서 그는 다음과 같이 썼다.

"약효가 있고 없고는 어찌 염려하랴. 인생의 시작이 있으니 어찌 끝이 없으랴. 오직 정성으로 선을 닦아 서방정토에 올라 석가를 만나리라."

이 시를 들은 신하들은 아직 한창 때인데 애상한 시를 짓는다며 괴이하게 여겼다. 얼마 후 선종은 건덕전에서 보살계를 받는다. 이처럼 선종은 말기에 갑작스럽게 심약해지고 감상적인 사람으로 변했다. 선종의 내면에 도사리고 있던 이중적 성격이 표출된 것으로 볼 수 있다. 카를 융 같은 심리학자도 자기 성격을 이중적이라고 분석했다. 부모로부터 각기 다른 영향을 받아 제1의 성격은 분석적이고 야심적이며, 제2의 성격은 불가사의하고 직관적이라고 했다. 인간의 성격은 영아기 때부터 무의식에서 시작해 인생을 마칠 때까지 계속 발달한다. 성격은 타고나기도 하지만 환경에 따라, 노력 여하에 따라 얼마든지 바뀔 수 있다.

성격 유형을 설명하는 대표적인 이론으로 MBTI(The Myers-Briggs Type Indicator)가 있다. MBTI는 융의 심리 이론에 기초해 만든 것으로 성격을 기질과 성향의 결합으로 본다. 기질은 정보를 인식하는 과정에 따라서 감각형sensibility과 직관형intuition으로 나누고, 생활하는 방식에 따라서 판단형judging과 인식형perceiving으로 나눈다. 감각형은 오감을 통해 정보를 인식하고 상황을 파악하며 구체적이고 실용적인 것을 좋아한다. 직관형은 사실 이면의 상호 관계와 의미, 가능성을 직감 또는 육감적으로 파악해 미래의 가능성과 연결시킨다. 판단형은 체계적으로 생활하며 무엇이든 정한 시간에 끝내야 직성이 풀린다. 인식형은 강물에 배가 흘러가듯 계획이 변경 가능하다고 생각하며 정리 정돈과 시간 준수를 어려워하고 임기응변에 능하다. 선종은 인식형이었던 것으로 보이는데, 외교에 있어서 외교 상대국에 적합하게 융통성을 발휘했고 다른 나라의 사신과도 여유롭게 농담을 했던 점에서 그렇다.

ISTJ	ISFJ	INFJ	INTJ
세상의 소금형	임금 뒤편의 권력형	예언자형	과학자형
ISTP	ISFP	INFP	INTP
백과사전형	성인군자형	잔다르크형	아이디어뱅크형
ESTP	ESFP	ENFP	ENTP
수완 좋은 활동가형	사교적인 유형	스파크형	발명가형
ESTJ	ESFJ	ENFJ	ENTJ
사업가형	친선 도모형	언변 능숙형	지도자형

MBTI

융의 심리 유형론을 바탕으로 마이어스Isabel Briggs Myers와 브리그스 Katharine C. Briggs가 연구 · 개발한 성격 유형 지표다. 우리나라에서는 김정택, 심혜숙 박사가 문화적 차이를 고려한 표준화 과정을 거쳐 완성해 산업, 상담, 교육 현장 등 다양한 분야에서 사용되고 있다.

감각형, 직관형, 판단형, 인식형의 네 가지 기질이 성향(외향적 extraversion, 내향적introversion)과 결합해 성격을 이룬다. 인식한 정보를 어떻게 판단하느냐에 따라 다시 사고형thinking과 감정형feeling으로 분류한다. 사고형은 논리적으로 판단하는 데 비해, 인간관계를 중시하는 감정형은 가슴으로 결정을 내린다.

MBTI 성격 분류로 보면 선종은 NFP, 즉 직관·감정·인식형이다. 이런 성격이 외향적일 때는 전체적인 상황이나 흐름을 잘 파악하고 통찰력과 창의력이 뛰어나 몇 가지 일을 동시에 해낼 수 있다. 반면, 내향적일 때는 목가적이고 낭만적이며 타인의 눈을 의식하지 않고 자기 흥미에 몰두하는 경향이 있다.

선종은 집권 초기와 중기에 중도 정치를 펴면서 외교적 성과를 거두고 문화를 융성시켰다. 그러나 말기에 이르러 직관·감정·인식형 성격 에너지가 내향적으로 흐르면서 실제 상황을 고려하지 않고 자신의 흥미를 추구했다. 그나마 선대의 세 왕이 나라를 튼튼히 다져 놓은 덕에 선종은 재위 기간 동안 별 탈 없이 통치할 수 있었던 것이다.

선종은 시와 문장에도 뛰어났다. 1089년 거란의 사신에게 향연을 베푸는 자리에서 선종은 우리나라 최초의 사작詞作인 〈하성조사賀聖朝詞〉를 지었다. 내용은 다음과 같다.

이슬도 차고 바람이 높은 가을밤에露冷風高秋夜淸
달빛만 휘영청 밝구나月華明

삼경쯤 되어 피향전 안에披香殿裏欲三更

노랫소리 흐른다沸歌聲

어지러운 우리 인생 모두 꿈같으니聲擾擾人生都似幻

영화를 탐하지 말고莫貪榮

금잔에 술이나 가득 부어好將美醱滿金舸

실컷 즐기세帳懽情

선종은 1094년 2월 어사대의 만류에도 열병閱兵을 강행한 뒤 병이 심해져 급기야 5월 46세를 일기로 숨을 거두었다. 그는 11년간의 평온한 통치 끝에 열한 살짜리 어린 아들에게 선위하는 현실적이지 못한 선택을 하고 말았다. 아들이 어린 경우 동생에게 왕위를 물려주던 선대의 관습에 비추어 이는 누구도 예상치 못한 일이었다.

 ## 헌종, 숙부에게 쫓겨나다

현종부터 시작된 고려의 전성기는 선종의 감성적인 후계자 선정으로 막을 내리고 서서히 내리막길을 걷게 되었다. 열한 살에 등극한 고려의 제14대 왕 헌종(1084~1097)은 1년 만에 왕위에서 물러나고 말았다. 헌종은 선종의 장남으로 아주 어렸을 때부터 당뇨병으로 몸이 안 좋았던 터라 대신들은 대부분 선종의 바로 아래 동생인 계림공 왕희가 왕위를 이어받게 될 것으로 생각했다. 고려 초기에는 형제간에 선위하는 경우가 흔했다. 덕종, 정종, 문종이 형제였고 순종과 선종도 형제였다.

선종은 통치 후기에 감성적이 되더니 점차 자기가 보고 싶은 것만 보는 사람이 되었다. 시야가 고착되거나 좁아져서 자신이 선호하는 부분을 확대해 해석하면 전체를 보지 못하고 오판과 실수를 범하게 되는데, 이를 터널 시야 현상이라고 한

다. 마치 눈가리개를 한 경주마처럼 앞만 보고 질주하는 것이다.

선종이 자기 몸 하나도 주체 못 하는 장남에게 한창 전성기의 나라를 맡기는 잘못된 선택을 한 것 역시 터널 시야 현상으로 설명할 수 있다.

터널 시야 현상을 치료하는 좋은 방법은 역할 바꾸기다. 술만 먹으면 가족을 폭행하는 알코올 중독 가장이 역할을 바꿔 보고 가족의 고통을 이해해 술을 끊는 경우를 예로 들 수 있다.

역할을 바꾸면 자신의 행동을 객관적으로 바라보게 되고 시야가 넓어질 수 있다. 역할극은 상대가 있어야 가능하지만 상대의 입장을 생각해 보는 것은 혼자서도 충분히 가능하다. 내 생각과 감정, 태도가 얼마나 객관적인지 타자의 시각으로 자신을 돌아보는 것이다.

어린 아들이 왕이 되자 그 어머니인 사숙태후가 섭정을 했다. 그러는 사이에 헌종의 병은 더 깊어졌고, 암암리에 왕위 쟁탈전이 시작되었다.

선종은 세 왕비를 두었는데 정비 정신현비의 소생은 공주 한 명뿐이었다. 공주는 훗날 예종의 첫째 비인 경화왕후가 된다. 선종의 둘째 부인인 사숙태후는 아들 하나와 딸 둘을 낳았는데 그 아들이 바로 헌종이다. 셋째 부인인 원신궁주는 세 아들을 두었는데 한산후 왕윤이 큰아들이었다. 원신궁주의 오빠는 이자연의 손자 이자의였다. 이자의는 고려 중기 최고의 문벌 외척 가문으로 사숙태후와는 사촌 간이었다. 이자의는 사병을 양성하는 등 왕희를 견제하며 왕윤을 왕위에 앉히기 위해 일을 벌이고 있었다.

외척이 왕권 계승에 노골적으로 개입하자 왕실을 대표하는 계림공 왕희는 가만히 있을 수 없었다. 그리하여 이자의와 왕희가 왕권을 둘러싼 대결을 펼치게 되었고, 신하들도 두 편으로 나뉘어 줄을 섰다. 본래 과감한 성격인 왕희가 먼저 칼을 뺐다.

1095년 7월, 왕희는 평장사 소태보에게 이자의 일당을 척살하라고 지시했다. 소태보는 상장군 왕국모에게 이자의가 반란을 획책하니 즉시 대책을 세우라고 명했고, 왕국모는 은밀히 고의화를 불러 이자의를 암살하게 했다. 이에 고의화는 이자의와 아들을 비롯해 그의 세력을 남김없이 처단했다.

권력을 장악한 왕희는 이자의를 옹호한 사람들은 물론이고 왕권 다툼의 불씨였던 원신궁주와 세 아들도 모두 귀양을 보냈다.

쫓겨나던 원신궁주는 아들 왕윤에게 다음과 같이 말했다.

"윤아, 아무도 원망하지 마라. 욕망은 헛되어 몸과 마음을 상하게 하니 아무도 원망하지 말고, 이제 우리 네 식구끼리 조용히 살자."

왕희는 헌종과 사숙태후를 제치고 국사를 결정하더니 1095년 10월 헌종이 스스로 왕위에서 물러난다는 조서를 발표했다.

"짐이 외람되이 부왕의 유업을 받들어 왕이 되었으나 몸이 허약해 제대로 통솔하지 못했다. 이미 대세가 나의 숙부 계림공에게 기울었으니 그에게 위업을 맡기노라."

이로써 헌종은 목종에 이어 고려 왕조의 두 번째 폐위 군주로 기록되었다. 이렇게 물러난 헌종은 지병인 당뇨에다가 숙부에 대한 두려움까지 겹쳐 열네 살에 세상을 등지고 말았다.

 ## 숙종의 잔인한 정권 탈취와 현명한 통치

왕희는 형의 네 아들을 모질게 몰아내고 42세에 고려 제15대 왕 숙종(1054~1105)으로 등극했다. 그는 어릴 때부터 부지런하고 검소했으며, 책을 많이 읽어 해박하고 매사가 분명했다. 문종도 그가 큰 인물이 될 것이라고 기대하며 총애했다. 이렇게 사랑받고 자란 그가 어쩌다 왕실을 피로 물들였을까?

인간에게는 공격성이 있다. 프로이트는 인간 본능의 무의식적 에너지가 있는데 이는 죽음의 본능과 삶의 본능, 두 가지로 구성되어 있다고 보았다. 죽음의 본능을 타나토스Thanatos, 삶의 본능을 에로스Eros라 불렀는데, 에로스는 종족 보존 및 성적 본능이고, 타나토스가 공격적 본능이다. 이 두 가지가 한 인간의 삶이 계속되는 한 번갈아 가며 지속된다고 프로이트는 보았다. 에로스가 사람들과 친밀하게 지내고 서로 돕는 관계를 추구한다면, 타나토스는 자기 목표를 위해 수단과 방법을 가리지 않는 경향이다.

공격적 에너지인 타나토스는 리비도 속 삶의 에너지가 충족되지 않을 때 나타난다. 사랑과 기쁨, 안전과 희망을 추구하는 삶의 에너지가 좌절될 때 공격적 에너지가 움직이는 것이다.

왕희는 형의 뒤를 이어 당연히 자신이 왕이 될 것이라고 생각했다. 대부분의 대신들도 그리 되리라 예상했다. 그런데 마른하늘에 날벼락 치듯 갑자기 병든 어린 조카가 왕이 되고, 이어서 더 어린 조카를 왕위에 앉히려는 음모가 진행되었다. 이때 왕희가 느낀 감정은 심리학적으로 이야기하면 인지 부조화와 상대적 박탈감이었다. 인지 부조화란 쉽게 말해, 당연하게 생각했던 일이 전혀 엉뚱한 방향으로 흘러갔을 때 드는 불편한 마음을 말한다. 개인이 짊어지는 부담과 희생이 클수록 상대적 박탈감은 커진다. 이 두 가지가 숙종의 공격적 본능을 자극했다.

형제간에 왕위를 계승하는 보편적 관습에 대한 신념을 가지고 있던 숙종은 그 신념이 깨지면서 인지 부조화와 함께 상대적 박탈감을 겪고 공격 본능을 분출하게 되었다. 또한 숙종 즉위 즈음에는 왕실 외척 가문인 인주 이씨 출신이 조정의 주요 요직을 장악하고 있었다. 이들은 고리대금으로 백성의 고혈을 뽑고 대외 무역을 독점해 막대한 부를 쌓았다. 고려 사회가 곧 위기에 처할 참이었고, 무엇보다 이자의의 권력욕이 강해 자칫하면 왕실의 혈통마저 끊길 상황이었다. 이자의가 공공연히 왕윤에게 옥새를 넘겨야 한다고 자극하자 위기감을 느낀 숙종은 쿠데타를 결행하게 된 것이다.

쿠데타로 정권을 잡은 숙종은 왕위에 오르자 정국을 안정시키며 기념비적인 업적도 여럿 남겼다. 우선 유학자들의 여론에 힘입어 6촌 이내의 족내혼을 금지했다. 족내혼은 신라 때부터 왕실의 성골 핏줄을 지키려고 내려온 풍습인지라, 쉽게 사라지지는 않았다. 그래도 국가에서 가족 제도의 기틀을 마련하고자 법으로 족외혼을 정하자 점차 족내혼을 멀리하게 되었다.

성종 때 철전을 주조해 대도시 중심으로 사용되다가 베와 쌀 등 물품 화폐에 밀려 사용이 점차 중단되었는데, 숙종은 다시 주화 사용으로 바꾸려 했다. 그래야 정부가 화폐의 지배권을 쥐고 국가 재정을 용이하게 염출할 수 있었기 때문이다. 주전관을 설치해 해동통보를 만들어 고위 관리, 문무 양반, 군인들에게 나눠 주었다. 주화 유통을 확대하기 위해 개경 시장과 각 주현에 주점과 식당을 두어 주화로 구매하게 했다.

고려 왕조를 불안하게 했던 외척의 폐단을 몸소 체험한 숙종은 외척의 발호를 막기 위해 애썼다. 특히 문종 이후 왕실과 중첩적

해동통보

숙종 2년(1097)에 주화를 법화로 유통하기로 결정하고 주전관을 설치해 해동통보를 주조했다. 고려 시대에는 해동통보 이외에도 건원중보, 동국통보, 동국중보, 해동중보, 삼한중보, 삼한통보 등의 화폐를 만들었다. 그러나 사회 경제적 여건이 미비하고 화폐에 대한 인식이 부족했던 탓에 예종 대에 이르러 해동통보를 비롯한 각종 동전의 유통이 중단되었다.

으로 혼인을 맺고 권력을 남용해 백성의 원성을 산 인주 이씨를 중앙 정계에서 배제했다. 숙종은 역대 왕들처럼 부인을 여럿 거느리지 않고 계림공 시절 혼인한 정주 유씨 유홍의 딸인 명의왕후만 두었다. 정주 유씨도 고려 시대의 대표적인 가문이지만 숙종 때는 외척의 기능을 하지 못했다.

숙종이 노력한 만큼 태평성대는 되지 못했는데, 당시 득세한 문벌 귀족과 여진족의 압력을 감안한다면 이해할 수 있는 일이었다. 숙종 즉위 초에는 수년간 조카의 왕위를 찬탈한 원죄가 있어 여론이 좋지 않은 데다 흉년과 천재지변이 계속되었다. 송나라에 즉위 통고도 하지 못할 정도로 국내 정세가 불리하게 돌아갔다. 신료들도 정통성이 부족한 숙종에게 비협조적이어서 한동안 인사 발령조차 내지 못했다.

그러나 강한 기질을 지닌 숙종은 그런 분위기에 굴하지 않고 반대 세력을 숙청해 점차 사회를 안정시켰다. 외척을 비롯해 왕권에 위협이 될 만한 권문세가에게 숙종은 추상같았는데, 이들에게 수탈을 당하던 백성의 입장에서는 반가운 일이었다.

숙종은 덕치에 대한 미련을 버린 대신 강한 고려를 만들려고 했다. 그 일환으로 개경과 서경 이외에 또 하나의 도읍지를 만들기 위해 1101년 남경개창도감을 설치하고 남경 건설을 시작했다. 그 전에 숙종은 친히 한성의 삼각산 등을 직접 둘러보며 확인하기도 했다. 남경의 궁궐은 공사를 시작한 지 2년 8개월 만인 1104년 5월에 완성되었다.

숙종은 군사적 업적도 남겼다. 세력을 키운 여진이 내려오면서 압박하자 숙종은 임간을 보내 여진 정벌을 꾀했으나 패했다. 그러자 다음에는 윤관을 보냈는데 윤관이 화약을 체결하고 돌아와서 아뢰기를, "저들은 기병이고 우리는 보병뿐이라 대적하기 어려웠습니다"라고 했다. 이에 숙종은 기병대 신기군, 보병대 신보군, 승려 부대 항마군으로 구성된 별무반을 만들어 여진 정벌을 준비했다.

1105년, 북벌의 꿈을 안은 숙종은 한껏 기세가 올라 고구려 시조인 동명왕 묘에 제사를 지내러 갔다. 그런데 돌아오던 길에 그만 중병에 걸려 환궁하던 중에 붕어하고 말았다. 숙종이 내린 유지는 다음과 같았다.

"박덕한 짐이 대업을 사수하느라 하루도 평안할 겨를 없이 보낸 지 10년이 넘었다. 천명은 헤아리기 어렵도다. 검소하게 상을 치르라. 아아 시종始終의 시기를 알면 가는 자가 유감이 없을 것이요, 장구의 계책을 세우면 남은 자의 생이 해롭지 아니하리라."

이처럼 소회를 밝히고 숙종이 세상을 떠나자 그 뒤를 예종 (1079~1122)이 이었다. 숙종이 죽자 한성은 도읍지가 되지 못하고 한강변을 중심으로 권문세가의 휴양지로 각광받게 되었다.

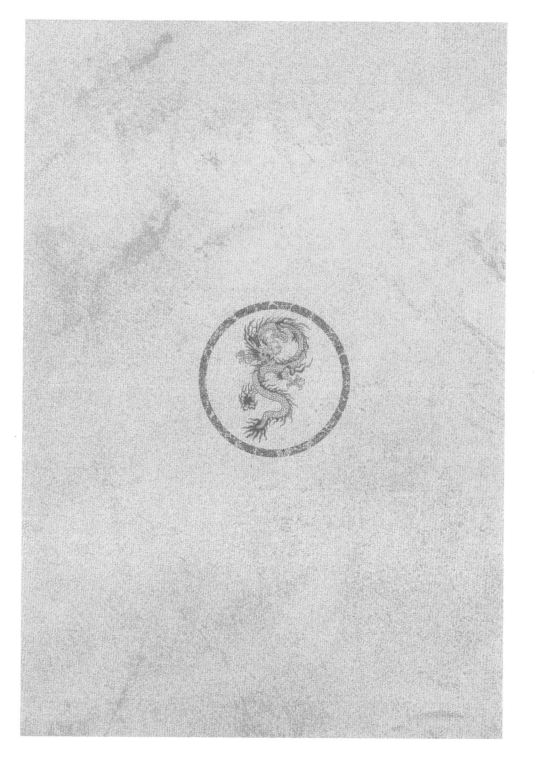

6장

태평성대가 저물고 난세가 시작되다

승화 또는 모방과 미숙함

– 제16대 예종, 제17대 인종, 제18대 의종

예종

숙부의 눈치를 보고 동생에게 치이는 등 태자가 되기까지 마음고생을 했다. 그러나 왕자 시절 억눌렸던 에너지를 공격적으로 분출하지 않고 승화시켜 후세에 모범이 될 만한 통치를 했다.

::

인종

성품이 어질고 자비로웠지만 한편으론 우유부단해 장인 겸 외조부인 이자겸이 권력을 휘두르게 했다. 수동 의존적 성격으로 늘 누군가에게 의지하고 관심을 받아야 했던 인종은 이자겸의 난을 겪고 난 뒤에는 묘청에게 의지하다 또다시 배신을 당한다.

::

의종

어릴 적부터 풍류를 좋아해 태자 자리에서 쫓겨날 뻔하기도 했다. 부모에게 인정받지 못함으로써 인정 욕구를 채우지 못하고 불안정한 시절을 보내면서 경계선 인격이 형성되었다. 간신들에게 둘러싸여 놀기만 하다가 무신들에 의해 폐위되었다.

예종, 여진의 성장 가운데 즉위하다

숙종과 명의왕후 유씨 사이의 맏아들로 태어나 고려의 제16대 왕이 된 예종. 그가 즉위할 즈음에는 숙종 때부터 급성장한 여진이 거란을 압박하고 중국 전체를 불안에 떨게 할 만큼 세력이 강성해졌다. 이렇게 여진이 성장한 과정을 살펴보자.

이미 북방 지역에서는 여진족 1만 명만 뭉치면 누구도 대적할 수 없다는 말이 나돌고 있었다. 그만큼 주변 나라들이 여진족의 단결을 경계해 왔다. 거란이 세운 요나라도 만주를 지배하며 여진족이 뭉치지 못하도록 철저하게 분리 정책을 폈다. 그런 가운데서도 여진족은 꾸준히 힘을 길렀다.

본래 여진족은 발해의 지배를 받았으나 발해가 멸망하자 거란의 통치하에 두만강과 압록강 유역, 함경도 지역에 거주했다. 고려 태조가 북방을 개척할 때는 고려를 상국으로 모시며 조공을 바쳤다. 이런 여진을 키운 것이 만주 지방의 추장 잉게인데, 그는 먼저 북간도를 장악하고 두만강까지 내려왔다. 그 뒤를 이어 조카 우야슈(금을 건국한 태조 아구타의 형)가 여러 여진 부족을 통일해 족장이 된 후 남하해 드디어 고려군과 맞부딪치게 되었다. 이때 숙종이 보낸 임간이 패하고, 다시 보낸 윤관이 간신히 화해 조약만 체결하고 돌아왔다. 이때 숙종은 기마병의 필요성을 절감하고 기병대인 신기군이 포함된 별무반을 편성했다.

이런 대외적 배경에서 왕이 된 예종은 왕이 되기까지 대내적으로도 어려움을 겪었다. 숙종이 즉위할 때 예종은 17세로 즉시 태자로 책봉될 만했다. 하지만 5년이 지난 1100년에야 태자로 책봉되었다. 왜 그랬을까?

숙종은 형인 선종이 자기에게 왕위를 물려주지 않고 어린 아들에게 넘겼다 하여 조카를 몰아내고 왕위를 찬탈했다. 그러니 동생들이 엄연히 버티고 있는데 자기 아들을 태자로 앉히기가 쉽지 않았다. 또 다른 이유는 숙종이 장남보다 차남 왕필에게 제왕의 자질이 있다고 보았기 때문이다. 그러나 다행인지 불행인지 왕필이 죽고, 숙종의 이복동생 왕수는 귀양을 가게 되었다. 이렇게 예종은 노심초사의 과정을 거쳐서 태자가 되었고 마침내 스물일곱에 왕위에 올랐다.

예종은 여진이 급성장한 대외 정세를 고려해 즉위한 지 얼마 되지 않아 바로 조정을 개편했다. 그러면서 이부상서 왕가를 서북면 병마사로, 어사대부 오연총을 동북면 병마사로 파견해 여진의 동태를 살피도록 했다. 여진이 득세하는 사이에 거란의 힘이 약해지자 예종은 거란에 내줬던 땅을 되찾고 영토를 넓히기로 결심했다.

예종은 백성의 형편도 살폈다. 당시 물품 교환을 할 때 화폐 대용으로 곡미와 은을 많이 사용했는데, 간교한 자들이 쌀에 모래와 흙을 섞고 은에 동과 철을 섞는 일이 많아 백성의 원성이 높았다. 예종은 이런 짓을 저지르는 사람들을 엄벌에 처하도록 조처했다. 백성의 유망流亡이 심한 지역에는 감무관을 파견해 부정하게 자기 배를 채우는 지방 관리들을 제거했는데, 그러자 유민이 다시 돌아와 지역이 발전하게 되었다. 빈민에게 무료로 약을 주는 혜민국을 설치하고, 예의상정소를 두어 복식, 문서 양식, 예의 등 여러 가지 의례를 제정하도록 했다.

왕자 시절에 예종은 장남이면서도 아버지에게 인정받지 못해 동생에게 밀리고, 숙부 왕손을 싸고돌던 종친 때문에 애를 먹었다. 이렇게 힘겨운 나날을 보내고 나서 왕이 되면 자신의 등극에 방해가 되었던 사람들을 먼저 정리하는 것이 고금의 관례다. 그러나 예종은 이런 공격 에너지를 사회적으로 승화시켰다.

사람이 자기 안의 본능적 에너지를 여과 없이 사용한다면 세상은 동물의 왕국, 혼돈의 사회가 될 것이다. 이런 원초적 에너지를 사회가 감당하고 수용할 만한 범위에서 변형하는 것, 혹은 좀 더 가치 있는 목표를 욕구 충족의 대상으로 삼고 이를 실현하고자 하는 것이 바로 승화다. 레오나르도 다빈치가 성모를 그린 것을 프로이트는 승화의 예로 보았다. 어릴 적 헤어진 어머니에 대한 그리움을 그림으로 표현했다고 말이다. 이처럼 창조적 예술, 인류

애적 행위, 경쟁적 운동 경기는 승화의 예로 볼 수 있다.

예종은 왕위 승계 과정에서 받았던 부당한 대우에 따른 공격 에너지를 승화해 영토 확장과 변방의 안전, 민생 안정이라는 목표에 매진함으로써 큰 성과를 거두었다. 그렇지 않았다면 예종도 즉위 후 부왕 광종의 호족 억제 정책을 뒤엎은 경종처럼 숙종의 정책을 뒤집고 무시당한 자존감을 살리려고 전횡을 했을지 모른다. 예종은 즉위 후 과거를 잊고 곧바로 나라의 기강을 바로잡고 국방을 정비하는 데 힘썼다. 그는 오히려 여진 정벌에 대한 부왕의 서소(맹세문)를 평생 품에 지니고 다녔다.

1107년 문무 대신이 여진의 동태가 수상하다고 보고하자 예종은 그동안 깊이 간직하고 있던 부왕의 서소를 꺼내 신하들에게 보여 주었다. 그것을 읽은 신하들은 눈물로 왕에게 아뢰었다.

"선왕의 유지가 이렇게 깊고 간절한데 어찌 잊겠습니까?"

 ## 마음을 비운 풍류객

예종은 상원수로 윤관, 부원수로 오연총을 임명하고 17만 대군을 일으켰다. 그 결과 1107년 12월 함흥 근처의 여진을 몰아내고 그 일대에 함주·영주·웅주·복주·길주·공험진·숭녕진·진양진·통태진 등 9성을 쌓았다. 여진은 이 땅을 다시 빼앗으려고 시도 때도 없이 싸움을 걸어 왔는데 9성을 지키기란 쉽지 않은 일이

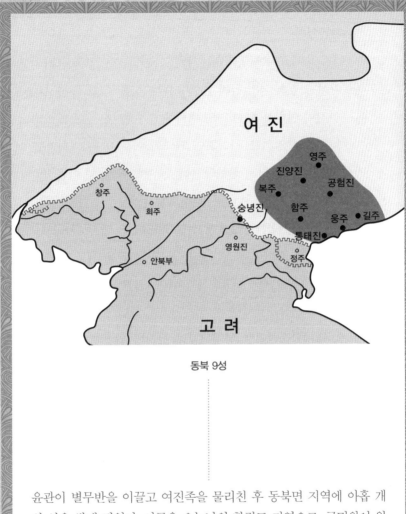

여 진

창주

희주

승녕진

복주

진양진

영주

함주

공험진

웅주 길주

통태진

영원진

안북부

정주

고 려

동북 9성

윤관이 별무반을 이끌고 여진족을 물리친 후 동북면 지역에 아홉 개
의 성을 쌓게 되었다. 이곳은 오늘날의 함경도 지역으로, 공민왕이 원
나라로부터 빼앗은 철령 이북의 쌍성총관부 위치, 명나라가 일방적으
로 철령위를 설치하고 고려에 통보한 곳과 같은 지역이다.

었다. 9성이 개경에서 워낙 멀리 떨어져 있어서 물자와 병력 이동도 힘들었다.

여진은 집요하게 공격하는 한편으로 고려에 공물을 바치고 두 번 다시 고려를 침범하지 않을 테니 9성을 돌려 달라고 간청했다. 여진이 이렇듯 화전 양면 전략을 구사한 데다, 마침 고려 조정 내에 윤관의 업적을 시기하던 세력이 이를 좋은 기회라고 여겨 9성 반환을 강력히 주장했다. 예종은 어쩔 수 없이 이를 받아들여 1109년 7월 9성 철수 명령을 내리게 되었다.

그동안 여진은 더 성장해 추장 아구타가 1만 군사로 10만 요나라 군대를 격파했다. 1115년 아구타는 금을 세우고 초대 황제로 즉위했다. 한편 《동명해사록東溟海槎錄》에는 아구타가 신라의 마지막 왕 경순왕의 외손이라는 기록이 있다.

요나라는 금나라를 정벌하자며 고려에 원병을 요청했다. 하지만 고려는 파병을 피하는 한편, 요의 연호 사용을 폐지하고 압록강변의 양민을 받아들였다. 금에 의해 서쪽으로 밀려난 요는 함께 금을 치자고 계속 고려에 요구했다. 금은 금대로 1117년 '형인 금국 황제가 아우인 고려 국왕에게 보내는 글'을 전달하며 화친을 청했다. 이에 예종은 중립 외교로써 이 위기를 슬기롭게 넘겼다.

예종은 동아시아의 격동기를 보내는 가운데에도 스스로 문인임을 자처하며 선비들과 시로 화답하기를 즐겼다. 그는 요순 정치를 구현해 태평성대를 이루고 싶어 했다. 본래 예종은 시작詩作을 좋아해 어디를 가나 시를 한 수 읊었다. 그가 《고려사》에 남긴 시만 해도 20편이 된다.

예종은 유학보다는 노장 사상을 숭상했는데 이자겸을 위시한 문벌 귀족들은 이를 탐탁지 않게 여겼다. 왕이 신하와 시를 주고받으며 어울리는 것은 유학자의 규범에 맞지 않는 일이었다. 최충의 증손인 최약은 "제왕은 마땅히 백성을 교화하고 유자儒者들과 경사經史를 논하며 풍속을 바로잡아야 하거늘 어찌 경박한 사신詞臣들과 풍월이나 읊을 수 있는가"라며 비판했다. 예종 주변의 문인들은 시도 지을 줄 모르는 최약이 왕을 비난한다며 벌을 내려야 한다고 했으나 예종은 최약을 징벌하는 대신 잠시 춘주부사로 보냈다.

이런 예종이 더더욱 마음을 비우고 정치를 하도록 도운 것은 청평거사 이자현이었다. 이자현은 왕실의 외척으로 대악서승(오늘날의 국악원 원장)까지 올랐으나, 아내가 죽자 홀연히 벼슬을 버리고 춘주(오늘날의 춘천) 청평산에 들어갔다. 그는 누비옷을 입고 채소만 먹으며 은둔 생활을 하면서 참선에 매진하고 온갖 분야의 공부를 했다.

당시 불교는 법상종과 화엄종이 있었다. 문종의 넷째 아들 대각국사 의천은 화엄종을 통해 불교의 타락을 막고 왕권을 강화하려 한 반면, 미륵 신앙과 유식唯識 사상을 믿는 법상종은 귀족의 정서를 옹호하며 성불은 아무나 가능한 게 아니라고 가르쳤다. 법상종은 외척인 인주 이씨와 문벌 귀족의 중심 교단이 되었다.

이처럼 왕실과 외척의 대립은 불교 교단 간의 대립으로 비화되었다. 청평산에 들어간 이자현은 어떤 종파도 택하지 않고 참선 수행을 하며 도가적 사상과 《능엄경》에 심취했다. 평소에 이자현을 아꼈던 예종은 금으로 수놓은 비단과 차, 향을 내려보내며 돌아오라고 여러 번 권했다. 그럴 때마다 이자현은 "처음 강을 건널 때 다짐했던 뜻을 버리지 않겠다"며 극구 사양했다.

1117년 가을, 예종은 모처럼 남경에 행차했다가 이자현을 만났다. 두 사람이 반갑게 이야기를 나누다가 예종이 양성의 도를 묻자 이자현은 이렇게 답했다.

"욕망을 더는 것보다 더 좋은 방법은 없습니다."

예종이 고개를 끄덕이며 동감을 표하자 이자현은 자신이 지은 《심요心要》라는 책을 주고 다시 산으로 들어갔다.

예종은 개인적 욕망을 줄이고 왕으로서 국가를 돌보는 데 온 힘을 쏟았다. 거란과 여진의 다툼으로 어지러운 북방 경계의 양민이 스스로 고려에 귀의하도록 감동시켰으며, 노인을 공경하고 약자를 돌보았다. 이런 예종의 17년 정사에 대해 한안인은 "후세의 모범이 될 만하다"고 평했다.

고려 왕조에서 가장 정치력이 뛰어난 왕 가운데 한 사람으로 평가받는 예종은 등에 난 작은 종기 때문에 1122년 3월 쓰러지고 말았다. 한 달 후 44세를 일기로 세상을 등지고, 예종의 맏아들 인종(1109~1146)이 겨우 열네 살에 왕권을 이어받았다.

인종, 외척의 꼭두각시가 되다

인종(고려의 제17대 왕) 때부터 고려의 조정에는 권력 쟁투가 소용돌이쳤는데 이는 고려가 망할 때까지 계속되었다. 적절한 견제와 균형으로 왕권 중심의 정치를 폈던 예종이 죽고 어린 인종이 즉위하자, 숙종 때부터 급부상한 한안인 중심의 관료파와 이자겸 중심의 외척 세력, 그리고 이들처럼 큰 세력은 아니지만 변신에 능해 생명력이 질긴 신라계가 뒤엉켜 세력 다툼을 벌였다. 태조 때부터 출발한 신라계는 북벌 정책에 소극적이라 숙종, 예종을 거치며 크게 위축된 상태였으나 언제든지 부상할 수 있는 세력이었다. 이렇게 세 세력이 정략적 이합집산을 하는 바람에 인종 때는 하루도 편할 날이 없었다.

인종의 어릴 때 성품은 어질고 너그롭고 자비로우며, 스승은 물론 벗에게도 예가 밝고 효성이 지극했다고 한다. 이는 달리 보자면 용기와 자기 주관이 부족하다는 것일 수도 있다. 그래서 인종은 '인仁을 갖추었으나 우유부단한 왕'이라고 평가받는다.

인종은 예종과 이자겸의 둘째 딸인 순덕왕후 사이에서 태어났다. 그러니 권력은 자연히 이자겸이 독점하게 되었다. 이자겸은 자기 족속을 요직에 앉히고 자신의 생일을 인수절仁壽節이라 정했는데 그 예우가 왕태자에 버금갔다. 또한 어전의 조회에도 나오지 않고 자기 집에서 주요 국사를 처리했으며, 뇌물을 받고 관직을 매직했다. 한안인은 이런 이자겸의 작태를 비난했다가 궁지에 몰

리자 휴가를 자청하고 회생 방도를 모색했다. 이를 알게 된 이자
겸은 아예 한안인파를 제거하려고 '왕보의 역모 사건'을 꾸몄다.

한안인 등 관료파는 인종이 태어나기 전부터 예종의 동생 왕
보를 태자로 삼아야 한다고 주장했던 터라 역모 사건으로 엮어도
무리가 없는 분위기였다. 칩거해 권토중래捲土重來하던 한안인의
집에 추밀원부사 문공미와 사촌이 수시로 드나들었는데, 이를 빌
미로 참지정사 최홍재가 이자겸에게 무고했다. 최홍재는 원래 한
안인의 관료파로 윤관을 따라가 여진 정벌에 큰 공을 세운 무인
이었다. 그런데 한안인이 자기를 푸대접한다며 서운한 감정을 가
지고 있다가 마침 실세로 부상한 이자겸 편에 선 것이었다.

꼼짝없이 역모의 수괴가 된 왕보는 1122년 12월 귀양을 가고
한안인과 이중약 등 수십 명이 죽임을 당했다. 그 외에도 수백 명
이 유배를 당해 한안인파가 몰락할 지경에 이르렀다. 왕보의 동생
왕서는 이때부터 술로 세월을 보내며 겨우 목숨을 부지했다.

고려의 왕권은 주로 외척에게 능멸당했다. 이에 분노한 숙종은
조카들을 처단하면서까지 왕이 되어 겨우 안정적인 통치 기반을
닦아 놓았다. 그 덕분에 숙종의 장남 예종, 예종의 장남 인종이 왕
권을 이어받았다.

그러나 문종 때부터 왕실과 혼맥으로 결속된 인주 이씨(경원 이
씨, 인천 이씨라고도 함) 가문의 위세로 왕권은 끊임없이 위협을 받
았다. 문종의 아내가 다섯이었는데 그중 인주 이씨 이자연의 딸
만 세 명이었다. 숙종조차 인주 이씨 출신인 인예왕후의 셋째 아

들이었는데 그 세력을 몰아내 왕권이 잠시 안정되었던 것이다. 그런데 예종 때 이자겸의 딸이 순덕왕후가 되었고, 순덕왕후의 아들 인종은 이자겸의 셋째 딸과 넷째 딸을 아내로 맞아들였다. 이리하여 이자겸은 인종의 외조부 겸 장인이 되는 웃지 못할 일이 벌어졌다.

의존적인 성격이었던 인종은 왕이 되고서도 의존 대상을 물색했는데, 자신이 즉위할 때 적극 도와준 외조부 이자겸이 그 대상으로 적격이었다. 게다가 이모들을 아내로 맞아들여 더 가까운 관계로 만들었는데, 이는 인종과 이자겸 두 사람의 정치적·심리적 목적이 맞아떨어진 결과였다. 이자겸은 이렇게 왕과 두터운 관계를 쌓은 다음, 군사력을 쥐고 있던 문하시랑 척준경과도 사돈을 맺었다. 척준경은 예종 때 여진 정벌 전쟁에서 윤관을 따라가 큰 공을 세운 장수였다.

인종을 그야말로 꼭두각시로 만들어 버린 이자겸은 왕위까지 노리게 되었다. 자기 마음에 들지 않는 사람들을 숙청하고, 심지어 인종을 손가락질로 부르는 등 이자겸의 전횡이 계속되자, 마침내 인종도 견디지 못하고 이자겸을 제거할 계획을 세웠다.

 이자겸의 난

1126년 2월 인종은 지녹연, 김찬 등과 친위 쿠데타를 계획하고 김찬을 공신인 전평장사 김인존과 평장사 이수에게 보내 의견을 물었더니 두 사람은 이렇게 말했다.

"왕께서 외가에서 생장해 그 은혜를 끊을 수가 없고, 더구나 저들의 세력이 조정에 가득하니 경거망동해서는 아니 되며 때를 기다리셔야 합니다."

그러나 이미 이자겸에 대한 의존 욕구가 식은 인종은 지녹연에게 하루빨리 이자겸과 척준경을 제거하라고 했다.

인종처럼 수동 의존형인 사람들의 특징은 의존 대상에게 자기 존재의 가치와 보존을 기대하는데, 만약 의존 대상이 이를 충족시켜 주지 못하거나 배신할 때 그 대상을 곧바로 증오하게 된다. 이때 의존 대상에 대한 기대가 클수록 배신감과 증오심도 커진다. 인종은 왕위를 지키는 데 힘을 보탠 이자겸에게 의지하려 했으나 오히려 그가 왕의 자리까지 탐하는 것을 알고는 심한 배신감에 시달렸을 것이다.

인종이 거사를 재촉하자 지녹연은 야밤에 척준경의 동생 척준신과 아들 척순을 죽였다. 자정을 넘긴 그 시각, 이자겸과 척준경은 이자겸의 별장에서 연회를 즐기고 있다가 그 소식을 전해 들었다. 동생과 아들의 죽음에 화가 치민 척준경은 곧바로 군사를 이끌고 궁궐로 쳐들어가 불을 지르고 인종의 호위 군사와 큰 싸움을 벌였다. 결국 병력의 열세로 궁지에 몰린 인종은 왕위를 이자겸에게 넘기겠다는 조서를 쓰게 되었다. 그러나 주변의 반발이 심해 이자겸은 왕위를 선뜻 넘겨받지 못했다.

이 일로 친위 쿠데타에 연루된 사람들은 죽임을 당하거나 유배를 가고, 인종도 자기 집에 갇히는 신세가 되었다. 그러던 중 이자겸과 척준경 사이에 금이 가는 일이 생겼다. 이자겸의 종이 척준경의 종에게 "척준경이 궁중에 불까지 지른 것은 죽어야 할 죄"라고 비난해 두 집안의 종들이 서로 다툰 것이었다. 이를 들은 척준경은 이자겸 일파가 자신에게만 책임을 돌린다고 분노했고, 인종은 이를 기회 삼아 척준경을 회유했다.

이에 이자겸은 인종을 독살하고 스스로 왕이 되고자 했다. 하지만 이자겸의 넷째 딸이자 인종의 아내가 이를 미연에 막아 인종은 목숨을 구할 수 있었다. 이자겸이 독을 넣은 떡을 보냈을 때는 까마귀에게 먼저 먹여 보도록 했고, 독이 든 약을 보냈을 때는 일부러 넘어져 약사발을 엎어 버렸다. 이렇게 독살 계획이 무산되자 이자겸은 자객을 보내 인종을 죽이려고 했다.

목숨이 위태로운 상황에서 인종은 자기편으로 끌어들인 척준경의 충성심을 자극해 이자겸을 척결하도록 했다. 숙종의 눈에 들어 무신이 된 척준경은 변변치 않은 집안 출신으로 배움은 부족했으나 왕에게 충성하는 우직함이 있었다. 왕의 명을 받들어 척준경은 군사를 이끌고 이자겸 일파를 제압함으로써 마침내 이자겸의 난이 평정되었다.

이후 이자겸은 인종의 외조부이자 장인이라는 신분 덕분에 간신히 사형을 면하고 정주(오늘날의 영광)로 유배를 갔고, 이자겸의 딸인 왕비 둘은 폐출되었다. 인종은 폐비들을 매몰차게 내치지 않

이자겸과 영광 굴비

정주로 유배를 간 이자겸은 법성포의 특산물인 말린 조기를 맛보게 되었다. 그 맛이 매우 좋아 이자겸은 인종에게 조기를 진상했는데 '정주굴비靜州屈非'라고 써서 보냈다고 한다. 굴비는 꺾이지 않는다는 의미로, 비록 유배된 신세이지만 비굴하게 살지 않겠다는 의지를 담은 것이다. 이때부터 말린 조기를 굴비라 부르게 되었고, 훗날 정주는 영광으로 이름이 바뀌었다. 그러나 이자겸은 유배된 지 1년도 안 되어 세상을 뜨고 말았다.

고 뒤를 돌봐 주었다. 특히 자신의 목숨을 구해 준 폐비 이씨에게는 토지, 저택, 노비 등을 내려 융숭하게 대우했다.

이자겸의 난을 잠재우는 데 큰 공을 세운 척준경은 문하시중이 되어 전권을 행사했다. 그러나 인종은 척준경을 이자겸 제거용으로 이용했을 뿐 곁에 둘 마음이 없었다. 인종의 성격상 의존 대상은 문인이나 풍수지리에 능해 뭔가 아는 소리를 하는 사람이지, 척준경 같은 무인이 아니었다. 1127년, 정지상은 과거의 죄를 물어 척준경을 탄핵하는 상소를 올렸다.

"5월의 사건(이자겸 제거)은 일시적인 공으로 어찌 만세의 죄인 2월의 사건(궁궐 방화)을 덮겠습니까?"

이 절묘한 표현을 담은 상소문으로 척준경은 자리에서 쫓겨나 유배를 가게 되었다.

 ## 서경파의 득세와 묘청의 난

이자겸의 난이 겨우 진정되자 문벌 귀족을 중심으로 한 개경파와 신진 세력인 서경파가 첨예하게 대립하기 시작했다. 고조선과 고구려의 전통을 잇고자 한 서경파는 개경파의 유교적 사대주의 외교 노선을 비판하며 북진 정책을 주장했다. 반면에 김부식 등 문벌 귀족은 금나라에 굴종하고 백성을 돌보지 않은 채 일신의 영달만을 꾀해 민심을 잃어 가던 터였다. 서경파는 이 기회를 이용해 개경 양반을 비판하면서 백성과의 유대를 강화하고, 자주적 외교 노선을 천명할 것을 주장했다. 승려 묘청(?~1135)과 백수한, 정지상 등 서경 세력은 기득권의 본거지인 개경을 떠나자는 서경 길지설을 주장했다.

즉위 초부터 한안인파 축출, 이자겸의 난을 겪으며 개경 세력을 불신하게 된 인종은 개경의 지덕이 다해 서경으로 천도해야 한다는 서경파의 주장에 공감했다. 인종은 서경 천도를 결심한 듯 서경을 자주 드나들었고, 묘청의 말에 따라 서경의 임원역에 대화궁을 짓도록 했다. 묘청은 어떻게 인종의 절대적인 신임을 얻고 국정을 좌지우지하게 되었을까?

승려 묘청은 서경의 천문 지리를 맡아보던 검교소감 백수한을 제자로 두었다. 백수한은 정지상, 김안, 문공인 등 서경 세력을 통해 인종에게 묘청을 천거했다. 정지상 등은 인종이 누군가에게 기대는 수동 의존적 성격임을 파악한 듯 묘청을 천거할 때 이렇게 소개했다.

"묘청은 성인입니다. 그에게 국가 대사를 물어 처리하신다면 태평성대가 될 것입니다."

인종처럼 의지할 수 있는 외적 대상을 둬야 하는 사람들은 의

국학원에 있는 묘청 동상

묘청은 승려이면서도 도교를 믿어 풍수지리와 도참사상을 익히고 서
경 천도를 주장했다. 정지상, 김안 등이 성인으로 받든 그는 1134년
삼중대통지누각원사에 제수되고 자의(고승에게 경의를 표하며 내리는 자줏
빛 가사)를 하사받았다. 그러나 서경 천도 계획이 무산되자 반란을 일
으켰다가 부하들의 배신으로 죽임을 당했다.

존 상대가 자신을 만족시켜 주는 데만 관심을 둔다. '밑 빠진 독'처럼 이들은 아무리 채워 주어도 만족을 모르고 끊임없이 매달리며, 자존감이 낮기 때문에 자신이 해야 할 결정을 다른 사람에게 맡겨 버린다. 그런 성격이 비롯된 원인 중 하나로 부모와 아이 사이의 불안전한 애착 관계를 들 수 있다.

아이가 성장해 개별화를 이뤄야 할 시기에 부모가 여전히 어린아이 대하듯 하거나, 반대로 부모가 아이에게 지나치게 매달릴 때 아이에게 수동 의존적 성격이 형성된다. 이런 아이들은 청소년기에 순종적 태도가 심하고, 감정적인 애착 대상이 자기편이 되어 주지 않을까 봐 두려워한다. 이처럼 수동 의존적 성격을 지닌 사람에게는 과도하게 매달리는 일에 대해 일관되게 설명해 주고 자율적 행동에 따른 불안감을 달래 주면서 확신을 주면 좋다.

열네 살에 왕이 된 인종은 청소년기 동안 외조부이자 장인인 이자겸에게 의지하며 그가 하라는 대로 했다. 그런 이자겸에게 배신당하자 인종은 의지할 대상을 묘청으로 교체했다. 당시 인종이 묘청에게 의지해 해결하고자 한 고민은 두 가지였다. 하나는 개경 세력에 대한 불신이 깊어 대체 세력이 필요하다는 것이었고, 둘은 금나라의 침략에 대비하는 것이었다.

이를 간파한 묘청은 태평성대를 개창할 방도를 묻는 인종에게 "임원역이 바로 풍수지리에서 말하는 대화세大華勢에 해당하며, 그곳에 궁궐을 지으면 고려가 천하의 중심이 되어 금나라와 주변 36개국이 모두 조공을 바치게 될 것"이라고 답했다. 이 말에 넋이

나간 인종은 엄동설한에 백성을 동원해 대화궁 건립을 서둘렀다.

이렇듯 무리하게 천도를 밀어붙이자 백성의 원성이 드높았고, 이를 기회로 개경 세력은 천도를 적극적으로 반대했다. 이에 위기감을 느낀 묘청 등은 인종이 신궁으로 거동할 때를 맞춰 공중에서 풍악 소리가 들렸다고 선전하는 한편, 기름 묻은 떡을 대동강에 넣어 물 위에 떠오른 기름을 두고 용의 침이라 하며 오색영롱한 기운이 떠돈다는 소문을 퍼뜨렸다.

그런데 대화궁은 완공되자마자 마침 떨어진 벼락에 크게 파손되었고, 인종이 서경에 행차할 때 갑자기 폭풍우가 쳐서 호위 군사와 말이 다치는 일도 벌어졌다. 낙성식 때는 묘청을 비롯한 서경 세력이 칭제건원稱帝建元을 주장하며 금나라를 공격하자고 했으나 중신들이 극구 만류했다. 서경 세력의 황당한 이야기와 잇달아 일어난 천재지변에 김부식 등 유학자들의 서경 천도 반대 운동이 힘을 얻었고, 결국 서경 천도 계획은 유야무야되었다.

더 이상 인종을 믿을 수 없다고 판단한 묘청은 1135년 난을 일으켰다. 그는 서경을 거점으로 국호를 대위大爲라 정했는데 스스로 왕이 되지는 않았다. 난의 목적이 서경 천도임을 분명히 해 두고자 한 것이었다. 묘청은 개경에 검교첨사 최경을 보내 인종에게 다음과 같은 표문을 올렸다.

"도참의 비기秘記를 따라 고려가 천하 중심국이 되도록 천도하기만을 기다렸으나 예상 밖으로 신하들이 방해하고 있습니다. 만약 왕께서 친히 서경에 오시면 더 이상 병란은 없을 것입니다."

개경 대신들은 감히 왕에게 오라고 했다며 불충이 담긴 글을 가져온 최경을 당장 죽여야 한다고 했으나, 인종은 도리어 전쟁이 날까 두렵다며 최경에게 벼슬과 상을 주었다. 인종이 이렇게 우유부단하게 처신하자 개경 세력은 크게 반발하며 당장 토벌군을 보내야 한다고 강력히 주장했다. 그러자 인종은 별 수 없이 김부식을 원수로 임명해 출병시켰다. 김부식은 먼저 개경에 머물고 있던 정지상, 백수한, 김안 등 서경파를 처단했다.

서경파의 몰락과 김부식의 《삼국사기》

개경에 있던 서경 세력을 일소한 뒤 김부식은 대군을 이끌고 서경으로 향했다. 이들이 서경에 다가갔을 때 그 부근의 여러 성은 지레 겁을 먹고 투항했다. 묘청의 충실한 부하인 조광이 반란군을 이끌고 있었는데, 김부식이 그에게 은밀히 사람을 보내 항복을 권유하자 그는 묘청 등의 목을 베어 개경에 보냈다.

그러나 묘청의 목을 들고 개경에 간 윤첨은 상을 받기는커녕 도리어 옥에 갇히고 말았다. 이에 조광은 항복해 봐야 죽음을 면하기 어렵다고 보고 대동강변을 따라 긴 성을 쌓고 버텨 보려 했다. 하지만 성이 포위되어 식량이 떨어지자 굶어 죽는 사람이 많아져 1년 만에 조광 등이 자결하고 묘청의 난은 완전히 진압되었다. 이렇게 서경 세력이 몰락하자 김부식을 비롯한 개경의 문신 귀족이 다시 독주하게 되었다.

묘청의 난이 일어났던 해에 인종은 자기 변명성 조서를 발표했다.

"이자겸이 발호해 병오의 소란을 겪었고, 서경으로부터 음양학을 하는 묘청에게 현혹되어 큰 현인으로 대우해 대화궁을 창건했다."

이처럼 절대 의존형 성격을 지닌 사람들은 그럴듯한 말을 들으면 금세 현혹된다. 인종은 그 대가를 호되게 치르고도 다시 김부식을 절대 신임하게 되었다. 왕이 신하를 활용하지 못하고 신하의 말에 끌려다니면 국가의 존립이 흔들린다. 이자겸, 묘청에 이어 김부식에게 의존하게 된 인종. 왜 인종은 분별력을 상실했을까?

그는 자신을 믿지 못했던 것이다. 자신을 믿지 못한다는 것은 그만큼 자아가 약하다는 뜻이다. 약한 자아는 자기 불신을 낳고 이는 분별력 상실로 이어진다. 자아가 약한 사람들은 누군가가 자신에게 중요한 존재이기를 바라고, 또한 자신이 누군가에게 소중한 존재이기를 바란다. 자아의 경계가 희미해질 만큼 의존적이므로 누군가의 지지를 받지 않으면 금세 붕괴될 듯 불안하다. 이들이 다른 사람의 의견을 갈구하는 것은 그 의견을 듣기 위함이라

기보다는 자신의 불안감을 달래기 위함이다.

특히 인종처럼 청소년기에 과도한 압력을 받을 경우 자기 확신감이 낮아진다. 청소년기는 부모로부터 정신적으로 독립하고 자아 정체감을 형성하는 시기로 아동기보다 정신 에너지가 급격히 하강한다. 부모와 심리적으로 분리되면서 고립을 견디는 능력이 정체감의 기능과 유지에 대단히 중요한데, 이 능력은 소속 단체에서의 존재감 및 중요 대상과의 관계에 의해 영향을 받는다.

그래서 청소년기의 따돌림은 더욱 문제가 된다. 주변과의 관계가 원만하지 못할 경우 자신의 존재가 무가치해 보이고 열등감에 빠지기 쉽다. 청소년기의 소외는 의심증을 유발하고 의심증이 커지면 편집증으로 발전한다. 편집증과 의존증은 동반 관계로, 편집 대상을 증오하면 그 대상에 대해 쉼 없이 악감정을 품게 되고, 편집 대상에 애착을 가지면 그 대상에게 절대적으로 의존하게 된다.

보통 청소년기에는 사실과 관계없이 자기를 둘러싼 환경에서 자신이 늘 열외인 듯한 느낌을 갖는다. 아직 사회의 주도적 계층으로 자리 잡지 못해서 그렇다. 인종은 왕이었지만 자신의 존재감을 느끼지 못했고, 의존했던 대상에게 배반당하면서 만성적 실망 상태에 빠졌다. 이런 상태가 오래 누적되면 어디에 쉽게 정착하지 못하며, 어디에 소속되어 있다 하더라도 소속감을 느끼지 못해 주변인처럼 행동한다.

이런 만성적 소원감疏遠感은 어떻게 치유할 수 있을까? 먼저 자아 경계를 튼튼히 해야 한다. 소외 증후군을 가진 사람들은 외부와 차단하기 위해 마음의 문을 닫아 자아 경계가 콘크리트처럼 굳어 버린 회피형이 되거나, 또는 정반대로 자아 경계가 희미해서 끊임없이 외부의 인정을 받으려는 의존형이 된다.

건강한 동식물의 세포에서 삼투막은 용매는 통과시키되 용질은 통과시키지 못한다. 건강한 자아도 이와 같이 외부와 활발한 상호 작용을 하면서 불순물을 걸러 내고 유익한 것을 통과시킨다. 스스로 독립적으로 존재할 수 있다는 믿음을 가지고 자신을 소중한 사람으로 여기면 자신감이 커지고 주변 사람들과도 정상적인 관계를 맺을 수 있다. 의존 성향을 조장하거나 의존 심리를 이용하지 않는 사람만 만날 수 있다면 좋겠지만, 이 세상에는 다양한 사람들이 있으니 살다 보면 어쩔 수 없이 마주칠 일도 있을 것이다. 하지만 모든 인간관계는 상호적이고 상보적이어서 내가 먼저 상대의 의존성을 조장하거나 이용하지 않으면 상대도 그렇게 나를 대하게 된다.

소외 증후군을 가진 사람들은 상대가 자신에게 관심을 기울이는지 끊임없이 확인하려 든다. 소외 증후군의 핵심 감정은 좌절감인데 이 좌절감은 모든 요구를 다 들어줘도 채워지지 않는다. 그래서 이들은 술과 마약, 또는 다른 종류의 도피 형태에 의존하려고 한다. 이를 끊는 방법은 지독한 집착에 선을 긋고, 누구나 받아들일 만한 관심과 애정에 자족하는 것뿐이다.

즉위 후 신하들의 권력 다툼에 끌려다녔던 인종은 묘청의 난을 평정한 후 10년간 비교적 안정적인 시간을 보냈다. 폭풍우 속을 지나는 듯한 청년기를 거친 인종도 어느 정도 성숙해져서 더 이상 신하들에게 휘둘리지 않는 통치력을 가지게 되었던 것이다.

인종은 김부식에게 《삼국사기三國史記》의 편찬을 명했다. 이에 김부식은 5년에 걸쳐 50권이나 되는 방대한 분량의 《삼국사기》를 완성했다. 경주 출신인 김부식은 원래 신라 왕족의 후예였으나 그의 증조부 김위영이 왕건에게 귀의한 바 있었다.

《삼국사기》는 왕명에 의해 관에서 편찬한 역사책으로 사상적으로는 유교 정치 이념을 따랐다. "왕은 바람이요 백성은 풀"이라는 《논어論語》의 구절을 인용함으로써, 바람이 불면 풀이 눕듯이 백성은 왕의 명령에 절대 순종해야 함을 강조하고 있다. 왕을 천명을 대리하는 존재로서 묘사함으로써 사회의 기강을 바로잡고자 한 것이었다. 《삼국사기》는 편찬자가 사료를 서술하되 지어내지는 않는다는 '술이부작述而不作'의 원칙을 따랐다. 그렇다 하더라도 역사적 사료를 선별하고 재구성할 때 편찬자의 철학과 취향이 반영되기 마련이다. 《삼국사기》에도 김부식의 사대주의적 사상이 그대로 배어 있다.

이렇게 완성된 《삼국사기》를 받아 보고 두 달 뒤인 1146년 2월, 인종은 지병을 이기지 못하고 38세에 세상을 떠났다.

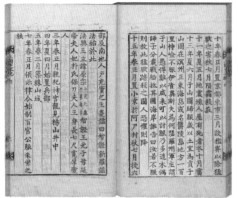

《삼국사기》

신라, 고구려, 백제 삼국의 역사를 담은, 현존하는 우리나라 최고最古
의 정사다. 김부식을 주축으로 참고參考 8인(최산보, 이온문, 허홍재, 서안정,
박동계, 이황중, 최우보, 김영온)과 관구管句 2인(김충효, 정습명) 등 11인의 편
사관이 편찬했다. 기전체로 쓰였으며 본기 28권(고구려 10권, 백제 6권, 신
라 12권), 지 9권, 연표 3권, 열전 10권으로 이뤄졌다. 보물 제722호로
성암 고서 박물관에 소장되어 있다.

의종, 향락에 빠진 경계선 인격

고려의 제18대 왕 의종(1127~1173)은 인종의 맏아들로, 즉위 당시 왕실의 권위가 크게 실추되고 개경 문신 세력이 득세하는 상황이었다. 이에 의종은 왕권을 세우기 위해 의도적으로 환관과 내시 등 측근 세력을 키웠다. 특히 정함과 백선연 같은 환관은 왕의 특별한 신임을 받고 권세를 누리며 환관 정치를 했다.

의종은 어릴 적부터 학문을 싫어하고 풍류를 즐겼다. 이 때문에 부왕인 인종이 걱정이 많았다. 모후인 공예왕후는 인종에게 의종을 태자 자리에서 내리고 둘째 아들 왕경을 책봉하자고 했다. 인종은 공예왕후의 말에 귀가 솔깃해져 태자를 폐립하려 했다.

만일 태자가 타의에 의해 물러난다면 그 앞날은 어떻게 되겠는가? 조선의 양녕대군을 보더라도 잘해야 낭인 생활이고, 아니면 죽을 수밖에 없다. 태자의 운명이 풍전등화처럼 흔들리고 있을 때 태자의 시독 정습명이 인종을 찾아왔다.

"폐하, 한 번 정한 태자를 쉽게 바꿀 수 없사옵니다. 후일 신이 잘 보필하겠습니다."

이 말에 인종의 마음이 바뀌어 의종은 간신히 태자직을 지킬 수 있었다. 이 일로 자신의 자질을 의심하는 인종의 속마음을 알게 된 의종은 부왕과 모후에 대해 불만을 품었다. 그리고 왕이 되자 무의식중에 그들이 염려한 바를 오히려 더 즐겼다.

건강한 자아의 형성에 필수적인 것이 '인정 욕구'의 충족이다.

이 욕구가 채워지면 자신의 가치를 경험하고 높은 자긍심이 유지된다. 그런데 의종은 부모가 자신을 버리려 했다는 데 충격을 받았다. 여기서 의종의 경계선 성격이 발생했다.

성장 과정에서 부모나 교사 등 의미 있는 타인으로부터 일관되고 안정적인 양육을 받지 못하면 불안정한 패턴이 인격 속에 내면화된다. 모든 경계선 성격이 부적절한 성장기에서 비롯되는 것은 아니고, 부적절한 성장기를 보냈다고 해서 모두가 경계선 성격이 되는 것도 아니다. 다만, 비일관적인 돌봄을 받고 자란 사람은 경계선 성격이 될 가능성이 크다.

경계선 성격의 특징은 감정의 기복이 극단적이라는 것이다. 좋으면 한없이 좋고 싫으면 한없이 싫다. 호감을 가진 사람을 이상화하며, 그랬다가도 한번 자기 기대에 어긋나는 순간 돌변해 가차 없이 증오하고 막말을 한다. 이들은 "나를 사랑해?"라고 물었을 때 상대가 "아니"라고 대답하면 즉시 "그럼 나를 미워하는구나"라고 반응한다. 자신의 어느 한 부분만 좋아하는 것을 이해하지 못하고 모든 것을 좋아하든지 싫어하든지 해야 한다. 이들의 기본 정서는 만성적 공허감이며, 왜곡된 관계를 통해서라도 그 공허감을 채울 사랑과 관심을 원한다. 대인 관계에서 과대 이상화와 과소평가를 반복하고, 자신에 대한 관심이 끊기면 자해 행동을 해서라도 다른 사람을 조종하려 든다.

만일 그런 사람이 왕이라면 어떻겠는가? 왕이 좋아서라기보다는 왕이 주는 떡고물을 기대하는 간신들이 주변에 득시글할 것이다. 의종이 그랬다. 의종 주변에는 나라가 어떻게 되든 그의 변덕스러운 기분을 맞춰 주는 데 혈안이 된 간신들뿐이었다. 의종은 간신들이 가지고 놀기에 딱 좋은 대상이었다. 왜냐하면 경계선 성격을 지닌 사람의 방어 기제는 투사나 동일시인데, 투사는 자기 감정을 상대에게 투사하는 것이므로 조금만 주의를 기울이면 경계선 인격자의 속마음이 무엇인지 알 수 있기 때문이다.

경계선 성격은 어떻게 개선될 수 있을까? 경계선 성격의 경우, 누군가를 극단적으로 부정하거나 칭송하면 그 성격이 강화된다는 것을 유념해야 된다. 아무리 악한 사람이라도 선한 면이 조금은 있을 것이고, 아무리 선한 사람이라도 안 좋은 면이 조금은 있을 것이다. 경계선 성격을 가진 사람들은 이를 염두에 두고 다른 사람들을 대하고 상황에 대처할 필요가 있다.

좋은 부모, 나쁜 부모가 따로 있는 것이 아니다. 상황에 따라 나쁜 면이 나타나기도 하고, 좋은 면이 나타나기도 한다. 그 사실을 받아들여야 융통성 있는 인격을 갖출 수 있다. 부모처럼 중요한 타인에게서 선과 악처럼 상반된 모습이 발견될 때, 동일 대상의 다른 행위로 보지 못하고 다른 모습의 분리 대상이라 여기는 것을 시작으로 경계선 장애는 진행된다.

경계선 성격을 가진 사람의 경우 감정의 충동이 일어날 때 자아가 약해진다. 이때 약한 자아를 보조해 주는 것으로 주의를 얼른 돌려야 한다. 행동으로 표출해 충동을 해소하려 하지 말고 차분히 말로 표현하거나 시원한 바람을 쐬거나 다른 생각을 해야 한다. 이렇게 충동적인 행동을 뒤로 미룰 방식을 찾다 보면 극단적인 경계선 성격도 서서히 중화된다.

경계선 성격을 가진 사람이 의종처럼 절대 권력을 쥐었다면 본능의 쾌락 원리에 따라 살아간다. 반면에 사회적으로 존재감이 미미한 사람들은 유기에 대한 두려움으로 만성적 공허감을 느끼고, 심한 경우 자해를 하기도 한다. 보통 사람들은 사실에 근거한 감정을 가진다. 이와 달리 경계선 성격을 가진 사람은 사실을 자신의 감정에 맞춰 왜곡해서 받아들인다. 이들은 인정받지 못했던 과거의 경험을 가까운 사람에게 투사한다. 그래서 자기의 부정적 표상과 대상 이미지가 융합되어 좋은 관계가 깨져 버리고 만다.

의종이 태자 자리를 지켜서 왕이 되는 데 지대한 공헌을 한 정습명은 인종에게 약속한 대로 의종이 방탕해지지 않도록 충심으로 보필했다. 임종 무렵 인종은 왕위를 이을 맏아들이 염려되어 다음과 같은 유언을 남겼다.

"치국당용습명언治國當用襲明言."

정습명의 말을 들으며 나라를 다스리라는 뜻이었다. 그런 아버지의 유언에도 놀기 좋아하는 의종은 정습명을 부담스럽게 느꼈다. 특히 정습명에게서 자신을 꾸짖던 부모의 모습을 보고는 그를 더욱 싫어하게 되었다. 간사한 김존중과 환관 정함은 이 기회를 놓치지 않았다.

"불충한 정습명을 멀리 보내셔야 합니다."

의종은 자신을 진정 위하는 충신이 누군지도 모른 채 간신의

  심리학으로 읽는 고려왕조실록

말만 듣고 정습명을 내쫓았다. 이에 정습명은 스스로 약을 먹고 목숨을 끊었다.

　이자겸과 묘청의 난으로 얼룩진 인종 24년 세월이 남긴 후유 증으로 의종도 즉위 초부터 개경 문신 세력의 견제는 물론이고 반역 음모로 늘 목숨의 위협을 받았다. 또한 여진족이 세운 금나라가 대륙 지배 세력으로 자리를 굳혀 고려의 국제적 지위가 상당히 위축되었다. 사정이 이렇자 본래 유흥을 좋아하던 의종은 현실 도피 겸 공허한 마음을 달래려고 더욱 향락에 빠져들었다.

　고려 왕조 초기부터 역대 왕들은 개경파와 서경파를 양대 축으로 서로 견제시키며 충성을 유도해 왕권 안정을 추구했다. 특히 서경파는 북진을 국시로 정한 고려 왕실의 주요한 세력 기반이었으나 묘청의 난 이후 몰락해 이 구도가 무너지고 말았다. 무엇보다 왕권 안정이 절실한 과제였으나 의종은 환관들에게만 의지하다가 무신 정변을 맞이했다.

정중부의 난으로 막을 내린 환관 정치

의종 초기에 정권을 주도한 세력은 김부식과 문하시중 임원후였다. 이들을 포함한 개경 문신 세력은 대간을 통해 의견을 내놓고, 만일 의종이 받아들이지 않으면 출근을 거부해 기어이 관철시켰다. 이런 지나친 압박에 답답해하던 의종은 환관 정함, 내시사령

영의, 형부낭중 김존중 등으로 근위 세력을 형성했다. 의종은 이들과 거의 매일 격구나 수박희(택견)를 즐겼다.

의종이 유희에 몰두하는 동안 서경에서 금나라와 내통한 이숙, 유혁, 숭황 등이 반란을 꾸미다 사형을 당했고, 다음 해에는 송나라 사람과 이심, 지지용 등이 역모를 공모하다 발각되어 처형되었다. 그러자 김부식, 정습명 등은 왕의 향락을 부추긴 자들을 처벌하라고 요구했다. 왕이 정사를 게을리하기 때문에 전국 각지에서 소요가 빚어지고 있다는 것이었다. 처음에 의종은 이들의 요구를 물리쳤으나 문신들이 강하게 밀어붙이자 어쩔 수 없이 내시 김거공, 환관 지숙 등 7명을 유배 보냈다.

이 일을 괘씸하게 여긴 의종은 눈엣가시 같은 정습명을 축출하고, 그를 제거하는 데 공을 세운 김존중을 승진시켰다. 권력을 쥔 김존중은 사이가 좋지 않았던 정서를 제거할 모략을 꾸몄다. 의종의 이모부인 정서와 동생 왕경이 친하게 지내자 정함과 공모해 둘을 역모죄로 몰았다. 마침 의종도 부왕과 모후의 총애를 받고 태자 자리를 차지할 뻔했던 왕경을 부담스럽게 여기고 있었다. 결국 정서와 그 측근도 유배를 보냈으나 모후의 눈치를 보느

정서가 남긴 〈정과정鄭瓜亭〉

정서는 유배지에서 고려 시대는 물론이고 조선 시대에도 널리 불린 그 유명한 〈정과정〉을 지었다.

내가 님을 그리워하여 울며 다니니/산 접동새와 나는 비슷합니다/그렇지 않으며 거짓인 줄은/새벽녘의 별과 달은 아실 겁니다/넋이라도 님과 함께 지내고 싶습니다/약속을 어기신 이가 누구십니까/잘못도 허물도 전혀 없습니다/뭇 사람들의 참언입니다/슬픕니다/님께서 나를 벌써 잊으셨단 말입니까/님이시여 마음을 돌이켜 내 말을 들으시어 사랑해 주세요

라 동생 왕경의 죄는 묻지 못했다.

정함과 결탁한 김존중은 매관매직을 일삼고 권세를 부리며 살다가 등창으로 눕게 되었는데 문병 오는 사람들의 줄이 동구 밖까지 늘어설 정도였다고 한다. 그가 죽자 의종은 심히 슬퍼하며 그에게 공신 칭호를 내리고 수문전 태학사로 추종했다.

정서의 역모 사건이 있은 지 6년 후인 1157년, 의종은 비밀리에 간신을 시켜 왕경의 죄를 상소하게 만들고 그 상소에 어쩔 수 없이 윤허하는 척하며 왕경을 천안부로 유배 보냈다. 어려서부터 영특하고 학문을 사랑해 모후에게 사랑을 받은 탓에 죄인이 된 왕경은 유배지에서 쓸쓸히 생을 마쳤다.

김존중과 함께 정서의 역모 사건을 꾸며 왕경을 없애는 데 큰 공을 세운 정함에게 의종은 합문지후의 벼슬을 내렸다. 고려 시대의 내관은 고자인 환관과 문관 출신으로 궁내 사무를 맡아보는 일반 내시가 있었는데, 정함은 공노비 출신의 환관이었다. 대신들은 문관직인 합문지후를 노비 출신인 환관에게 내릴 수는 없다며 반발했다. 3일 동안 대궐 문 앞에 엎드려 상소했으나 의종이 이를 수용하지 않자 중서문하성 모든 관원이 출근을 거부했다.

의종은 이런 소란을 자기에 대한 관심으로 받아들이고 은근히 즐겼다. 경계선 성격을 지닌 사람들은 어쨌든 자기가 관심의 중심이 되기를 바란다. 의종은 신하들의 공세에도 아랑곳하지 않고 격구를 즐기다가 돌연 정함의 벼슬을 거뒀다며 사태를 가라앉혔다. 그러나 얼마 뒤 정함은 복직되었다.

기어이 백관의 반열에 오른 정함은 본격적으로 궁내에 자기 패거리를 만들기 시작했다. 자신의 수족인 관노 왕광취와 백선연을 끌어들여 왕과 일거수일투족을 같이 하게 했다. 두 내시는 왕의 침전에도 들락거리며 권력을 행사했다. 심지어 "모든 왕명은 고자의 입을 통해 나온다"라는 말이 돌 지경이었다. 이를 보다 못한 좌정언 문극겸이 왕에게 상소를 올렸다.

"내시 백선연이 임금의 권한인 상벌을 남발하고 궁녀 무비와도 통정한다 하옵니다. 이들의 목을 베고, 또한 점쟁이 영의도 임금의 눈을 흐려 복을 빌고 재를 올리는 비용을 착복했사오니 추방하셔야 합니다."

하지만 의종은 웃으며 이 조서를 불태워 버리고 도리어 문극겸을 황주 판관으로 좌천시켰다. 점쟁이 영의는 반역자의 후손인데도 정함에 의해 내시로 발탁되었다. 영의는 영험이 있다는 사찰에 인종을 데리고 다니며 기도와 공양을 드리게 했다. 사찰들은 왕을 모셔 오라며 영의에게 뇌물을 건네기도 했다. 미신에 혹하지 말라고 대신들이 아무리 만류해도 의종은 듣지 않았다. 의종도 영험한 사찰에 재를 올린다는 명목으로 돌아다니기를 좋아했다. 얼마나 자주 행차를 했는지 호위 병사들이 식사도 못 해 길바닥에 쓰러져도 의종은 개의치 않았다. 이런 가운데 1167년 유시의 변이 일어났다.

왕이 밤에 연등을 구경하고 돌아오는데 김돈중의 말이 기사의 화살 통을 들이받아 화살 하나가 왕의 수레 곁으로 날아가 떨어졌다. 화들짝 놀란 의종은 환궁해 즉시 계엄을 선포했다. 왕이 명했다. "누구든지 적을 잡는 자에게는 신분에 상관없이 원하는 벼슬과 은 200근을 내릴 것이다."

신하들은 김돈중의 말이 실수한 것임을 알면서도 차마 사실대로 아뢰지 못해 엉뚱한 곳으로 불똥이 튀었다. 무고로 유배된 왕경 집안의 종인 나언 등을 범인으로 지목해 혹독하게 고문하고 허위 자백을 받아냈다. 그 결과 나언 등 4명은 참형을 당하고, 금군대정 최세보를 비롯한 호위병 14명도 근무 태만으로 귀양을 갔다. 정치적 희생양이 된 무신들은 이 일로 절치부심하게 되었다.

이 일이 있기 전에도 김돈중이 무신을 무시한 사건이 있었다. 김돈중은 김부식의 아들이었는데, 인종 22년(1144) 과거에 급제한 후 내시로 임명되었다. 그는 섣달 그믐날 잡귀를 쫓는 나례 행사에서 왕을 호위하던 견룡대정 정중부(1106~1179)를 보자 촛불을 들고 다가가 그의 수염을 태워 버렸다. 거인인 데다 이마가 넓고 수염이 고와 어디서든 군계일학群鷄一鶴이었던 정중부의 멋진 풍채를 시샘했던 것이다. 화가 치민 정중부는 김돈중을 기둥에 묶고 흠씬 두들겨 팼다. 이 소식을 들은 김부식이 인종에게 달려와 감히 무신이 문신을 구타했다며 정중부를 매질하라고 하자 인종은 그러겠다고 하고는 정중부를 피신시켰다. 이 일로 정중부는 물론이고 무신 전체가 문신에게 원한이 쌓였다.

인종에 이어 등극한 의종은 유달리 문신을 우대하고 무신을 천대했다. 의종 5년에 김부식이 죽자 김돈중은 의종을 충동질해 매일같이 경치 좋은 곳에서 풍류를 즐겼다. 무신들은 24년간 그런 왕을 호위했으나, 왕이나 문신들에게 술 한잔 하사받지 못하고 오히려 혹사만 당했다. 어느 날 환관 백선연이 왕을 꼬드겨 예성강에 뱃놀이를 하러 가는데 문극겸이 가로막으며 간했다.

"이제 황음荒淫을 중단하시고 저 백선연의 머리를 당장 베십시오. 그렇지 않으면 크게 후회하실 날이 옵니다."

그래도 왕은 충신의 말보다 간신의 말을 들었고, 급기야 유시의 변이 터지며 무신들의 불만이 폭발 직전에 달했다.

의종 24년(1170) 8월 29일, 이날도 의종은 화평제에서 문관들과 질펀하게 연회를 즐기고 있었다. 이렇게 한번 유흥이 시작되면 며칠간 계속되었다. 밖의 호위 군인들이 굶주림 속에 불만을 토로하며 분노가 극에 달하자 이의방(?~1174)과 이고(?~1171)가 정중부에게 거사를 종용했다. 정중부는 김돈중이 자신의 수염을 태웠던 일을 떠올리며 치를 떨었다. 그는 다음과 같이 말했다.

"왕이 환궁하면 다음 기회를 노리고, 만일 보현원으로 가거든 당장 거행합시다."

그런 줄도 모르고 의종은 환궁하지 않고 다음 날 또 연회를 열자며 보현원으로 향했다. 가는 도중 문신들을 불러 술을 마시더니, 무인들의 재주를 보자며 느닷없이 오병수박희를 시켰다. 칠십이 다 된 대장군 이소응과 젊은 장교가 시합을 벌였는데 이소응이 노약한 탓에 도중에 포기했다. 이를 보던 문반 5품 한뢰가 갑자기 나서서 대장군 이소응의 뺨을 후려쳐 이소응이 나뒹굴었다.

그러자 문신들은 대장군이 문신의 손바닥에 무너졌다며 손뼉을 치면서 비웃었다. 이때 화가 치민 정중부가 소리쳤다.

"네 이놈, 5품 주제에 대장군에게 모욕을 주다니!"

이에 의종은 사태가 심상치 않음을 눈치채고 정중부를 달래 다시 보현원으로 향했다. 의종 행렬이 보현원에 이르는 동안 이고와 이의방은 순검군을 동원해 보현원 주변에 집결시켜 놓고, 정중부와 거사할 때 무신은 복두를 벗고 우단(오른쪽 어깨를 벗는 것)을 하기로 약속했다.

아무것도 모르는 왕이 정자 안에 들어가 앉자 무신들은 일제히 칼을 뽑아 이복기, 임종식 등 문신 관료와 환관 등 50여 명을 그 자리에서 베었다. 문신은 가리지 않고 보이는 대로 죽였는데, 이때 미처 복두를 벗지 못한 일부 무신도 살해되었다. 이런 아수라장에서 이의방과 이고 등은 군사를 먼저 대궐로 보내 태자궁의 신하들과 고위 관료들을 죽였다. 의종이 살육을 멈추라고 했지만 정중부는 못 들은 척했다.

반란 소식을 듣고 김돈중이 도망을 가자 정중부는 막대한 상금을 걸고 수배했는데, 김돈중의 하인이 감악산에 숨어 있다고 알려 줘 그를 찾아내 죽여 버렸다. 이렇게 정권을 잡은 정중부는 의종을 무비와 함께 거제도로 유배 보내고 의종의 동생 왕호를 옹립했다. 이리하여 의종은 고려의 세 번째 폐위 군주가 되었다.

7장

무신 정권이 고려 왕조를 희롱하다

방어 기제와 성숙 – 제19대 명종, 제20대 신종,

제21대 희종, 제22대 강종, 제23대 고종, 제24대 원종

명종

매우 소심해서 자신을 왕의 자리에 앉혀 준 무신들을 치켜세우기에 바빴다. 무기력에 빠져 상황을 회피하니 무신 세력이 판을 치고 연이어 반란이 일어났다.

::

신종

꼭두각시 노릇을 하도록 최충헌이 세운 왕이다. 늙은 나이에 즉위한 신종은 노년기에 자아 통합을 이루지 못하고 절망적 감정에 휩싸여 지냈다.

::

희종

아버지와 달리 왕권을 회복하려고 마음먹은 희종은 내시들과 짜고 최충헌 제거 계획을 실행하다 도리어 폐위당하고 말았다.

::

강종

희종의 역습에 크게 놀란 최충헌이 다시 신종처럼 말 잘 듣는 왕을 앉히기 위해 고른 사람이 늙고 병든 강종이었다.

::

고종

조용히 왕권 회복을 모색하는 가운데 몽골의 침입으로 강화도로 천도했다. 주위와 안전 거리를 유지하며 기회를 기다리다 최씨 무인 정권의 종말을 보고 왕권을 되찾았다.

::

원종

자료 주도형인 원종은 상황을 객관적으로 판단하고 몽골을 이용해 무신 정권을 종식시 켰다. 그러나 친몽 정책으로 고려의 자주권을 약화시킨 역효과도 있었다.

명종의 학습된 무기력

명종(1131~1202)은 마흔 살에 정중부, 이의방 등 무신 세력의 추대로 고려의 제19대 왕이 되었다. 그는 인종의 셋째 아들로 본래 소심하고 우유부단했던 데다, 무신들이 모든 권력을 장악한 상황인지라 살아남기 위해 늘 노심초사했다.

무신 덕분에 왕위에 오른 명종은 정중부 일파가 원하는 대로 관직을 임명했다. 참지정사에 정중부, 대장군 위위경에 이고, 대장군 전중감에 이의방을 앉혔으며, 이 세 사람을 벽상공신이라 칭하고 이들의 초상을 전각에 붙여 만인이 우러러보게 했다. 무신들이 수단과 방법을 가리지 않고 권력을 차지하려 하고, 새로운 도전자가 그 자리를 노리는 악순환이 반복되었다. 하극상의 시대가 된 것이었다.

왜 명종은 허수아비 왕에 머물렀을까? 그는 아버지 인종이 신하들에게 휘둘리는 모습과 형 의종이 향락에 빠져 지내는 모습을 보았다. 이런 역할 모델을 보고 자란 데다 자신이 즉위할 즈음에는 무신의 반란으로 왕실이 처참하게 짓밟혔다. 한마디로 명종이 본보기로 삼을 만한 인물이 없었고, 왕권을 행사하기에는 상황이 너무 험악했다. 이처럼 과거의 부적절한 경험에 사로잡힌 상태를 마틴 셀리그먼은 '학습된 무기력'이라 했다.

셀리그먼은 개를 실험 상자에 가둬 놓고 전기 충격을 가하는 실험을 했다. 처음에 개는 전기 충격을 받자 실험 상자를 뛰어넘으려고 시도했다. 그러나 계속 실패하자 결국 포기했다. 전기 충격을 피할 수 있는 상황을 만들어 주어도 아예 탈출을 시도하지도 않았다. 명종도 비슷하게 국가 기강을 바로 세우고 파탄 난 민생을 안정하기 위해 무언가를 시도해 보려고 하지 않았다. 체념한 채로 그저 왕 자리를 보전하기에만 급급했다.

명종처럼 학습된 무기력에 빠져 있는 사람들이 주로 사용하는 방어 기제는 회피다. 방어 기제란 자아가 무의식적으로 불안감을 줄이거나 제거하는 방법으로 억압, 투사, 합리화, 반동 형성, 고착, 퇴행, 부정, 격리, 자기애, 회피 등이 있으며, 가장 성숙된 방어 기제는 승화다. 자신의 존재와 행위에 대해 타인과 주변 환경의 부정적인 반응이 계속되면 무기력이 내면화될 수 있다. '나는 무얼 해도 안 되는구나' '내가 하는 일마다 조롱거리군' 하는 생각이 거듭될수록 소극적이 되고 창의적 사고가 막히며 주입된 의견을 따르게 된다.

학습된 무기력을 벗어나는 데는 주위의 칭찬과 격려가 필요하며, 그보다도 더 중요한 것은 스스로 자기 자신을 격려하고 칭찬하는 것이다. "너라면 할 수 있어!" "그래, 다시 한 번 해 보는 거야." 의욕적으로 목표를 향해 뛰게 만드는 힘은 이 같은 주변의 긍정과 자기 격려다. 이 두 가지가 모두 없었던 명종은 무신 정권에 억눌려 왕으로서의 역할을 제대로 하지 못했다.

천민까지 들고일어나다

명종 1년(1171)에 일어난 이고의 반란도 왕의 통치권이 유명무실한 데서 비롯되었다. 정중부와 이의방보다 대접을 못 받는다고 느꼈던 이고는 반란을 꾸미다가 이의방과 채원에게 발각되어 죽임을 당했다. 얼마 후에는 채원이 반란을 획책하다가 이의방에게 걸려서 죽었다. 이 두 사건을 처리하면서 이의방의 힘은 정중부보다 커지게 되었다.

두 번의 역모를 해결하는 데 공이 가장 컸던 것은 이의민(?~1196)이었다. 무신 정변 당시 이의민은 수많은 문신을 거침없이 참살하고 이의방의 신임을 얻어 장군에 올랐다. 또한 이의민은 의종과 함께 거제도에 있던 무비를 개경으로 압송해 이의방에게 첩

셀리그먼은 자신의 책 《긍정심리학》에서 실험에 사용된 개와 흰쥐가 모두 학습된 무력감에 빠진 것은 아니라고 밝혔다. 또한 실험에 참가한 모든 사람이 해결할 수 없는 문제나 피할 수 없는 소음을 겪고 나서 무력해진 것도 아니었다. 셀리그먼은 이처럼 심한 고통에도 무너지지 않고 이겨 내는 사람들의 특징으로 낙관성, 긍정적인 마음을 발견하고 '긍정심리학'을 창안하게 되었다.

으로 바쳤다. 이런 이의민을 거느린 이의방은 무신 정권의 일인자로서 정중부도 섣불리 그를 건드릴 수 없었다.

1172년에는 귀법사 승려들이 도성으로 쳐들어왔다가 이의방의 군사에 밀려 도망갔다. 다음 해에는 의종을 복위시켜야 한다며 동북면 병마사 김보당이 거병해 거제도에 있던 의종을 계림(오늘날의 경주)에 데려왔다. 이때 무비는 이의방에게 후환이 없도록 의종을 없애라고 했고, 의종은 결국 이의민에게 죽임을 당했다.

정중부 쪽에서 이의방을 노리고 있던 때인 1174년, 서경유수 조위총이 정중부와 이의방을 타도하겠다며 서경에서 난을 일으켰다. 윤인첨이 진압군을 거느리고 나섰지만 대패하자 이의방이 직접 출전했다. 전날 밤 무비는 하늘에서 적성이 떨어지는 꿈을 꾸고 이의방에게 몸조심하라고 심부름꾼을 보냈으나, 이미 정중부의 아들 정균이 승려 종감과 모의해 이의방을 살해한 뒤였다. 무비는 이의방의 시신을 거둔 후 머리를 깎고 속세를 떠났다.

이의방이 사라진 후 정권은 정중부에게 넘어갔다. 조위총의 난은 1176년 6월 가까스로 평정되었으나, 그 전인 1월 천민 집단인 명학소에서 망이와 망소이가 난을 일으켰다. 명학소는 신라 말기에 후백제의 땅이었는데 이곳 사람들은 왕건과 결사적으로 싸웠다. 왕건은 이곳을 점령한 후 모두 천민으로 전락시켜 이곳 사람들은 성을 가질 수도 없었고 몇 배 더 과중한 세금을 내야 했다.

망이와 망소이가 난을 일으키자 짐승과 같은 삶을 살던 수많은 사람이 모여들어 망이를 산행병마사로 추대하고 단숨에 공주성을

  심리학으로 읽는 고려왕조실록

망이·망소이 민중 봉기 기념탑

명학소의 천민 망이와 망소이 형제는 굶주린 농민을 모아 난을 일으켰으나 조정에서 보낸 토벌군에 의해 1년 반 만에 진압되었다. 그동안 명학소의 위치를 놓고 의견이 분분했으나 최근 역사학계의 연구 결과 대전시 서구 탄방동으로 확인되었으며, 망이·망소이 민중 봉기 기념탑이 이곳 남선공원에 세워졌다.

공격해 점령했다. 이에 자극을 받아 주변 고을뿐 아니라 전라도, 경상도, 평안도 등에서도 농민이 들고일어나 악질 관료들을 처단했다. 명종이 보낸 토벌군이 반란군에 대패하자 조정에서는 선유사를 보내 망이에게 회유책을 내놓았다. 명학소를 충순현으로 승격하고, 반란군 지도자를 관료로 등용하며, 세금을 경감한다는 선유사의 감언이설에 망이는 1177년 1월 개경에 가서 항복했다.

그러나 반란군이 해산하자 토벌군이 명학소에 들이닥쳐 주민을 죽이고 망이의 노모와 아내를 잡아갔다. 뒤늦게 속았다는 것을 깨달은 망이는 망소이와 더불어 다시 난민을 모았다. 이들은 필사적으로 싸워 서산의 개심사를 습격하고 황려현(오늘날의 여주)과 진주(오늘날의 진천), 청주 인근 지역까지 대부분 점령했다. 토벌군과 농민군 사이에 치열한 전투가 벌어졌으나, 마침 농사철을 맞아 농민이 빠져나가는 바람에 농민군의 전력이 약화되고 결국 망이와 망소이가 체포됨으로써 1177년 7월에 진압되었다.

 무신들의 세력 다툼

전국 각처에서 크고 작은 반란이 끊이지 않는 가운데 명종은 허울만 왕일 뿐 무신들의 권력 다툼을 바라만 보고 있었다. 이의방을 제거한 정중부 세력은 정중부의 사랑방에서 정사를 처리했는데, 그게 바로 중방 정치였다.

정중부 정권의 2인자는 송유인이었다. 그는 송나라와 무역을 하던 상인 서덕언의 처와 결혼했는데, 천한 신분이었지만 재산을 보고 아내로 삼은 것이었다. 이렇게 해서 큰 부자가 된 송유인은 환관에게 뇌물을 주고 3품직을 얻었다. 송유인이 문신과 어울리는 가운데 무신의 난이 일어났다. 그러자 그는 문신을 멀리하고 재빨리 아내를 멀리 보내 버린 뒤 정중부의 딸에게 장가를 갔다. 교활한 송유인은 장인인 정중부가 권력을 잡자 아예 왕의 별궁인 수덕궁에 들어가 살면서 왕에게 평장사 벼슬을 달라며 행패를 부렸다. 이런 송유인의 만용은 정중부 정권의 수명을 단축시키고 있었다.

정중부의 아들 정균은 전처를 버리고 명종의 딸인 수안 공주를 탐했다. 공주와 세 번째 결혼을 하겠다고 하자 명종은 당황해 어쩔 줄 몰라 했고, 조정의 대신과 하급 무사들까지 분노했다. 민심은 명종도 정중부도 아닌 새로운 지도자를 원했다.

이때 젊은 장수 경대승(1154~1183)이 허승 등과 결사대를 조직해 1179년 9월 정중부를 비롯해 송유인, 정균 등 정중부의 측근을 살해했다. 이후 4년간은 경대승의 시대였는데, 실권을 장악한 경대승은 도방을 설치해 정사를 처리했다. 그러나 이고, 이의방, 정중부 등 권력 남용자들의 비참한 말로를 잘 알고 있었기에 늘 마음이 편치 않았던 그는 신경 쇠약으로 1183년 7월 정중부의 귀신이 보인다는 헛소리를 하더니 급사했다.

이때가 명종이 왕권을 회복할 절호의 기회였다. 그러나 무기력에 빠져 현실을 주도적으로 개선할 의지가 없던 명종은 조정 신하들이 극구 말리는데도 불구하고 이의민을 찾았다. 경대승을 피해 경주에 숨어 살던 이의민은 명종이 병부상서까지 내리자 다시 상경해 정권을 잡았다.

이의민은 지레 겁을 먹은 명종을 특유의 포악함으로 억누르며 13년간 정권을 장악했다. 그는 아버지가 소금 장수에, 어머니는 여종 출신으로 신분이 워낙 천해 권력을 잡고도 폭넓은 지지를 받지 못했다. 이의민의 아내도 남편과 눈이 맞은 여종을 때려죽일 만큼 포악했다. 이런 이의민이 몰락하게 된 결정적 계기는 그의 아들 3형제의 횡포였다. 이들의 만행이 얼마나 심했던지 이의민조차 아들들을 처벌해 달라고 왕에게 요청했을 정도였다.

1196년 초에 이의민의 아들 이지영이 최충헌(1149~1219)의 동생 최충수의 비둘기를 탐내더니 강탈해 갔다. 이를 항의하러 찾아간 최충수와 이지영이 큰 싸움을 벌였는데, 앙심을 품은 최충수는 형에게 이의민 일당을 처단하자고 했다. 신중한 성격의 최충헌은 처음에 만류했으나 최충수가 완강히 주장하자 그해 4월 이의민 세력을 제거했다.

<봉사 10조>

1. 왕은 연경궁으로 돌아간다.
2. 원래 제도에 따라 관리의 수를 줄인다.
3. 토지대장에 따라 토지를 원주인에게 돌려준다.
4. 징세에 따르는 횡포를 금지한다.
5. 각 지역 관리의 공물 진상을 금한다.
6. 승려의 왕궁 출입과 곡식 대여를 금한다.
7. 고을을 다스리는 관리를 가려서 징벌한다.
8. 신하는 저택과 복식의 사치를 금하고 검소한 생활을 한다.
9. 함부로 사찰을 건립하는 것을 금한다.
10. 신하의 간언을 용납한다.

  심리학으로 읽는 고려왕조실록

이듬해 최충헌은 명종의 폐정을 꾸짖는 '봉사 10조'를 올렸고, 명종이 이를 이행하지 않고 국고만 축낸다면서 창락궁에 유폐하고 신종(1144~1204)을 왕위에 올렸다.

 ## 신종, 늙은 허수아비 왕

고려의 제20대 왕 신종은 인종의 다섯째 아들로, 즉위할 때 나이가 54세였다. 평균 수명이 40세 정도였던 당시에는 완전히 노인에 속했다. 신종의 재위 7년 동안 최충헌은 자신의 후손이 장기 집권할 기반을 마련했다.

노쇠한 신종은 최충헌이 마음대로 다룰 수 있는 꼭두각시 왕이었다. 신종처럼 성인이 되도록 주도적으로 삶을 살지 못한 경우 모든 과거를 남의 탓으로만 돌리기 쉽다. 이런 사람들은 노년기에 이뤄야 할 '자아 통합' 대신 절망적 감정의 지배를 받기 쉽다.

노년기에 자아 통합을 이루려면 중년기를 잘 보내야 한다. 중년기는 생의 상승과 하강 곡선이 잠시 머무는 잠정적 시기인 동시에 정체성의 혼란으로 위기가 동반된다. 이런 중년 초입에 친밀감과 고립을 느끼고 이어서 생산성과 자아 탐색을 겪은 다음, 노년기에 자아 통합 또는 절망으로 갈리게 된다. 따라서 중년기에 가족, 친구 등 주변과의 동반자적 관계를 잘 정립해 자신을 지지해 주는 사람을 곁에 둬야 자신감이 유지되고, 이 자신감을 통해 노년기에 자아 통합을 이뤄 삶의 여유를 누릴 수 있다. 반대의 경우는 불만족과 고립감에 빠져 정신적 허무와 위축감을 느끼게 된다.

신종은 즉위와 동시에 병권과 인사권을 최충헌 세력에 빼앗겨 왕이라고 하기도 민망한 처지였다. 왕의 권위가 땅에 떨어진 상태인지라 그 권력을 서로 차지하려는 싸움이 일어났다. 최충수가 자기 딸을 태자비로 삼으려 하자 최충헌이 이의방의 예를 들며 반대했다. 그러나 한번 마음먹으면 이뤄 내야만 직성이 풀리는 최충수가 사병을 일으켜 최충헌에 대항했다가 패배해 목숨을 잃었다.

최충헌은 무신들의 합의 기구인 중방 대신 자신의 사병 조직인 도방을 강화했다. 왕도 그를 만나 보기 힘들 정도로 최충헌의 위세는 하늘을 찔렀다. 자신의 권력 기반을 확고히 하기 위해서라면 친족도 없애 버리는 최충헌의 전횡이 극심해지자 전국 각지에서 민란이 끊이지 않았다.

1198년, 최충헌의 종 만적은 "왕후장상에 씨가 따로 있더냐!"라고 부르짖으면서, 노비들에게 상전을 죽이고 천적(노비 문서)을 불태우자며 반란을 이끌었다. 그러나 거사를 벌이기로 한 날에 수백 명밖에 모이지 않자 날짜를 미뤘는데 밀고를 당해 실패하고 말았다.

그다음 해에는 명주(오늘날의 강릉)에서 일어난 도적이 삼척과 울진을 장악하자 경주에서도 도적이 들고일어나 이들과 연합했다. 이런 소요를 겨우 진정시키면 또 다른 난이 연이어 터졌다. 진주 민란, 밀성 관노의 난, 운문 난민의 소동, 경주에서 이의민의 후손이 일으킨 난 등 저항은 걷잡을 수 없이 거듭되었다.

이처럼 전국적으로 소요가 계속되는 가운데도 최충헌은 벼슬이 계속 올라 1203년 12월에는 행정권까지 완전히 장악했다. 이런 최충헌을 그저 바라만 볼 수밖에 없었던 신종은 등창이 나서 자리에 누웠다. 신종의 병이 위중하다는 것을 알고 최충헌은 신종을 압박해 맏아들에게 선위하도록 했다. 1204년 1월 희종(1181~1237)에게 왕위를 물려준 신종은 61세의 나이에 눈을 감았다.

 ## 폐위된 희종과 그 뒤를 이은 강종

희종(고려의 제21대 왕)이 왕위에 오른 뒤에도 최충헌이 실권을 쥐고 있기는 마찬가지였다. 그러나 최충헌에 의해 추대된 신종과 달리 어쨌든 정통성을 갖춘 희종은 최충헌을 제거하고 왕권을 회복하려는 뜻을 품게 되었고, 개경의 분위기도 그렇게 조성되었다. 희종 즉위 원년인 1204년 7월 장군 이광실이 하급 관리 30명과 함께 최충헌 부자 살해를 모의하다가 발각되었다. 1205년 최충헌은 일인지상 만인지하인 문하시중에 오르고, 1206년에는 진강후로 책봉되어 흥녕부를 세웠다. 한편 이규보를 비롯한 문신을 등용해 무인 중심의 삭막한 정치 현장에 문운文運이 돌게 했다.

1209년 4월에는 청교역리들과 여러 사찰의 승려들이 최충헌을 죽이려고 공모했다가 탄로가 나고 말았다. 이를 계기로 범인을 잡기 위한 교정도감을 설치했는데, 이때부터 무신들의 합의 기구인 중방이 유명무실해졌다.

한편, 왕을 압도하는 권세를 지닌 최충헌도 왕까지 가담한 계획에 목숨을 잃을 뻔한 일이 있었다. 힘없이 왕좌만 지키던 아버지와는 다른 왕이 되고 싶었던 희종은 측근 내시들과 최충헌을 제거할 계획을 오랫동안 치밀하게 준비했다.

재위 7년째 되던 해인 1211년 12월 드디어 기회가 왔다. 최충헌이 왕에게 형식적인 보고를 하기 위해 궁에 왔는데, 내관이 최충헌을 따라온 부하들에게 임금이 하사한 술과 음식을 먹으러 가자고 거짓말을 했다. 이렇게 이들을 꾀어 죽이고 최충헌도 처치하려 했으나 바깥의 소란을 알아챈 최충헌이 지주사 다락에 숨으면서 무산되었다. 여기서 희종과 최충헌의 역사적 운명이 다시 갈렸다. 최충헌의 위기를 전해 들은 김약진과 정숙침이 궁궐로 달려와 최충헌을 구해 내고, 전세가 역전되어 희종 편이 위험에 처했다.

그러나 최충헌은 희종을 죽이지는 않았다. 얼마든지 폐왕을 관리할 수 있고, 왕을 죽여 봐야 민심만 잃는다고 생각했다. 최충헌은 명종, 신종, 희종, 세 왕을 축출하면서도 제 손으로 목숨을 빼앗지는 않았다. 내시낭중 왕준명, 참정 우승경, 추밀원 사홍적 등 역모 관련자를 죽이거나 귀양 보냈고, 희종을 폐하고 명종의 맏아들 왕정을 왕위에 앉혔다. 그가 고려 제22대 왕 강종(1152~1213)

이다.

희종과 사촌 관계인 강종은 최충헌이 이의민을 꺾고 권력을 장악했을 때 명종이 쫓겨나면서 강화도로 유배되었다. 그 후 14년간 강화도에서 지내다가 개경으로 돌아와 한남공에 봉해지고 희종에 이어 왕이 되었다. 희종의 반역에 충격을 받은 최충헌은 '최충헌에 의한, 최충헌을 위한, 최충헌의 왕'이 필요했다. 그 적임자로 간택된 강종은 나이 예순에 뜻하지 않게 왕이 된 것이다.

강종은 어릴 때부터 무인 세력의 억압하에 지내 온 데다 오랜 유배 생활로 심신이 허약해져 있었다. 바로 최충헌이 원하던 왕이었다. 최충헌의 기대대로 강종은 모든 국사를 최충헌이 별감을 맡은 교정도감에 일임하고 무신의 명예를 세워 주는 일만 했다. 그러다 강종은 왕이 된 지 1년 8개월 만인 1213년 8월 지병이 악화되어 태자 왕진에게 선위하고 세상을 떠났다.

 ## 고종, 대를 이어 세습된 최씨 무인 정권을 관망하다

고려의 제23대 왕 고종(1192~1259)의 재위는 45년 10개월간 지속되었다. 이 기간 동안 몽골이 일어나 금나라가 몰락하고, 거란이 동쪽으로 밀려나면서 고려를 침략하게 되었다. 전 아시아가 전쟁에 휩쓸렸을 때 고려도 예외는 아니었다.

대외적으로 이런 상황에서 대내적으로는 무신 정권의 암투 그

칭기즈 칸

몽골 제국의 제1대 왕으로 본명은 테무친이다. 1206년 몽골 제국의 칸에 올랐으며, '칭기즈 칸'이란 '우주의 군주'를 뜻한다. 몽골의 유목 부족을 통일하고, 중국과 중앙아시아, 동유럽 일대를 정복해 인류 역사에서 가장 넓은 영토를 차지한 몽골 제국을 건설했다.

리고 이를 이용하려는 고종의 끈질긴 노력이 계속되었다. 사실 고종 대에 최충헌의 권력은 그 어느 때보다 강성해져서 왕도 아닌 신하가 절대 권력을 세습할 수 있는 기반이 형성되었다. 이런 악조건을 헤치고 고종은 은근과 끈기로 왕권 회복의 돌파구를 모색하고 있었다.

북방에서는 테무친(?1162~1227)이 여러 부족이던 몽골을 통합해 강력한 통일 국가를 만들고 1206년 칭기즈 칸이 되었다. 그는 강력한 기병을 이끌고 세계 정복을 꿈꿨다. 몽골의 압박을 받은 거란이 압록강을 건너 밀려오기 시작했다. 1218년 12월, 몽골 장수 카치운이 거란군을 소탕하겠다는 명분으로 1만 군사를 이끌고 고려 동북부에 들어왔다. 당시 고려는 거란과 싸우는 중이었는데 함께 거란군과 싸워 줄 테니 군량미를 내놓으라는 것이었다.

거란을 물리치는 일이 급한 때라 고려는 조충과 김취려를 내보내 몽골, 동진과 연합군을 형성하게 했다. 연합군의 장수들이 한자리에 모여 강동성 공략 작전을 세우고 술잔을 돌려 마시는데 카치운이 몽골의 풍속대로 칼로 고기를 잘라 조충과 김취려의 입에 넣어 주었다. 조충과 김취려는 처음에 당황했으나 개의치 않고 함께 즐겼다.

연합군이 강동성 공격을 시작하자 거란은 성문을 굳게 닫고 몇달을 버텼으나 결국 집중 공격을 이겨 내지 못하고 1219년 2월항복했다. 하지만 전투가 끝난 후에도 몽골군은 돌아갈 생각을 않고 도와준 은혜를 갚으라고 요구했다. 결국 고려는 몽골과 형제

맹약을 맺고 해마다 공물을 바치기로 했다.

맹약이 체결되자 몽골은 포리대완을 사신으로 개경에 보냈다. 포리대완은 개경의 역관에 머물며 왕이 직접 거기에 오라고 무례한 요구를 했다. 신하들이 황당해하며 비난하자 포리대완은 마지못해 왕을 찾아갔다. 그는 화살 통을 맨 채로 고종의 손을 잡고 국서를 건네주려 했는데, 이런 모멸을 당해도 신하들은 아무 말도 하지 못했다. 그때 최선단이 울면서 "어찌 오랑캐가 지존을 가까이하게 할 수 있는가"라며, 암살을 시도해도 막지 못할 것이라고 하자 포리대완도 놀라 화살을 내려놓고 옷을 갈아입은 후 고종을 만났다.

고려, 동진, 몽골은 거란이라는 공동의 적이 있을 때는 비교적 관계가 원만했으나, 거란이 분열하자 고려와 몽골의 관계가 악화되었다. 한편, 거란을 소탕하고도 의주에 머물던 몽골군은 마침 칭기즈 칸이 아랍 공략에 나서면서 병력이 부족하자 자진 철군했다.

1218년, 일흔이 된 최충헌은 마침내 사직하겠다고 했다. 하지만 고종은 그에게 궤장을 하사하며 계속 국사를 보게 했을 뿐만 아니라 왕 씨 성까지 내렸다. 왕권을 회복하기에 좋은 기회였는데 왜 고종은 물러나겠다는 최충헌을 만류했을까?

고종은 최충헌의 본심을 안 듯하다. 최충헌은 자신이 세운 희종이 한동안 자기 말을 잘 듣다가 내시 등과 짜고 자신을 없애려 한 배신을 경험했다. 자신이 왕위에 앉힌 고종을 시험이라도 하듯 최충헌은 은퇴를 선언했다. 만약 이때 고종이 최충헌의 사직을 순순히 받아들이고 자기 뜻대로 권력을 개편했다면 고종은 희종과 다를 바 없이 내쳐졌을 것이었다.

당시 최충헌은 현직에서 물러나더라도 고종을 퇴위시킬 수 있는 힘을 가지고 있었다. 최충헌의 가병家兵이 병기를 들고 성곽을 순찰하고 있었고, 그들이 수하 병졸을 확보하기 위해 닥치는 대로 끌고 가는 바람에 집집마다 문을 닫고 외출을 자제할 정도였다. 이런 상황을 잘 알았던 고종은 최충헌의 사직을 받아들이기는커녕 예를 갖춰 그를 붙잡았던 것이다.

그러나 인간이 천만년 살 수는 없는 노릇. 최씨 3대 정권 60년의 기틀을 마련한 최충헌도 1219년 71세에 노환으로 세상을 뜨고 말았다.

최충헌은 일찍이 상장군 송청의 딸과 결혼해 최우(?~1249)와 최향을 낳았고, 손홍윤의 아내였던 임씨에게 반해 손홍윤을 처치한 후 임씨에게서 최성을 얻었다. 또한 강종의 딸 왕씨와는 최구를 낳았다. 최충헌이 몸져누웠을 때 최우와 최향은 교정별감 자리를 노리고 있었는데, 결국 최우가 그 자리에 올랐다. 최씨 형제가 권력 다툼을 할 때 고종은 간섭도 하지 않았고 이용하려 하지도 않았다. 그저 묵묵히 일의 추세를 지켜보기만 했다.

최충헌의 뒤를 이어 권력을 잡은 최우는 아버지 못지않게 권력욕이 강하고 용의주도한 인물이었다. 그는 먼저 아버지의 금은보화를 고종에게 바치고, 아버지가 강제로 빼앗은 공사의 전민田民을 본래 주인들에게 되돌려주었다. 더불어 한림의 가난한 선비를

많이 등용하는 등 인심을 얻으려고 노력
했다.

한편, 홍주에서 귀양살이를 하던 최향
은 불만을 품고 사람들을 모아 반란을 일
으켰다. 이에 최우는 최향 무리를 토벌하
도록 했고, 최향은 그 와중에 붙잡혔다가
곧바로 생을 마감했다.

 ## 백성의 대몽 항쟁

최우는 본격적으로 권력 강화 작업에 착수하면서 정방과 서방을
설치했다. 정방에서는 모든 국사를 결정하고 서방에서는 문인들
을 모아 숙직하게 했으니 최우는 문무 양반을 직접 거느리게 되
었다. 최우는 대청마루에 앉아 백관이 올리는 보고서를 받았다.
6품 이하는 엎드려 감히 그를 쳐다보지도 못했다. 최우가 보고서
를 보고 직접 비목을 써서 왕에게 보내면 왕은 그대로 따를 뿐이
었다.

당시 최우의 위세를 알 수 있는 일화가 많다. 최우의 사조직인
마별초에만 소속되어도 대단한 영광이었는데, 마별초들은 처가에
몽골 의복과 말안장을 사 달라고 요구했다. 처가가 재력이 안 되
면, 그들은 아내를 버리고 돈 많은 여자와 다시 결혼하기도 했다.

최우는 자기 종의 자식인 안석정을 어사중승 자리에 앉히고, 격구장을 짓는다며 민가 수백 채를 헐기도 했다. 심지어 부인 정씨가 죽었을 때는 고종이 왕후의 예로 장례를 치르도록 했으니 최우의 위치가 왕에 버금갔음을 짐작할 수 있다.

최우가 전횡을 저지르는 가운데 1225년 초, 고려에 온 몽골 사신 저고여가 귀국길에 국경에서 도적들에게 피살당하는 사건이 발생했다. 이는 여몽 전쟁의 도화선이 되었다. 그동안 몽골에서는 칭기즈 칸이 죽고 아들 오고타이가 황제가 되었다. 오고타이 칸은 직접 군사를 거느리고 금나라를 공격하는 등 아버지처럼 영토 확장에 적극적이었다.

저고여 살인 사건을 계기로 국교를 단절한 몽골은 1231년 8월 마침내 고려를 침입했다. 대군을 이끌고 온 살리타는 4개월 만에 예성강까지 내려와 개경을 공포에 빠뜨렸다. 살리타는 고종에게 왕자를 보내라고 했는데, 이때 회안공 왕정이 왕자인 것처럼 몽골군에 가서 화의를 시도했다. 왕정은 저고여를 살해한 것은 금나라 소행이라고 설득하며 준비해 간 보물을 몽골 장수들에게 나눠 주었다.

당시 몽골군 일부는 왕도王都를 압박하고 일부는 경기도와 충청도까지 내려왔는데 귀주성과 충주성에서 묶였다. 서북병마사 박서 장군이 통솔하던 귀주성은 병사 2,000명, 별초군 250명이 전부였는데, 그중 김경손이 12명으로 결사대를 조직해 적의 허를 찌르는 기습 공격을 감행했다. 몽골군은 5개월 동안 여섯 차례의 대공습을 감행했으나 귀주성은 이를 버텨 내면서 몽골군의 후방을 교란했다. 땅굴을 파고 성안에 침입하려는 몽골군은 뜨거운 물을 부어 막고, 성벽에 기어오르는 몽골군은 돌로 내리쳐 막았다.

충주성에는 관군인 양반별초, 노비 등으로 이뤄진 노군과 잡류별초가 있었는데, 몽골이 침략했을 때 양반별초는 도망가고 노군과 잡류별초가 남았다. 충주성을 지키던 장수 김윤후는 몽골군이 70여 일간 성을 포위해 식량이 고갈되자 노비군을 모아 놓고 이렇게 일렀다. "전력을 다해 적과 싸우는 자에게는 신분을 묻지 않고 벼슬을 주겠다."

김윤후는 친히 노비 문서를 불태우고 군수물자를 공평히 나눠 주었다. 이에 병사들이 환호하며 김윤후의 지휘 아래 단결해 몽골군을 물리쳤다. 지방의 초적들 또한 대몽 항쟁에 적극 참여해 개경에 포진하고 있던 몽골군을 괴롭혔다. 이런 상황인지라 살리타는 고려가 제시한 강화 조약을 받아들이게 되었고, 서경 등에 다루가치를 남겨 둔 채 1232년 정월 몽골군이 철수했다.

몽골군이 돌아가자 최우는 도읍지를 옮겨야겠다고 생각했다. 최우가 이런 판단을 하게 된 것은 몽골이 최씨 무인 정권을 인정하지 않은 데다 다루가치가 직접 통치하려 했기 때문이었다. 새 도읍지는 개경과 비교적 가까우면서도 수전에 약한 몽골군과 싸워 버틸 수 있는 곳이어야 했다. 그곳은 바로 강화도였다.

  심리학으로 읽는 고려왕조실록

강화도 천도

강화도 천도 계획이 확정되었으나 고종이 궁궐을 떠날 결심을 하지 못하고 주저하자 최우는 나서서 자신의 전 재산을 강화도로 옮겼다. 병사들을 강화도로 보내 대궐을 짓게 하고, 조정 5부의 인호가 출발할 기일을 지정한 방을 붙였다. 또한 각 도에 관원을 파견해 백성을 산성과 섬으로 이주시키도록 했다.

1232년 7월 6일, 억수같이 내리는 비를 뚫고 최우와 고종 일행은 강화도로 향했다. 고관대작과 그 가족들도 이삿짐을 이고 지고 10여 일에 걸쳐 대이동을 했다. 이렇게 옮겨 간 강화도는 이후 무인 정권이 붕괴된 1270년(원종 11년)까지 고려의 전시戰時 왕도가 되었다.

강화도로 천도한 후 최우는 동쪽과 동북쪽 해안에 외성을 쌓았다. 그러자 갯벌이 많고 물살이 세며 조수 간만의 차가 큰 강화도는 난공불락의 요새가 되었다. 몽골군도 김포 반도까지 와서는 강화도로 건너올 엄두를 내지 못했다. 배를 댈 곳도 마땅치 않고, 다행히 갯벌에 도달한다 해도 고려군의 화살을 피할 방도가 없었다. 대신 몽골군은 내륙의 강산을 유린하며 무고한 양민을 짓밟고 다녔다.

몽골은 고려에 개경 환도를 요구하며 1232년 8월 2차 침입을 했다. 몽골군은 강화도를 직접 공략하지는 못하고 경상도로 내려가 대구 부인사의 〈초조대장경〉을 불태웠다. 하지만 몽골 주력 부

처인성 승첩 기념비

1232년에 벌어진 용인 처인성 전투는 고려의 대몽전 사상 가장 극적이면서도 불가해한 대몽 승첩 사례다. 처인성이 있던 곳은 오늘날의 경기도 용인시 남쪽 지역으로, 처인성은 낮은 구릉지에 흙으로 쌓은 400미터 길이의 작은 성에 해당한다. 이 처인성 전투의 승리를 기리기 위해 1979년 처인성 승첩 기념비를 세웠다.

대를 이끄는 살리타가 용인 처인성에서 농민군이 쏜 화살에 맞아 죽자 서둘러 철수했다.

1235년 몽골의 3차 침입, 1247년 4차 침입을 거치는 동안 최우는 불력으로 외적을 물리치기 위해 〈팔만대장경〉을 완성시켰다. 1236년 대장도감을 설치하고 대장경을 판각하기 시작해 16년 만에 마무리한 이 거대 사업은 신앙적 의미와 함께 국민을 결집하려는 의도도 있었다. 강화도에서 내륙의 백성을 통치해야 하는 최우는 당시 국가 종교라 할 수 있는 불교의 경전을 만들어 백성의 관심을 한곳에 집중하려고 했다.

그러나 이런 와중에도 최우는 방탕한 삶을 살고 있었다. 몽골을 피해 도망간 처지에 하루가 멀다 하고 술잔치를 벌이고 풍악을 즐겼다. 이렇게 지락을 누리는 사이에 최우도 나이가 들어 1249년(고종 36년) 세상을 등지게 되었다.

최우는 애첩인 기생 서련에게서 낳은 만종과 만전 형제가 있었으나 출생 신분에 흠이 있는 두 아들 대신 사위 김약선에게 병권을 넘겨주려고 했다. 그래서 두 아들을 일찍이 출가시켜 만종은 단속사, 만전은 쌍봉사의 주지로 있었다. 최우가 김약선을 후계자로 삼으려 했던 것은, 그의 문벌이 좋고 자신의 외손녀이자 김약선의 딸이 태자비가 되었기 때문이었다. 자신을 인정하지 않는 몽골을 피해 강화도에 가 있던 때라 장차 왕이 될 태자의 장인이 자신의 병권을 이어받는다면 무인 정권을 유지·계승하는 데 큰 도움이 되리라 여긴 것이었다.

〈팔만대장경〉

고종 23년부터 38년까지 완성한 대장경으로 경판의 수가 8만 1,258판에 달해 〈팔만대장경〉이라고 부른다. 대장경은 불교 경전을 종합적으로 모은 것을 말하며, 민심을 모으고 부처의 힘으로 외적을 물리치기 위해 만들었다. 현존하는 세계에서 가장 오래된 대장경판으로, 〈팔만대장경〉이 보존되어 있는 해인사 장경판전은 유네스코 세계 문화유산으로 지정되었다.

그런데 최우의 딸, 곧 김약선의 아내가 종과 사통하다가 남편에게 들키고 말았다. 평소에도 태자비의 어머니라며 왕비처럼 행동해 구설수에 오르기도 했던 그녀는 먼저 최우를 찾아가 남편을 무고했다. 김약선이 망월루 모란봉에 최우의 낭자들을 모아 놓고 추행을 했다고 거짓으로 고해바친 것이다. 이 말을 듣고 화가 머리끝까지 난 최우는 그 누각을 부숴 버리고 김약선도 죽였다. 하지만 뒤늦게 사실을 알게 된 최우는 딸과 간통한 종을 죽이고 딸을 멀리했다.

　한편, 주지 노릇을 하던 만종과 만전은 염불에는 관심이 없었다. 이들은 무뢰한 중들을 모아 세력을 만들고, 쌀을 빌려 주고 변리를 챙기는 등 재산 축적에만 열을 올렸다. 이들을 따르는 승도가 유부녀를 겁탈하고 백성을 폭행해도 주현의 관리조차 손을 댈 수가 없었다. 이에 민심이 흉흉해지자 박훤과 송국첨이 최우에게 진언을 했다. 그제야 최우는 두 아들을 불러들이고 악행을 저지른 승도들에게 벌을 주었다.

　개경으로 올라온 만종과 만전은 최우를 찾아가 억울함을 호소했다. 그들은 이렇게 말했다.

　"지금도 우리가 거짓으로 핍박받는데 아버지가 돌아가시면 우리는 살아남지 못할 것입니다."

　이 말을 곧이곧대로 들은 최우는 박훤을 유배 보내고 송국첨을 강등시켰다. 그리고 만전을 환속하게 하여 최항(?~1257)으로 개명시킨 뒤 호부상서 자리에 앉혔다. 처음 벼슬에 오른 최항의 집에 모든 종친과 재상들이 찾아가 축하해 주었다. 얼마 후 최우는 최항의 벼슬을 추밀원 지주사로 올려 주고 가병 500명이 그를 호위하도록 했다.

1249년 정월에 고종은 몽골의 정종이 죽었다는 급보를 받았고, 그해 11월에는 최우가 세상을 떴다. 최우가 죽자 상장군 주숙은 고종에게 정권을 넘기려 했지만, 무신들이 최항 편에 붙는 바람에 뜻을 이루지 못하고 권력은 최항에게 넘어가고 말았다. 부친상을 당한 지 이틀 만에 상복을 벗고 아버지의 첩들과 간통을 할 만큼 제멋대로인 최항 역시 권력을 남용했다.

어쩌다 최항은 패륜을 저지르는 망나니가 되었을까? 최항은 아버지 최우에게 양가감정을 가지고 있었다. 낳아 준 아버지이지만 최우는 기생의 아들이라며 머리를 깎아 출가시켰다. 이로 인해 최항은 오이디푸스 콤플렉스를 건전하게 승화하지 못했고, 그의 초자아도 형성되지 못했다. 절대 권력자인 아버지가 죽은 후, 그는 아버지를 능가해야 한다는 잠재의식이 발동해 아버지의 여자들을 범하고 말았다.

초자아가 형성되지 못한 최항은 권력을 손에 넣자마자 마구 휘둘러 대기 시작했다. 자기편이 아니면 서슴없이 귀양을

오이디푸스 콤플렉스

프로이트가 제시한 개념으로, 3~6세 남근기의 남자아이가 어머니에게 성적 애착을 느끼고, 어머니의 사랑을 독차지하기 위해 동성의 아버지를 경쟁자로 인식해 적대시하는 심리 현상을 말한다. 그리스 신화에 등장하는 테베의 왕 오이디푸스가 자기 아버지를 죽이고 어머니와 결혼한 이야기에서 비롯되었다. 이와 반대로 여자아이가 무의식적으로 어머니를 경계하고 아버지를 좋아하는 심리 현상을 엘렉트라 콤플렉스라고 한다.

보내거나 죽여 버렸다. 이때 민회, 김경손, 최환, 김안, 정홍유 등이 귀양을 가고 계모 대씨와 오승적이 목숨을 잃었다. 최항은 또한 참언을 잘 믿어 누가 반란을 꾸민다고 무고하면 즉시 잡아다가 문초를 했다.

 ## 최씨 무인 정권의 종말

최우에 이어 최항도 몽골에 대해 강경하게 대응했다. 몽골과 출륙出陸 환도를 약조하고도 이런저런 핑계를 대면서 강화도에 머물렀다. 강한 몽골군을 의식한 이유도 있었다. 고려가 매번 출륙을 연기하자 원나라 황제는 고려 사신 이현을 억류하고 고려에 사신을 보내 이렇게 통보했다.

"너희가 고려에 당도했을 때 고려 왕이 육지로 마중 나온다면 비록 환도를 하지 않았더라도 무방하나, 그렇지 않으면 바로 귀국하라. 그 즉시 군대를 보내 정벌할 것이다."

이 같은 내용을 사전에 전해 들은 고려에서는 최항과 대신들이 고종의 출륙을 반대했다. 그리하여 몽골군이 연이어 5, 6차 침입을 시도했고 그들이 휩쓸고 간 내륙은 잿더미가 되었다.

1258년(고종 45년), 최항도 병이 들어 죽고 말았다. 최항에게는 매형인 송서의 여종과 정을 통해 얻은 아들 최의(?~1258)가 있었다. 최항의 뒤를 이은 최의는 정사를 아예 돌보지 않고 일신의 향락만 추구했다. 기생의 아들이라는 출신 콤플렉스가 있었던 그는 누구든 자신의 집안 이야기를 하면 바로 죽여 버렸다.《고려사》는 참언을 좋아하고 축재에 눈이 먼 간신들과 어울린 최의에 대해 다음과 같이 전한다.

"해마다 흉년이 반복되어 굶주린 백성이 길바닥에 누워 있다. 그러나 최의는 좁쌀을 가득 쌓아 놓고도 창고를 열지 않아 민심을 잃었다."

최의는 세상 물정이 어둡고 용렬해 경박한 자들을 가까이하고 어진 선비들을 무시했다. 이런 경우 인지 협착, 즉 터널 시야가 나타나는데, 컴컴한 터널 속에서 시야가 협소해지듯이 자기중심적이 되어 주변의 말과 행동이 조금이라도 의심스러우면 적대적으로 해석해 과잉 반응을 보인다. 이리하여 조정에 최의를 반대하는 세력이 형성되기 시작했고, 최씨 무인 정권의 사조직인 삼별초도 불만이 커졌다. 결국 최의는 김준(?~1268), 유경(1211~1289) 등에게 죽임을 당해 마침내 60년 최씨 정권의 시대가 막을 내렸다.

김준과 유경은 정권을 고종에게 바쳐 이로써 왕정복고가 이뤄졌다. 물론 그 후에도 실권은 최씨 정권을 끝장낸 김준, 유경, 임연(?~1270) 등이 행사했지만 이전보다 왕권이 부쩍 신장되었다. 고종은 기쁨의 눈물을 흘렸고, 최의의 창고를 열어 문무백관을 비롯한 백성에게 곡식을 나눠 주었다.

그날 왕이 흘린 눈물은 지난 46년간 허수아비 왕 노릇을 하며 참고 지내 온 시간에 대한 회고이기도 했다. 고종은 지난 세월 동

안 어떤 세력들과도 불가근불가원不可近不可遠의 상태를 유지해
왔다. 선왕들이 한 세력과 밀착해 제명을 다하지 못했던 것을 익
히 알고 있었던 고종은 무신과 문신은 물론 내시와도 적당한 거
리를 유지했다. 덕분에 고종은 무신 정권하에 생존해 재위 말기에
형식적으로나마 왕정복고를 이루게 되었다.

추운 겨울날 고슴도치 두 마리가 얼어 죽지 않으려고 서로 껴
안는다. 고슴도치들은 멋모르고 힘껏 껴안았다가 서로의 가시에
찔리자 금세 밀어낸다. 추위를 못 이겨 다시 껴안았다 찔려서 떨
어지기를 반복하다 보면 서로 상처를 주지 않는 적정 거리를 알
게 된다. 이것이 쇼펜하우어Arthur Schopenhauer가 우화를 통해
말한 고슴도치의 딜레마다.

너무 가깝지도 멀지도 않은 안전거리는 시행착오를 거쳐 터득
된다. 인간관계도 이와 마찬가지다. 너무 멀면 관계가 소원해져서
외롭고, 너무 가까우면 배려하는 마음이 사라져서 함부로 대하다
상처를 주기 쉽다. 조련사는 맹수와의 적정 거리를 알아야 잘 다
스릴 수 있다. 너무 멀면 맹수가 조련사를 무시하고, 너무 가까우
면 조련사가 위험해질 수 있다. 야생 동물은 임계 거리 안으로 들
어가면 곧바로 공격을 한다. 사람과 사람 사이에도 심리적 임계
거리가 있는데, 유능한 리더는 이 거리를 본능적으로 팽팽하게 유
지한다.

의종은 환관을 가까이하고 문신들과 함께 무신들을 경멸하다
가 정중부에게 화를 당했고, 명종은 경대승이 갑자기 죽었을 때

왕권을 회복할 수 있었음에도 이의민에게 지나치게 의존하는 바람에 최충헌에게 쫓겨났다. 늙어서 즉위한 신종은 최충헌의 독단을 그저 바라만 보다가 존재감 없이 사라졌고, 희종은 측근 내시들과 밀착해 최충헌을 제거하려다 도리어 내쫓기고 말았다. 뒤이어 왕이 된 강종도 신종처럼 강신強臣들의 통제를 받는 비참한 왕 노릇을 했다. 반면에 고종은 이들과 달리 심리적으로 독자성을 가지고 안전거리를 유지하는 방식을 취하면서 드러나지 않게 왕권 회복의 기회를 살폈다.

1258년, 대몽 항쟁을 고집하던 최씨 무인 정권이 마침내 무너졌다. 이듬해 4월, 고려는 몽골과 강화 조약을 맺고 태자가 고종 대신 몽골에 갔다. 몽골의 쿠빌라이(1215~1294)는 세계가 굴복한 몽골에 30년간 대항한 고려의 태자를 융숭히 대접해 주었다. 1259년 6월, 고종이 세상을 뜨자 태자는 귀국해 왕이 되었으니 그가 곧 원종(1219~1274)이다.

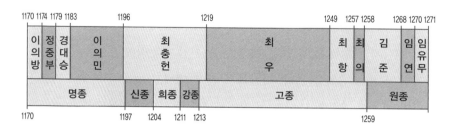

무인 정권의 계보

심리학으로 읽는 고려왕조실록

원종의 친원 정책

고려의 제24대 왕 원종은 부왕이 간신히 이룬 왕정복고를 공고히 하기 위해 재위 기간 내내 친원 정책을 폈다. 이때부터 제30대 충정왕까지 고려 왕의 즉위와 폐위는 원나라가 결정했다. 귀국한 원종은 개경 환도를 원했으나 무신 정권을 이끌던 김준이 결사반대해 무산되고 말았다. 이로 인해 좌절한 원종은 정사를 돌보는 대신 궁녀들과 놀기만 했다. 또한 그는 원나라와 더 밀착하는 전략을 폈는데, 1261년에 쿠빌라이가 아리크부카를 평정하자 이를 축하하기 위해 태자 왕심을 원나라에 보냈다.

3년 뒤인 1264년, 몽골이 친조를 요구하자 원종은 김준의 허락하에 중국에 다녀왔다. 고려의 왕이 다녀가자 몽골도 더 이상 고려를 의심하지 않고 일본 정벌을 서둘렀다. 그러나 몽골에 머물던 고려인 홍다구, 조이 등이 고려가 일본과 내통한다고 무고했고, 몽골은 송나라 정벌을 위한 원정군을 보내라며 고려를 압박했다. 몽골은 원정군의 장수로 김준 부자와 아우 김충을 지목했다. 이에 김준은 몽골 사신을 죽이고 끝까지 항쟁하자고 했으나 원종이 반대해 할 수 없이 몽골에 다녀왔다. 이후에 원종과 김준의 사이는 멀어졌고, 급기야 1268년 12월 원종의 밀명을 받은 임연이 김준과 김충 등을 제거했다.

그리되자 원종은 출배도감을 설치해 본격적으로 환도를 추진했다. 그러나 임연이 여기에 반대해 1269년 6월 원종을 폐위하고 그의 동생 안경공을 왕으로 세웠다. 이때 태자 왕심이 몽골에서 귀국 중이었는데, 부왕이 쫓겨났다는 소식을 듣고 다시 몽골로 돌아가 쿠빌라이에게 도움을 청했다. 쿠빌라이가 원종의 폐위에 대해 추궁하자 임연은 같은 해 11월 원종을 복위시켰다. 그러나 몽골은 그대로 넘어가지 않고 진상 파악을 한다며 임연에게 직접 입조하라고 거듭 요구했다. 임연은 이 일로 걱정을 하다가 1270년 2월 죽고 말았다.

임연의 뒤를 이어 그의 아들 임유무가 교정별감이 되어 권력을 행사하며 개경 환도를 반대했다. 그러자 원종은 더 이상 두고 보지 않고 홍문계와 송송례를 시켜 그를 주살했다. 이로써 무신 정권 시대와 강화도 천도 시대가 막을 내리고 개경으로 돌아가게 되었다.

지난한 과정을 거쳐 왕권을 완전히 회복한 원종은 자료 주도적 처리형 인물이었다. 똑같은 상황이라도 그것을 어떻게 받아들이느냐에 따라 전혀 다른 판단을 하여 다른 결과를 맺을 수 있다.

사람은 정보가 주어질 때 자료 주도적 방식 또는 개념 주도적 방식으로 처리한다. 개념 주도적인 사람은 어떤 정보를 접하면 자신의 개념에 따라 그 정보를 동화시키지만, 자료 주도적인 사람은 자신의 생각을 새로운 정보에 맞춰 교정하고 조절한다. 한마디로 개념 주도적인 사람은 자기가 보고 싶은 대로 세상을 본다. 자기 머릿속의 배경 지식, 동기, 기대 등에 맞춰 외부 정보를 재해석하므로 이를 하향적 처리라고도 한다. 반면에 자료 주도적인 사람은 정보를 상향적으로 처리한다.

고정관념이 강한 사람일수록, 나이가 들수록 개념 주도적인 경향이 강하고, 경험이 적은 젊은 층일수록 자료 주도적인 경향이 강하다. 직위가 낮거나 변방에 있는 사람들은 자료 주도적이 되기 쉽고, 직위가 올라가고 중심에 설수록 개념 처리형이 되기 쉽다. 개념 주도적인 사람은 아무리 새롭고 변혁적인 정보라도 자기 위주로 해석하기 때문에 변화를 일으키지 못한다.

몽골에 갔다 온 원종은 국제 정세 속에서 고려의 위치와 국내에서 자신의 입지 등을 객관적으로 냉정하게 파악하고 있었다. 그래서 몽골의 힘을 이용해 강화도를 벗어나 무신 정권을 끝내고, 그런 다음에 고려의 힘을 키워 몽골로부터 벗어나려 했다. 원종이 자료 주도적으로 세상을 분석하고 판단했다면, 무신 집권자들은 강화도에서 버티기만 하면 자신들의 정권이 유지되리라는 기존의 개념적 시각으로 일관했다.

그런데 자료 주도적 처리나 개념 주도적 처리는 서로 별개가 아니다. 둘은 서로 연결되어 순환한다. 자신이 겪어 보지 못한 새로운 경험 지식 체계는 자료 주도적으로 수용하고, 이미 만들어진 지식 체계 안에서 새로운 경험을 해석할 때는 개념 주도적으로 처리해야 한다. 자료 주도적 방식이 상황을 객관적으로 이해하기에 좋다면 개념 주도적 방식은 경험에 비춰 빨리 해석할 수 있다는 장점이 있다. 훌륭한 지도자는 이 두 가지 방식을 적절히 사용한다. 반대로 실패하는 지도자는 자기 경험과 직관을 위주로 일

처리를 하는 개념 주도형 방식만을 고집한다.

 ## 삼별초의 끈질긴 항쟁

원종은 몽골을 등에 업고 왕권을 회복했다. 이에 고려는 몽골의 부마국이라는 소리를 듣게 되었고 원종은 고려의 자주권을 약화했다는 비판을 제기할 수도 있다. 그러나 당시 원종으로서는 달리 방도가 없었다. 이런 원종에게 반발한 세력이 있었으니 바로 삼별초였다.

삼별초는 1270년 6월 장군 배중손과 야별초의 지휘관 노영희를 중심으로 반란을 일으키고 새 왕으로 승화후 왕온을 내세웠다. 당시 원종의 친몽 정책에 반감을 가진 백성이 많았는데 신분이 낮을수록 반감은 더 심했다. 삼별초는 강화도에 잔류한 귀족과 백성을 배 1천여 척에 태우고 거기보다 안전한 진도로 향했다.

강화도를 떠난 삼별초는 영흥도를 거쳐 안면도에 상륙해 수개월간 머무르다 진도에 들어가 대몽 항쟁의 중심인 궁성을 지었다. 이때부터 내륙의 백성도 호응하면서 삼별초는 나날이 강대해져서 남해의 제해권을 장악하더니 어느덧 전라도 일대를 통제하게 되었다. 이에 고려 조정과 몽골은 크게 당황했다.

고려 군대는 삼별초와 싸울 만한 힘이 없었고 몽골은 수전에 약했다. 그래서 고려와 몽골은 여몽 연합군을 편성해 삼별초 토벌

작전을 펼쳤다. 삼별초와 여몽 연합군의 대대적인 전투가 벌어져 삼별초가 궁지에 몰리는 듯했으나 해전에 강한 삼별초가 번번이 전세를 역전시켰다. 진도를 중심으로 활약하던 삼별초는 거제도와 제주도까지 공략해 거점을 넓혀 갔다.

더욱 다급해진 여몽 연합군은 1271년 5월 흔도, 홍다구가 지휘하는 몽골군과 김방경이 이끄는 고려군이 100여 척의 함선으로 불시에 진도를 공격했다. 당시 삼별초는 서남 해안과 내륙 지방을 공략하느라 진도의 방비가 허술한 상태였다. 진도에 남아 있던 소수의 삼별초군은 배중손의 지휘 아래 결사 항전했으나 역부족이었고, 결국 배중손이 전사하고 말았다.

삼별초는 더 이상 진도에서 버티지 못하고 제주도로 가서 새로운 거점으로 삼았다. 이때 삼별초는 서남 해안의 제해권을 장악하고 한때 안남 도호부(부천)까지 공격할 정도로 막강했으나, 1273년 2월 여몽 연합군의 대대적인 공세를 견디지 못하고 무너져 버렸다. 마지막까지 제주도에 남아 있던 삼별초 70여 명은 여몽 연합군이 상륙하자 김통정을 따라 한라산에 올라 모두 자결했다.

그러는 사이에 1272년 원나라에 입조한 태자가 1274년 원 세조의 공주와 혼인을 했다. 그리고 1274년 6월 원종이 죽자 태자가 귀국해 제25대 충렬왕(1236~1308)이 되었다. 그가 왕위를 계승하기 위해 귀국할 때 변발과 호복을 하여 많은 고려인이 탄식하며 울었다고 한다.

고려 항몽 충혼탑

진도군은 삼별초의 역사를 일깨우고 그 정신을 후대에 계승하기 위해 고려 항몽 충혼탑을 세웠다. 삼별초의 전진 기지인 진도에는 왕이 머물렀던 용장산성, 전왕온의 묘, 궁녀들이 몽골군에게 몸을 더럽힐 수 없다며 스스로 목숨을 던진 삼별초 궁녀 둠벙, 배중손 장군 사당, 남도 석성 등 삼별초 관련 유적이 많이 남아 있다.

태조 왕건이 고구려의 계승을 표방하며 고려를 건국할 때만 해도 자주국이었으나 이제 고려 왕조는 이름만 남았을 뿐이었다. 집요한 대몽 항쟁을 끝내고 뒤이어 선위한 왕들은 원의 대리인이라고 해도 과언이 아닐 만큼 치욕적인 행보를 펼쳤다.

8장

원나라에 고개를 숙인 고려

경계선에 있었던 왕들 – 제25대 충렬왕, 제26대 충선왕,
제27대 충숙왕, 제28대 충혜왕, 제29대 충목왕, 제30대 충정왕

충렬왕

쿠빌라이의 딸 제국대장공주와 혼인해 원의 부마가 된 충렬왕은 원나라에는 비굴하게 의존하고 고려 백성은 살뜰히 살피지 못하고 오만하게 대했다.

::

충선왕

어릴 적부터 원나라에서 지냈던 충선왕은 고려보다 원나라를 더 편하게 느꼈다. 그는 부모의 불화, 부자지간의 배신 등 내면의 상처를 방어적 투사로 풀었다.

::

충숙왕

상왕 노릇을 하는 충선왕과 왕위를 넘보는 무리 때문에 어려움을 겪었다. 폭력 성향이 있었던 그는 원나라 아내를 구타한 사건 등으로 위기가 계속되자 대인 기피증이 생겨 정사를 멀리했다.

::

충혜왕

부왕의 첩, 외숙모 할 것 없이 부녀자를 겁탈하고 향락에 빠져 지낸 충혜왕은 희대의 패륜아이자 한마디로 소시오패스였다.

::

충목왕

충혜왕의 맏아들로 어린 나이에 즉위해 그의 어머니인 덕녕공주가 섭정을 했다. 병에 걸려 열두 살에 요절하고 말았다.

::

충정왕

충목왕의 이복동생으로, 형과 마찬가지로 어린 나이에 왕이 되어 그의 어머니와 덕녕공주 사이에 권력 다툼이 일어났다.

충렬왕, 원나라의 부마가 되다

왕은 모든 백성의 충성을 받는 존재이기 때문에 묘호에 누구에게 충성한다는 뜻의 '충忠' 자를 붙이지 않는다. '조祖'나 '종宗'을 붙여야 한다. 그런데 고려의 충렬왕부터 충정왕까지 6대에 걸쳐 묘호에 충 자가 붙었다. 원나라 황제의 아래에 있는 고려 군주가 충성을 다한다는 의미였다. 이 얼마나 수치스러운 일이었나!

　이 여섯 왕은 고려의 절대 지존이면서도 원나라 황제에게 의존해야만 명맥을 유지할 수 있는 존재였다. 타자에 대한 의존도가 높을수록 자기에게 의존적인 사람에게는 더 오만하게 굴기 마련이다. 다시 말해, 자신이 기대는 대상에게 비굴해질수록 자신에게 기대는 사람의 단점을 들춰내고 더 모멸한다. 남에게 의존할 수밖에 없는 너무나 객관적이고 명시적인 자신의 열등 상태를 극단의 주관적 우월감으로 표출하면서 억압 에너지를 해소하려고 그러는 것이다. 경직된 사회일수록 비굴과 오만의 양극화된 감성이 춤

쿠빌라이

칭기즈 칸의 손자로 몽골 제국 제5대 칸이자 원나라의 시조다.
1251년 형 몽케가 제4대 칸의 자리에 오르자 중국 방면의 대총독에
임명되었다. 몽케가 병사한 뒤 동생 아리크부카를 굴복시키고 도읍을
연경으로 옮겼으며, 1271년 나라 이름을 원이라 했다. 1279년 남송
을 멸망시키고 이민족으로서 최초로 중국 통일을 이뤘다.

을 추며 비이성적인 범죄가 더 많이 일어나는 건 그래서다.

원나라 황제 쿠빌라이의 딸 쿠틀룩 켈미쉬 공주(1259~1297)를 아내로 맞이한 충렬왕은 겉은 고려의 왕이지만 속은 머리부터 발끝까지 친원주의자였다. 고려와 대륙국 왕실의 혼인은 두 사람이 처음이었다. 충렬왕과 쿠틀룩 켈미쉬 공주는 1274년 5월 원나라에서 성대하게 결혼식을 올렸다. 당시 신랑은 서른아홉 살의 유부남이었고, 신부는 열여섯 살이었다. 원 황제의 부마가 된 충렬왕은 원 황실에서 일곱 번째 서열이 되었다.

두 달 뒤 원종이 승하해 충렬왕 부부가 귀국하게 되었는데, 고려인은 원나라 황제의 딸을 제국대장공주라고도 불렀다. 원나라의 위세에 눌려 원래의 정비는 궁주로 격하되고 제국대장공주가 정실 왕비 자리를 차지했다. 제국대장공주는 온갖 권세를 휘두르며 변발 등 원나라 풍습을 강요했다. 왕을 비롯해 모든 신하는 이를 따를 수밖에 없었다.

충렬왕은 원나라에는 한없이 비굴했고, 자신이 지켜 주어야 할 백성에게는 오만하기 그지없었다. 원종이 원나라의 내정 간섭을 이용해 왕권을 회복했으면, 아들인 충렬왕은 양국의 우호 관계를 돈독히 하면서도 원나라의 간섭을 줄여 가며 고려의 자주권을 회복했어야 했다. 그러나 충렬왕은 스스로 원나라의 종속국을 자처해 고려 사회 전반에 몽골 풍속이 만연하는 원인을 제공했다.

충렬왕이 즉위한 지 4개월 만인 1274년 10월, 원나라는 조공을 바치라고 해도 따르지 않던 일본을 정벌하려고 고려군을 동원해 여몽 연합군 4만이 900여 척의 배를 타고 대마도로 출병했다. 김방경의 고려군은 대마도를 정복한 후 일본 본토로 가려 했으나 폭풍우를 만나 회군했다. 1281년에 감행한 2차 정벌에는 15만 여몽 연합군이 나섰으나 역시 태풍 때문에 일본 본토에 진입하지 못했다. 그러나 원은 포기하지 않고 일본을 정벌하기 위해 고려에 설치한 정동행성을 그대로 두었다.

이런 가운데에도 왕은 몽골에서 맛들인 사냥에 빠져 지냈다. 백성은 일본 정벌을 준비하느라 고역인데, 왕과 신하들은 사냥을 즐기고 자색과 기예를 갖춘 여인을 뽑아 교방을 채웠다.

직제를 원나라보다 한 단계 낮추는 등 고려는 원나라의 요구라 면 대부분 수용했다. 군주의 칭호가 조나 종에서 왕으로, 폐하는 전하로, 태자는 세자로 격하되었다. 이 밖에도 원은 고려의 행정 기관을 마음대로 통폐합하고, 왕자와 귀족의 자제를 인질로 데리고 있었다.

이렇게 고려가 몽골의 복속 정책에 끌려갈 때 민족의 자긍심을 일깨우려는 사람이 나타났다. 바로 승려 일연(1206~ 1289)이었다. 열네 살에 출가해 1227년(고종 14년) 승과에 장원급제한 일연은 고려 혼을 일깨우고 민족성을 지키기 위해《삼국유사三國遺事》집필에 들어갔다. 1277년

> **《삼국유사》와 《삼국사기》**
>
> 김부식이 유교적 합리주의에 따라 기술한 《삼국사기》에 비해 《삼국유사》는 구전된 신화를 중심으로 썼다. 이렇듯 신이사관神異史觀으로 편찬된 《삼국유사》는 허황되다 하여 《삼국사기》보다 인정을 받지 못했다. 하지만 당시 고려인은 유교보다 무속을 따랐고, 《삼국유사》에 기록된 민중의 생활상, 불교 신앙, 고기古記 등은 귀중한 자료로 여겨지고 있다.

《삼국유사》

충렬왕 7년(1281)에 보각국사 일연이 편찬한 역사서로 5권 2책으로 구성되어 있다. 고구려, 백제, 신라, 가야의 역사와 여러 고대 국가의 흥망성쇠, 신화, 전설, 신앙이 수록되어 있다. 단군 신화를 비롯해 이두로 쓰인 향가 14수도 담겨 있어 우리나라 고대어를 연구하는 데 귀중한 자료가 된다. 또한 불교 미술, 화랑과 낭도에 대한 자료도 담고 있다.

부터 1281년까지 5년 동안, 자신이 청년 시절부터 꾸준히 모아
온 사료를 바탕으로 총 5권 9편 144항목을 완성했다.

 ## 허울만 부부였던 충렬왕과 제국대장공주

1275년 아들을 낳은 제국대장공주 장목왕후는 더욱 기세등등해
져서 사소한 일에 트집을 잡곤 했다. 사찰 천효사로 행차하던 중
자신의 수행원이 적다며 개경으로 돌아가겠다고 고집을 부리자
앞서 가던 충렬왕이 와서 말리니 몽둥이로 왕을 때린 적도 있었
다. 이런 일들로 충렬왕과 제국대장공주의 사이가 좋지 않았고,
충렬왕은 궁인 무비에게 더욱 정을 쏟게 되었다.

충렬왕은 정비였던 정화궁주와 1남 2녀를 낳았고, 시비 반주
와의 사이에는 아들 하나가 있었다. 제국대장공주는 고려에 오자
마자 충렬왕의 가솔을 자기 아래 신분으로 만드는 일부터 단행해
정화궁주 등은 제국대장공주를 대할 때 무릎을 꿇어야만 했다.

일찍이 무인 정권의 지배를 경험하며 관료 집단을 불신하게 된
충렬왕은 왕권 보장의 방편으로 원나라 공주와 결혼했다. 이리하
여 원 세조의 부마로서 조정 신료를 확실히 장악할 수 있었으나
제국대장공주에게는 기를 펴지 못했다. 제국대장공주의 성격은
분명하고 엄격해 누구라도 과오가 드러나면 용서하지 않았다.

"나랏일은 어찌시려고 사냥만 하러 다니십니까? 나라를 음악

으로 잘 다스렸다는 말은 듣지 못했습니다."

　제국대장공주는 이처럼 충렬왕에게 바른말을 하기도 했지만, 지나치게 자신의 권위를 내세우면서 왕권을 능멸했다. 그럴수록 충렬왕은 더욱더 사냥과 여색에 빠졌다.

　충렬왕과 제국대장공주는 고려와 원나라의 왕실이 정략적으로 맺어 준 '맞춤형 부부'였다. 이런 부부는 사랑으로 맺어진 부부에 비해 감정적 교감이 적을 수밖에 없다. 애정형 부부도 살다가 서로 이해하지 못해 다투는 일이 있는데, 하물며 사랑 없이 정치적으로 맺어진 사이라면 오죽하겠는가! 애정형 부부든 맞춤형 부부든 서로 공감하고 위로하며 정서적 교감을 나누지 못하면 부부 관계는 마른땅처럼 삭막해져 금이 생긴다.

　워싱턴대학교 심리학 교수이자 애정 연구소 소장인 존 가트맨 John M. Gottman은 《행복한 부부 이혼하는 부부》에서 부부의 대화를 5분만 지켜봐도 그들의 앞날을 예측할 수 있다고 한다. 헤어지는 부부는 첫마디부터 부정적이며 대화 도중 비난, 모욕, 자기변호, 도피가 홍수처럼 쏟아진다. 서로가 상처받지 않으려고 자신을 껍질 속에 가두고 상대방의 말을 들으려 하지 않는다. 이런 상태에 이르면 과거의 유쾌한 추억도 불쾌한 기억으로 둔갑하게 된다. 가트맨은 행복한 부부의 대화 법칙에 대해 태도, 제스처 등 비언어적 요소를 포함한 긍정과 부정의 비율이 5:1이라고 했다. 이 정도면 부부 관계는 물론이고 다른 인간관계도 따뜻하게 이어 나갈 수 있다.

인간관계는 기본적으로 서로 부족한 부분을 어느 정도 메워 주고 북돋아 줘야 원만하게 유지된다. 나와 상대방의 다른 점을 인정하고 그대로 수용해야 하며, 내 상상에 불과한 기대치를 상대방에게 요구해서는 안 된다. 상대방의 다른 점을 인정해 주는 것은 작은 칭찬과 배려에서 출발한다.

제국대장공주에게 사랑의 감정 대신 위압감을 느낀 충렬왕은 무비를 통해 마음을 달랬다. 충렬왕은 어디를 가든 무비를 데리고 다녔다. 왕의 총애를 받은 무비는 나름대로 세력을 형성했고, 제국대장공주는 이런 무비를 질투하며 경계했다. 부부의 갈등은 갈수록 커졌다. 이런 일로 속병이 깊어진 제국대장공주는 서른아홉의 나이에 죽고 말았다.

당시 원나라에서 지내던 세자 왕원은 계국대장공주와 결혼해 원의 부마가 되어 있었다. 왕원은 이미 세 명의 비를 두었으나 원 황실의 신뢰를 얻기 위해 계국대장공주를 아내로 맞아들여야만 했다. 제국대장공주가 별세했다는 소식을 듣고 급히 귀국한 왕원은 어머니의 죽음이 무비 때문이라고 생각해 무비와 그 주변 인물들을 죽이거나 귀양 보냈다. 충렬왕이 말렸으나 왕원은 듣지 않았다.

이후 원나라가 세자 왕원을 지지하자 정치에 환멸을 느낀 충렬왕은 스스로 왕위에서 물러났다. 그리하여 1298년 1월 왕원이 즉위했으니 그가 바로 고려의 제26대 충선왕(1275~1325)이다.

충선왕, 고려보다 원나라를 친근하게 여기다

아버지 충렬왕과 마찬가지로 원나라 공주 출신 아내를 등에 업고 즉위한 충선왕. 그러나 그는 아내의 미움을 사서 즉위한 지 7개월 만에 왕위에서 쫓겨나고 말았다. 충선왕이 계국대장공주와 혼인하기 전에 맞아들인 조비를 유달리 아끼자 계국대장공주가 이를 질투해 원나라에 무고했던 것이다. 계국대장공주는 충선왕이 자신을 멀리하고 반원적으로 일을 처리한다는 내용의 편지를 원의 황태후에게 보냈다. 이에 원나라는 충선왕에게서 국인國印을 빼앗고 그를 원으로 압송했다. 충렬왕이 다시 왕 노릇을 하게 되었다.

충선왕은 이후 10년간 중국 연경에 머물렀는데, 이때 깊은 정을 나눈 여인이 있었다. 헤어질 때 그녀가 충선왕의 소매를 붙들고 한없이 울자 충선왕이 이별의 정표로 붉은 연꽃 한 송이를 꺾어 주었다. 귀국 후에도 그녀를 잊지 못한 충선왕은 이제현을 연경에 보내 안부를 알아보게 했다. 충선왕을 떠나보낸 후 식음을 전폐하고 누워만 있던 그녀는 이제현이 찾아오자 말없이 붓을 들어 〈연蓮〉이라는 시 한 편을 써 주었다.

> 떠날 때 주신 연꽃 한 송이贈送蓮花片
>
> 그땐 참 붉었는데初來的的紅
>
> 줄기를 떠나 며칠이 지나자辭枝今幾日
>
> 초췌해진 모습이 저와 같습니다憔悴與人同

하지만 이제현은 이 시를 충선왕에게 보여 주지 않고 즐겁게 잘 지낸다고 거짓말을 했다. 그래서 충선왕도 그녀를 잊게 되었는데, 만일 충선왕이 그 시를 보았다면 국사를 제쳐 놓고 연경으로 달려갔을지도 모른다.

한편, 충선왕이 연경에 있는 동안 복위한 충렬왕은 부자 사이를 이간질하는 왕유소, 석천보, 송린 등의 말을 듣고, 먼 종실인 서흥후 왕전에게 왕위를 넘겨주려고 일을 꾸몄다. 계국대장공주를 왕전에게 개가시키려고 충렬왕은 1305년 직접 원나라로 찾아갔다.

이렇듯 충렬왕, 충선왕 부자는 서로 불화해 고려 조정을 비워 두고 외세를 이용한 권력 암투를 벌였다. 그런데 1307년 원나라 성종 티무르가 죽고 무종이 뒤를 잇는 과정에 충선왕이 큰 공을 세워 무종의 신임을 얻게 되었다. 이로써 실권을 쥐게 된 충선왕은 왕유소 일당을 처형했고, 힘을 잃은 충렬왕은 귀국한 다음 해인 1308년 7월 세상을 떠나고 말았다.

10년 만에 다시 왕이 된 충선왕은 교서를 내려 국가 기강 확립, 공평 조세, 동성 결혼 금지 등을 실시했다. 특히 동성혼을 법으로 금지하고 왕실과 통혼이 가능한 열다섯 귀족 가문 재상지종宰相之宗을 지정했다. 이는 원나라가 고려 왕과 몽골 공주를 결혼시키기 위해 만든 것으로 숨은

> **재상지종으로 선정된 가문**
>
> 재상지종으로 선정된 열다섯 가문은 언양 김씨, 정안 임씨, 공암 허씨, 경원 이씨, 안산 김씨, 철원 최씨, 해주 최씨, 평강 채씨, 청주 이씨, 당성 홍씨, 경주 김씨, 평양 조씨, 파평 윤씨, 황려 민씨, 횡천 조씨였다.

사연은 이렇다.

1287년 서원후 왕영의 딸이 원 왕실에 공녀로 가게 되었는데, 당시 세자였던 충선왕이 그녀를 빼내 세자빈으로 삼았다. 그녀가 정비 왕씨인데, 고려인이고 왕옥이라는 이유로 계국대장공주와 몽골 여인 의비 다음으로 제3비가 되었다. 원나라 세조는 충선왕과 정비 왕씨가 동성 간이라며 심하게 질책했는데, 이에 충선왕은 동성혼을 금지하게 된 것이다.

충선왕은 어릴 때부터 원나라 생활에 젖어 있던 터라 고려보다 원을 더 가깝게 여겼다. 그래서 복위하자마자 숙부인 제안대군에게 왕권을 대행시키고 원나라로 갔다. 그 후 충선왕은 재위 기간 동안 단 한 번도 귀국하지 않고 전지를 내려 국정을 운영했다. 충선왕의 생활에 필요한 물자를 고려에서 실어 나르고, 또한 신하들이 개경과 연경을 오가며 국정을 수행해야 했으니 얼마나 불편했겠는가. 이에 최유엄 등이 환국해 달라고 상소했으나 충선왕은 말을 듣지 않았다.

이런 전지 정치는 곧 고려 조정의 불안으로 이어져 왕위를 둘러싸고 암투가 벌어졌다. 1310년, 마침내 고려 대신들은 세자 왕감을 옹립하기로 했다. 그러나 연경에서 이 움직임을 보고받은 충선왕이 세자와 그 측근 김의중을 죽여 무산되고 말았다. 이후에도 조정 대신들은 충선왕에게 환국을 요청했으나 귀국할 뜻이 전혀 없던 충선왕은 1313년 3월 둘째 아들 왕도, 즉 충숙왕(고려의 제27대, 1294~1339)에게 왕위를 물려주고, 동시에 이복형 강양공의 둘째 아들 왕고를 세자로 지정했다.

1316년, 충선왕은 원나라 인종의 허락을 받아 조카 왕고에게 심왕瀋王 자리를 물려주고 원나라 귀족 양왕의 딸에게 장가들도록 했다. 그러자 왕고의 정치적 위상이 크게 높아져서 충숙왕의 자리를 넘보는 지경에 이르렀다.

고려와 원 왕실의 혼혈인 충선왕은 고려의 왕이었지만 의식은 몽골인이었다. 그는 이런 이중 정체성을 떨쳐내야 했으나 그렇게 하지 못하고 원나라를 택했다. 왕위에 오른 후 연경으로 가서 전지 정치를 행하다가 시신이 되어 고려에 돌아온 충선왕. 그는 어린 시절에 부왕이 애첩 무비를 총애해 모후 제국대장공주가 질투심으로 히스테리를 일으키는 것을 보면서 자랐다.

화목한 부모의 안정된 양육 환경을 경험하지 못한 충선왕은 부모에 대해 양가감정을 지녀서 타인을 신뢰하지 않고 방어적 투사를 하게 되었다. 제국대장공주가 죽자 부왕 충렬왕은 힘을 잃었고, 원나라 진왕의 딸과 결혼한 충선왕은 원을 배경으로 권력을 차지하게 되었다. 즉위 직후에 충선왕은 정치, 경제, 사회 전반에 걸친 과감한 개혁안을 내놓고 관제, 세제, 군제를 독자적으로 정비해 자주적인 고려를 세우고자 했다. 이때 충선왕의 통치가 순조

롭게 이뤄졌다면 방어적 투사에서 해방될 수도 있었겠지만, 마침 원나라 출신 왕비의 질투로 무고 사건이 터졌다. 어머니를 멀리한 아버지를 미워했으면서도 충선왕은 부왕과 다를 바 없이 계국대장공주와도 좋은 관계를 유지하지 못했던 탓이었다.

한창 특혜를 맛보던 신흥 귀족도 충선왕의 개혁안을 못마땅하게 생각해 충선왕을 궁지로 몰고 충렬왕의 복위를 도모했다. 결국 충선왕은 원나라에 의해 강제 퇴위되고 왕좌가 충렬왕에게 돌아갔다. 다시 즉위한 충렬왕은 충선왕이 개편한 관직을 모두 없애고 이전 상태로 되돌려놓았다.

충선왕에게 고려 궁정은 어린 시절부터 우울한 곳으로 머릿속에 새겨져 있었다. 게다가 왕이 된 뒤 고려를 바르게 세우려고 시도도 해 보았지만 곧 좌절하자, 그의 의식 속 고려 궁정은 더욱 짙은 어둠이었다. 충선왕에게 고려는 낙심한 기억뿐이었다. 그가 고려에서 안정을 찾지 못하고 원나라를 더 편안하게 느낀 것은 어쩌면 당연한 일이었는지도 모른다.

충선왕이 왕위에서 쫓겨나 원나라에 압송되었을 때, 충렬왕은 아들을 제쳐 두고 신종의 3대손 왕전에게 왕위를 넘기려고 모략을 짰다. 이 같은 부자지간의 배신으로 생긴 후유증을 치유하지 못한 여파는 충선왕의 아들 충숙왕에게까지 이어졌다. 충선왕이 충숙왕에게 선위하면서 특별한 이유 없이 조카 왕고를 세자로 세워 왕위 쟁탈전의 씨앗을 뿌린 것이었다.

이처럼 치유되지 않은 심리적 상처는 주변 사람들에게 전달될 가능성이 있다. 자신의 심리적 상처를 의식할 수 있다면 자신이 아끼는 사람에게 무의식중에 상처를 전이하는 일을 막을 수도 있다. 방어적 투사에서 해방되려면 부정적인 면만 보는 습관에서 벗어나 긍정적인 면도 보려고 노력해야 한다. 부모에게 상처를 받은 적이 있더라도 자기 자식에게 같은 아픔을 주지 않으려고 노력하는 좋은 부모가 있는가 하면, 부모의 사랑을 흠뻑 받고도 그 사랑을 자식에게 돌려주기는커녕 내팽개치고 이기적인 삶을 사는 부모도 있다. 전자는 '상처 입은 치유자'이고, 후자는 '상처 없는 가해자'다.

방어적 투사를 하는 사람을 대할 때는 신뢰감을 조성하는 것이 중요하다. 긍정적이고 수용적으로 대하되, 설득할 때는 다그치기보다는 객관적이고 합리적인 증거를 대서 인정하도록 해야 한다. 한번 굳어진 인격은 쉽게 변화되지 않지만 스스로 자신의 인격 상태를 잘 파악하고 '상처 입은 치유자'가 되겠다고 결단하면 변화가 일어날 수 있다.

충선왕의 심리 속에 개경은 먼 곳이고 중국 연경은 아늑한 보금자리였다. 신하들의 계속적인 환국 요청에도 연경을 떠나고 싶지 않았던 충선왕은 아예 왕위를 차남 충숙왕에게 내주고 고전 연구에 몰두했다. 아마도 충선왕은 자신의 마음속 어두운 그림자를 고전을 통해 해소하고 싶었을 것이다.

충숙왕, 끊임없이 왕위를 위협받다

　고려의 제27대 충숙왕은 충선왕과 몽골의 평범한 여인인 의비 사이에서 태어났다. 충선왕이 세자 시절 원에 체류할 때 둘이 만나 왕감과 충숙왕을 낳았다. 충숙왕은 부모를 따라 원나라에 가서 어린 시절을 보냈기 때문에 고려보다 원나라가 더 익숙했다. 그는 원나라에서 왕위를 전위받아 귀국해 즉위했는데, 그때 나이가 스물이었다. 충숙왕은 익산군 홍규의 둘째 딸을 아내로 맞았는데, 홍씨는 훗날 충혜왕이 된 왕정을 낳아 명덕태후가 되었다.

　한편 충숙왕은 왕이라 하더라도 왕권을 제대로 행사하기 어려웠다. 부왕이며 상왕인 충선왕이 건재한 데다 충선왕이 왕고를 세자로 세워 놓았기 때문이다. 게다가 충선왕이 자신의 자리를 넘보는 장남 왕감을 제거하는 바람에 차남인 충숙왕이 왕위를 이어받은 상황이었다.

　아니나 다를까 충선왕은 충숙왕 즉위 초기에 개경에 잠시 와서 왕이 결재할 서류를 먼저 처리하는 등 충숙왕의 위치를 유명무실하게 만들었다. 또한 108만 승려와 108만 개의 등불을 켜는 만승회를 5일간 연경궁에서 열었는데, 이때 설법한 교종의 승려 효정에게 백금 100근을 보시해 국고가 바닥나고 말았다. 이처럼 충선왕은 남의 나라 들르듯 고려에 잠시 와서 자신의 공명심만 채우고 원나라로 돌아갔다.

　충선왕이 자신의 입지를 강화할 목적으로 고려 왕이 원의 부마가 되는 전례를 따라야 한다고 주장해, 충숙왕은 1316년 원나라 영왕의 딸 복국장공주와 결혼하게 되었다. 그러나 충숙왕의 마음은 여전히 명덕태후에게 가 있었다. 이를 알게 된 복국장공주는 질투의 눈길로 왕을 감시했다. 한번은 충숙왕이 명덕태후와 묘련사에 행차했는데, 이를 눈치챈 복국장공주가 미행해 왕과 명덕태후가 함께 있는 방에 들이닥쳤다. 깜짝 놀란 충숙왕과 복국장공주 사이에 몸싸움이 일어났고, 충숙왕에게 얻어맞은 복국장공주는 코피를 쏟으며 쓰러졌다.

복국장공주가 충숙왕의 화를 돋웠다 하더라도 충숙왕에게는 원래 폭력적인 성향이 있었다. 묘련사에서 있었던 일 말고도 복국장공주를 때린 적이 있었고, 미복잠행微服潛行을 나갔다가 지나는 사람들을 구타한 일도 있었다.

이런 충숙왕의 폭력성이 원나라에까지 전해진 가운데 1319년 복국장공주가 돌연 사망했다. 이에 원나라는 공주의 사인을 규명하기 위해 선사 이상지를 보냈다. 조사 결과 복국장공주를 구타했던 일이 드러나 충숙왕은 곤란한 지경에 빠졌고, 왕고는 속으로 쾌재를 불렀다. 당시 충숙왕은 기생들과 연회를 벌이느라 나랏돈을 탕진했고, 이를 만류하는 대신들을 구타해 쫓아 버렸다. 이런 상황을 전달받은 왕고는 이를 다시 원나라 황실에 알려 자신의 입지를 굳혔다.

마침내 원에 입조하라는 명령을 받은 충숙왕은 1321년 연경에 가서 3년간 붙잡혀 있게 되었다. 이 기간 동안 왕고는 손을 써서 충숙왕의 귀국을 막고, 다른 한편으로 개경의 전찬성사 권한공, 채홍철, 채하중, 조적으로 하여금 왕고를 고려 왕으로 세워 달라는 문서를 원나라에 보내게 했다. 권한공 등은 심왕 왕고의 왕위 찬탈을 돕기 위해 조직된 심왕당의 일원으로, 이들은 백관을 모아놓고 원에 보낼 청원서에 서명을 강요했으나 윤선좌 등이 반대해 뜻을 이루지 못했다.

충숙왕이 안팎으로 수난을 겪는 사이에 원의 정세가 바뀌었다. 영종이 죽고 즉위한 진종(태정제)이 충숙왕의 귀국을 허락했다. 그 사이에 왕고, 유청신, 오잠 등은 고려를 아예 없애고 원의 일개 성으로 만들자는 '입성책동立省策動'을 원나라에 청원했다. 원나라는 환호하며 이를 행하고자 했으나 이암과 이제현 등이 원을 설득해 겨우 저지했다. 이를 두고 원나라 사람들은 "이제현은 키도 크거니와 그 키보다 간덩이가 더 크다"며 혀를 내둘렀다.

1324년에 충숙왕이 고려로 돌아왔지만 왕고 무리의 찬탈 음모는 계속되었다. 충숙왕은 귀국하기 직전 원의 지원을 받기 위해 다시금 원나라 위왕의 딸 조국장공주와 결혼했다. 충숙왕을 따라 개경에 온 조국장공주는 아들을 낳자마자 산고로 죽었다. 이로 인해 난처해진 충숙왕을 왕고가 궁지로 내몰기 시작했다.

왕고는 먼저 태정제에게 신임을 얻은 뒤 유청신, 오잠 등을 통해 충숙왕이 눈과 귀가 멀어 정사를 처리할 수 없다고 거짓 보고를 하게 했다. 태정제는 사람을 보내 진상을 조사하도록 했는데, 이들이 만나 본 충숙왕은 눈과 귀가 멀기는커녕 엄숙하고 침착하며 조리가 정연했다. 이렇게 해서 왕고 일파의 거짓이 드러났고, 충숙왕은 무고에 가담한 4,000여 명을 색출해 처단했다.

그 뒤로 충숙왕은 정치에 싫증을 느껴 1330년 2월 세자 왕정에게 선위하고 원나라에 가서 지냈다. 하지만 뒤를 이은 충혜왕(1315~1344)이 황음무도荒淫無道해 1332년 2월 원나라에 의해 폐위되자 충숙왕이 복위하게 되었다. 하지만 그간 정권 다툼에 시달려 온 충숙왕은 대인 기피증이 생겨 조신도 접견하지 않고 정사를 멀리했다. 게다가 지병이 악화되어 충숙왕은 복위 8년 만인 1339년, 46세로 생을 마감했다.

충혜왕, 패륜을 일삼다

아버지의 죽음으로 다시 왕위에 오른 충혜왕(고려의 제28대)은 희대의 난봉꾼이었다. 1330년, 충숙왕의 전위를 받을 때 그의 나이는 열여섯이었는데 어린 나이에도 주색을 좋아하고 성격이 포악했다. 왕이 되자 제 세상을 만난 듯 향락에 빠져서 정사를 내팽개치자, 1332년 원은 충혜왕을 소환하고 충숙왕을 복위시켰다.

왕위에서 쫓겨나 원에 가 있는 동안에도 충혜왕은 방탕한 생활을 접지 않았다. 이런 그를 발피潑皮라 부르며 충숙왕도 못마땅해했다. 또한 왕고가 호시탐탐 왕위를 노리고 있고 그를 지지하는 신하가 많았기 때문에 충숙왕은 왕고에게 왕위를 넘겨줄 생각도

했다. 하지만 죽음을 앞두고는 핏줄인 충혜왕에게 왕위를 물려주었다. 당시 고려의 왕위 계승은 원나라에 승인을 받아야만 정식으로 인정되었는데, 원나라 태사는 왕고가 고려 왕이 되어야 한다고 생각해 이를 황제에게 고하지 않았다. 그래서 고려의 왕 자리는 1339년 11월까지 비어 있는 것과 마찬가지였다.

상황이 이런데도 충혜왕은 여전히 정신을 차리지 못하고 패륜을 저질렀다. 그는 부왕의 후비인 숙공휘령공주와 수비 권씨, 외삼촌 홍융의 둘째 부인 황씨를 겁탈했다. 아들뻘 되는 충혜왕에게 강간을 당한 수비 권씨는 수치심을 이기지 못해 결국 죽음을 택했다. 충혜왕은 외숙모, 서모를 가리지 않고 건드렸고, 그 외에도 신하나 백성의 아녀자를 강간한 경우가 부지기수였다.

충혜왕에게 강간을 당한 숙공휘령공주는 원에 그의 패륜을 고발하기로 마음먹었다. 그러나 충혜왕이 이를 눈치채는 바람에 뜻을 이루지 못했다. 숙공휘령공주는 마침 왕고와 더불어 원나라로 돌아가던 조적에게 그 사실을 말했다. 조적은 왕고가 집권할 수 있는 절호의 기회로 보고 난을 일으켰으나 이마저도 실패해 숙공휘령공주는 연금되고 말았다.

고려 궁중의 사정을 소상히 알지 못한 원은 1339년 11월 사신을 보내 충혜왕의 복위를 인정하는 조서와 옥새를 전하려 했다. 이때 숙공휘령공주는 원나라 사신으로 온 두린을 만나 모든 사실을 고해바쳤다. 충혜왕의 만행을 알게 된 두린은 충혜왕을 비롯해 간신들을 원나라로 끌고 가고 옥새를 숙공휘령공주에게 넘겨주

기황후의 삶을 미화해 묘사한 MBC 드라마 〈기황후〉

기황후(?~?)는 원래 고려 후기의 무신 기홍영의 증손녀로서, 원나라
에 공녀로 바쳐져 황궁의 궁녀가 되었다가 혜종의 총애를 얻어 훗날
의 소종을 낳았다. 외국인은 정궁으로 삼을 수 없다는 반대를 이겨 내
고 제2황후가 되었고, 제1황후가 사망하자 제1황후로 등극했다. 공민
왕에 의해 오빠 기철 등이 살해되자 혜종을 사주해 충선왕의 서자 덕
흥군을 왕으로 앉히고 고려를 침공했으나 실패했다.

었다. 고려의 전권을 넘겨받은 숙공휘령공주는 자신이 강간당하는 데 일조한 정천기를 감금하고 관리들을 대폭 교체했다.

원 순제는 누가 고려 왕에 적합한지 신하들에게 의견을 물었다. 심왕 왕고, 당시 열 살이던 충혜왕의 동생 왕전, 그리고 충혜왕을 지지하는 세력이 고려의 운명을 놓고 다퉜다. 이때 고려 여인으로 원 순제의 제2황후가 된 기황후와 탈탈대부가 충혜왕을 지지하자 순제는 이들의 말을 들어 1340년 4월 충혜왕을 고려로 돌려보냈다.

충혜왕은 여전히 여인들을 희롱하고 백성의 재산을 빼앗는 등 악행을 저질렀다. 심지어 왕의 이름을 빌려 강간하는 무리도 생겨났다. 기황후의 오빠인 기철도 충혜왕의 폭정을 참다못해 원에 폐위를 건의했고, 결국 충혜왕은 원으로 압송되었다. 1344년, 충혜왕은 게양현으로 유배를 가던 도중 생을 마감했는데 독살을 당한 것으로 추정된다. 충혜왕의 사망 소식을 전해 들은 고려 백성은 모두 기뻐했다.

고려 왕조에서 가장 어두운 그림을 남긴 충혜왕은 경계선 성격 장애자였다. 그의 부모도 성장 환경도 초자아를 통합할 기회를 주지 않아 충혜왕은 죄책감을 느끼는 기능이 형성되지 않았다. 그는 원시적인 자기애적 충족과 이상적 자아가 구별되지 않았다.

충혜왕의 초자아는 너무 빈약했다. 본능의 만족을 추구하는 이드를 제어할 힘이 거의 없어서 자아가 이드의 포로가 되고 말았다. 그 결과 자아가 심각하게 약화되어 인간관계와 행동 등 전반적으로 항상성이 결여되고 충동을 조절하기가 어려웠다. 한마디로 예측이 불가능해지는데, 여기서 조금 더 나아가면 정신 분열이 된다. 이런 경계선 성격 장애와 정신 분열의 차이는 현실 검증 능력이 있느냐 없느냐다. 자기 정체성이 흐릿하고 불안정하면 어떤 일에 집중하지 못하고, 타인과 친밀한 관계를 잘 맺지 못하며, 이성을 잃은 듯한 행동을 자주 한다.

충선왕, 충숙왕은 모두 충혜왕에게 적절한 본보기가 되어 주지 못했다. 특히 아버지로서 충숙왕은 변덕, 적대감, 잔인성을 그대로 노출해, 아들의 초자아를 길러 주기는커녕 오히려 원시적 이드의 자극에 불을 질렀다.

충혜왕을 전후로 고려의 왕권은 바람 앞의 등불처럼 극도로 약화되어, 고려 왕은 원나라의 지방 장관 정도로 여겨졌다. 원나라를 상대로 왕이라고 떳떳이 말할 수도 없었다. 고려 후기의 왕들은 부자간에 아버지 모델도 못 되면서 한 나라의 왕 자리를 물려주어야 하는 경계선상에 서 있던 인물들이었다.

 ## 충목왕과 충정왕의 섭정 시대

충혜왕의 뒤를 고작 여덟 살의 충목왕(1337~1348)이 이었다. 원나라에 가 있던 충목왕은 고려로 돌아오기 전 순제를 만났다.
"너는 아비와 어미 중 누구를 본받을 것이냐?" 하고 순제가 묻자

  심리학으로 읽는 고려왕조실록

충목왕은 "어미입니다" 하고 대답했다. 원 순제는 이 대답을 기특히 여겨 충목왕을 고려의 제29대 왕으로 책봉했다.

충목왕은 충혜왕의 첫째 아들로 원나라 진서무정왕의 딸인 덕녕공주에게서 태어났다. 충목왕이 너무 어린 탓에 모후 덕녕공주가 섭정을 했다. 덕녕공주는 충혜왕 때 아첨하던 신하들을 귀양보내고, 권신들이 강탈한 녹과전을 원래 주인에게 돌려줬다. 또한 충혜왕이 만든 신궁을 헐고 그곳에 숭문관을 세웠으며 백성을 위무慰撫, 구휼救恤하는 등 남편이 엉망으로 만들어 놓은 고려를 바로잡기 위해 애썼다.

이처럼 덕녕공주가 파탄 난 고려를 바로 세우려고 노력하는 동안 어린 충목왕은 병세가 깊어 갔다. 덕녕공주가 아들의 쾌차를 위해 여러 사찰에 기도장을 차리는 등 온갖 정성을 기울였으나 충목왕은 1348년 12월에 숨을 거두고 말았다. 이때 그의 나이 겨우 열두 살이었다.

충목왕의 뒤를 이은 것은 충혜왕의 둘째 아들인 충정왕(고려의 제30대, 1337~1352)이었다. 충정왕 역시 어린 나이인 열두 살에 즉위하면서, 그의 어머니 희비 윤씨와 덕녕공주 사이에 권력 다툼이 일어났다. 이로 인해 또다시 고려는 피폐해졌고 그 틈을 타서 1350년부터 경상도 일대에는 왜구의 출몰이 잦더니 혼란이 점차 전국적으로 확대되었다.

이렇듯 나라가 뒤숭숭해지자 민심은 충목왕의 후계자로 충정왕과 함께 거론되었던 강릉부원대군 왕기에게 쏠렸다. 1351년,

윤택과 이승로 등은 왕이 너무 어려서 국정을 감당할 수 없다며 원나라에 폐위를 청했다. 이에 공감한 원 순제는 그해 10월 충정왕을 폐하고 왕기를 왕으로 책봉했다. 왕기는 고려의 제31대 공민왕(1330~1374)으로 등극했다. 폐위된 충정왕은 강화로 추방되었다가 열다섯 살 때 독살당했다.

고려 왕조 같은 수직 사회에서는 종로에서 뺨 맞고 한강에서 눈 흘기듯이 강자에게 억눌리면 쌓인 분노를 약자에게 표출하는 경우가 많았다. 원나라의 눈치만 살펴야 했던 고려 말, 나이가 어려 섭정을 했던 충목왕과 충정왕을 제외하고 충렬왕, 충선왕, 충숙왕, 충혜왕은 억눌린 심정을 향락으로 풀었다. 그러나 이는 결국 힘없는 백성의 고통으로 전가되었다.

9장

왕씨 왕조가 막을 내리고
이씨 왕조가 문을 열다

빛과 그림자 – 제31대 공민왕, 제32대 우왕, 제33대 창왕, 제34대 공양왕

공민왕

사랑하는 아내 노국대장공주가 살아 있을 때는 원나라에서 벗어나 자주 고려를 일으키기 위해 애썼으나, 노국대장공주가 죽자 자기 내면의 그림자에 휘둘려 비정상적으로 행동했다.

::

우왕

신돈의 여종 반야와 공민왕 사이에서 태어났으나 출생 시비에 시달렸다. 정통성 콤플렉스를 덮으려다 보니 대인 의존 강박증이 생겨 장인인 최영에게 크게 의존했다.

::

창왕

이성계의 위화도 회군으로 폐위된 우왕의 뒤를 이어 아홉 살에 왕이 되었다. 하지만 이성계에 의해 신돈의 핏줄로 낙인찍혀 역사에서 퇴장했다.

::

공양왕

소심하고 우유부단한 공양왕은 이성계의 뜻대로 움직였다. 조정을 완전히 장악한 이성계 세력이 마침내 역성혁명을 일으켜 공양왕은 왕씨 왕조의 마지막 왕으로 기록되었다.

공민왕의 배원 정책과 국권 회복 노력

충숙왕의 둘째 아들인 공민왕은 즉위한 뒤 고려의 재건을 위해 노력했다. 한때 세계 제패를 꿈꾸었던 원나라는 14세기 중반 이후 홍건적의 봉기와 내부의 기강 해이로 국운이 기울고 있었다. 이런 상황을 틈타 공민왕은 원의 속국 신세에서 벗어나 자주국을 이룩하려 했다.

공민왕은 친정 체제를 구축하기 위해 각 부서로 하여금 5일에 한 번씩 계를 올리도록 하고, 무신 정권 이후 중단되었던 서연書筵을 재개했다. 서연에서 고위 대신들은 경서와 예법 등을 강론하며 현안의 해결책을 내놓았다. 하지만 왕의 과감한 개혁 정책에 불만을 품은 삼사판사 조일신 무리가 정변을 일으켜 권력을 잡고 공민왕을 협박해 요직을 차지했다. 이에 공민왕은 기회를 엿보다 김첨수를 시켜 조일신을 제거하고 그 일당을 잡아들였다.

또한 공민왕은 배원적인 정책을 과감하게 실시했다. 전국에 변발, 호복 등 몽골 풍습을 금하는 명을 내렸으며, 몽골식 연호와 관제를 폐지하고 문종 시대의 제도로 복귀했다. 그동안 고려의 내정을 간섭해 온 정동행성을 폐지하고, 친원 세력인 기황후의 오빠 기철을 숙청했다. 또한 기황후의 친척이 반란을 도모할 때 은밀히 도왔던 쌍성총관부를 100년 만에 폐지해 원나라에 빼앗겼던 서북면과 동북면 영토를 되찾았다. 그러나 중국 허베이 성에서 봉기한 홍건적이 침입하기 시작하자 일시적으로 친원 정책을 펴기도 했다.

1359년, 홍건적 4만이 모거경의 지휘 아래 압록강을 건너와 철주와 서경까지 함락되었다. 고려는 이듬해 이들을 간신히 몰아냈으나 1361년 10월 다시 10만 대군이 쳐들어왔다. 이때 개경이 함락되어 공민왕은 안동까지 피신을 갔고, 원의 도움이 필요해 배원 정책을 포기하게 되었다. 1361년에는 정동행성을 다시 설치하고 이듬해에는 관제도 원나라식으로 복원했다. 어느 정도 진척을 이루던 자주 고려의 꿈은 이리하여 물거품이 되고 말았다. 한편으로 홍건적과 맞서 싸우는 동안 무신들의 영향력이 커져서 문신 중용 정책도 유야무야되었다.

이처럼 홍건적의 흔적이 지워지기도 전인 1363년, 설상가상으로 찬성사 김용이 반란을 일으켰다. 홍건적의 침입으로 개경의 궁궐이 폐허가 되어 흥왕사에 머물고 있던 공민왕은 살해당할 위기에 처했다가 간신히 구출되었다. 당시 왕은 태후인 노국대왕공주가 거처하던 밀실에 들어가 숨었는데, 반란군이 그 방을 뒤지러 오자 노국대왕공주가 문 앞을 막고 완강히 버텼고 마침 공민왕으로 분장한 환관 안도적이 죽임을 당해 공민왕은 목숨을 구할 수 있었다. 이때 반란군을 진압한 공로로 최영 장군(1316~1388)이 찬성사에 오르게 되었다.

한편 기철을 죽인 데 앙심을 품고 있던 기황후는 최유와 짜고 원 순제에게 고려가 자체적으로 만든 국인을 사용하고 있다고 무고했다. 이에 순제는 충선왕의 셋째 아들 덕흥군 왕혜를 고려의 왕으로 세우고 최유를 좌정승에 앉혔다. 연경에 있는 고려 사람들로 조정을 새로 이룬 뒤, 최유는 원나라 1만 군사를 이끌고 고려를 쳤다. 이들은 의주를 함락하고 수주(오늘날의 정주)에 웅거했으나 최영, 이성계(1335~1408) 등이 이를 물리쳐 원나라로 쫓겨 갔다. 최유는 순제에게 다시 군사를 내려 달라고 했으나, 국력이 쇠약해진 원은 고려 정벌을 포기하고 도리어 최유를 고려에 넘겨줘 결국 최유는 사형을 당했다.

금슬이 좋았던 공민왕과 노국대장공주

공민왕도 전왕들처럼 즉위하기 전까지 원에 볼모로 가 있었고, 원나라 공주를 아내로 맞아들였다. 그녀가 바로 노국대장공주인데, 앞선 왕들이 대부분 원나라 아내를 싫어했던 것과 달리 공민왕은 노국대장공주를 끔찍이 아꼈다. 고려 말기에 공민왕이 개혁 군주 역할을 할 수 있었던 것도 노국대장공주의 덕분이라 할 수 있다.

남성적 기질을 지녔던 노국대장공주는 섬세하고 꼼꼼한 공민왕에게 승마와 궁술을 가르치며 과단성 있는 정치인이 되도록 이끌었다. 노국대장공주는 나이 어린 충목왕과 충정왕이 신하들의 손에 농락당한 것을 잘 알았고, 이런 일을 겪지 않도록 공민왕이 강해지기를 바랐다. 한 사람의 장점이 다른 사람의 약점을 보완해 주는 데다 두 사람의 사랑에 빈틈이 없었으니 공민왕과 노국대장공주는 그야말로 찰떡궁합이었다. 공민왕 이전의 왕들은 원나라 아내와의 사이가 불편했던 터라 공민왕과 노국대장공주의 로맨스는 더욱 이채롭다.

공민왕은 1352년 왕위에 오른 후 인재를 등용하고 고려의 자주권을 회복하기 위해 애써 많은 성과를 거두었다. 그러나 1359년부터 1361년에 걸친 홍건적의 침입과 권신들의 다툼, 여러 차례의 반정으로 국력이 기울기 시작했다. 게다가 1365년 2월 노국대장공주가 난산 끝에 세상을 떠나고 말았다.

두 사람이 결혼한 지 16년 만에 태기가 있어 공민왕의 기쁨은 이루 말할 수 없이 컸다. 백성도 만세를 부르며 왕자의 탄생을 기대했다. 공민왕은 대사령을 내리고 각 사찰에 순산을 비는 불공을 드리라고 명하기도 했는데 이런 간절한 염원이 물거품이 된 것이었다.

공민왕은 반원 정책을 펴며 자주적인 고려를 꿈꿔 왔으나 노국대장공주의 죽음으로 그 꿈을 접어 버렸다. 과거의 원나라 출신 태후들과 달리 노국대장공주는 살아생전에 남편의 반원 정책을 적극 도와주었다. 변함없이 믿어 주는 든든한 배경이었던 아내를 잃자 공민왕은 정신 나간 사람처럼 되어 버렸다.

인생은 회자정리會者定離다. 누구나 만났다가 헤어진다. 좋은 만남보다 더 중요한 것이 좋은 이별이다. 사랑했던 사람과 헤어지는 것은 분명 힘든 일이지만, 이별 후 얼마 동안 애도 기간을 가진 다음 일상으로 복귀하는 것이 정상이다. 그러나 공민왕은 정상에서 비정상으로 퇴행했다. 이는 외면적으로 노국대장공주의 죽음 때문인 것 같지만, 사실 공민왕 자신의 내면의 그림자에 끌려 다닌 때문이었다.

자신의 존재 이유와도 같은 꿈이 사라지자 공민왕은 전혀 다른 사람으로 돌변했다. 자신의 꿈을 성취하기 위해 주변의 도움을 받을 수 있다 하더라도 그 꿈의 주체는 어디까지나 자기여야 한다. 공민왕은 반대로 도움을 주는 사람을 꿈의 주체처럼 여기다가 그 사람이 사라지니 덩달아 꿈도 소멸된 경우였다. 꿈의 주체였던 노국대장공주를 잃자 공민왕은 상실감과 절망감에 젖어 헤어나지 못했다. 공민왕은 당시 개경 주민의 존경을 받던 편조대사 신돈(?~1371)에게 전권을 맡기고 자신은 노국대장공주의 원혼을 달랜다며 불사에 매달렸다.

이를 보다 못한 최영이 간곡히 아뢰었으나 소용이 없었다.

"전하, 애통이 과하셔서 옥체가 염려되옵니다. 아예 궁궐을 다른 곳으로 옮기십시오."

"나는 태후와 함께 살았던 이곳을 떠나고 싶지 않소."

공민왕은 노국대장공주의 화상을 그려 놓고 바라보며 3년간 고기는 입에 대지도 않고 눈물로 세월을 보냈다. 노국대장공주가 묻힌 정릉 앞에 정자각을 짓고 매일 밤 원나라 음악을 연주하게 했고, 국가 중대사를 앞두고는 모든 신하가 정릉에 배례하도록 했다.

인간의 자아에는 밝은 요소와 어두운 요소가 있는데 융은 어두운 요소를 '그림자'라고 불렀다. 공민왕은 이 그림자가 폭발해 자아를 삼켜 버린 경우라 할 수 있다. 그림자를 지나치게 억누르면 완벽주의, 결벽증, 공황 장애 등 신경 쇠약이 되고 그림자를 그대로 방치하면 광인이 된다. 그림자도 자아의 한 부분이기에 스스로 달래 주어야 한다.

그림자를 달랠 때 남의 탓을 하거나 남에게 의지하기만 하면 공민왕처럼 위기에 봉착할 수 있다. 자신의 어두운 속성에 대해 타인과 환경 탓만 하면 자신의 본모습을 직면할 수 없고 근본적으로 상황을 개선할 수도 없다. 자기 자신의 어두운 면과 밝은 면을 그대로 바라보고 인정해야 하는데, 그래서 융은 '선한 사람보다 온전한 사람'이 되라고 했다.

공민왕의 그림자는 노국대장공주가 살아 있을 동안에는 그녀가 달래 주었다. 그때는 공민왕도 개혁 군주였다. 하지만 천성이 여린 공민왕은 믿고 의지하던 노국대장공주가 사라지자 자신의 그림자에 압도되어 자주적 고려를 이룩하겠다는 이상을 저버리고 말았다.

정신분석 학자 로버트 존슨Robert A. Johnson은 《당신의 그림자가 울고 있다》라는 책에서 자신의 그림자를 타인에게 투사하면 두 가지 부정적 효과가 나타난다고 했다. 내 안의 어둠을 타인에게 전가해 해를 끼치고, 내 그림자를 내던져 버림으로써 성장과 변화의 기회를 잃어버린다는 것이다. 그림자를 대하는 원칙은 우선 직면해서 수용하고, 그다음으로 함께 가볍게 춤을 추는 것이다. 그런데 이때 내가 주체가 되어 그림자와 춤을 춰야지 그림자에 휘둘려서는 안 된다.

하지만 스스로 주체가 되지 못한 공민왕은 이해관계가 얽혀 있던 권문세가를 다스리지 못하고 신돈에게 정치를 맡겨 버렸다. 이리하여 신돈은 최영 등의 무인과 이인복, 이구수 등 권문세가를

공민왕이 그린 것으로 전해지는 〈천산대렵도〉

24.5×21.8센티미터 크기로, 비단 바탕에 백산 또는 설산이라 불리는
천산에서의 수렵 장면을 묘사한 작품이다. 곤륜산의 북쪽 자락인 음
산에서의 사냥 모습을 표현해 〈음산대렵도〉라고도 불린다. 본래는 기
다란 두루마리 그림이었던 것이 조각난 것으로 보이며, 현재 국립중
앙박물관이 세 쪽을 소장하고 있다.

내치고 막강한 위세를 떨쳤다. 이에 여든이 넘은 만고의 충신 이제현까지 나서서 "신돈의 상을 보니 후환을 끼칠 것입니다"라며 멀리하라고 했으나 공민왕은 새겨듣지 않았다.

신돈의 역모와 공민왕의 일탈

공민왕이 주위의 만류를 뿌리치고 신돈을 신임하자 관료들도 신돈을 영공令公이라 부르고 원나라조차 친서에 상국相國으로 표기했다. 권력을 쥔 신돈은 개혁 작업을 통해 권문세가의 영향력을 축소해 나갔다. 전민변정도감을 설치해 부당하게 강탈당한 토지와 강제로 노비가 된 사람들을 본래대로 되돌렸다. 이때 혜택을 본 많은 사람은 신돈을 성인으로 추앙했다.

또한 신돈은 공자를 천하만세의 스승으로 여기며 성리학을 따르는 신진 사류인 이색(1328~1396), 정몽주(1337~1392), 이종오, 정도전(1342~1398), 권근(1352~1409) 등과 가깝게 지내며 개혁을 모색했다. 그러자 기존의 지배층이 심하게 반발했는데, 특히 신돈이 도선비기道詵秘記를 근거로 평양 천도론을 제기하자 그를 제거하기 위해 적극적으로 나서게 되었다.

1367년 10월과 다음 해 10월에 전·현직 고위 관료들이 신돈을 죽이려고 모의하던 중 발각된 일이 있었다. 국내외 정세 또한 신돈에게 불리하게 돌아가고 있었다. 원명 교체기를 맞아 고려 무

장들의 세력이 강화되었고, 승려인 신돈과 불교를 비판하는 신진
사류가 융화하는 데도 한계가 있었다. 때마침 심한 흉년이 들어
실권자인 신돈의 입장은 더욱 난처해졌다. 그런데다 신돈은 치부
와 여색에 빠져서 많은 자식을 낳아 엄청난 비난을 받았다.

상황이 이쯤 되자 공민왕도 신돈을 버거워하게 되었고, 이런
공민왕의 마음을 알아차린 신돈은 역모를 꾸몄다. 그러나 신돈의
문객 선부의랑 이인이 이를 익명으로 고발해 신돈과 그를 따르던
무리가 모두 처형을 당했다.

믿고 따랐던 신돈마저 잃자 공민왕은 오래전 죽은 노국대장공
주를 더욱더 그리워하며 술독에 빠져 지냈다. 원래 공민왕은 여색
을 밝히지 않았는데 노국대장공주가 죽은 뒤 후궁들이 총애를 받
으려 덤벼들자 오히려 여자를 멀리하게 되었다. 그 대신 귀족의
자제 중 젊고 인물이 출중한 남자들을 뽑아 자제위를 만들었다.
이는 중국의 용양龍陽이란 풍속을 빌려 온 것으로, 자제위는 왕의
침전에 기거하면서 시중을 들고 동성애의 상대가 되기도 했다. 공
민왕은 자제위와 젊은 시녀들에게 음란한 짓을 하도록 시키고 문
틈으로 엿보는 변태적인 행동을 하기도 했다.

당시 공민왕에게는 신돈의 여종 반야가 낳은 모니노 외에 후
사가 없었다. 그런데 모니노가 신돈의 자식이라는 소문이 있었고,
어미가 천한 여종이라 모니노를 세자로 삼기가 부담스러웠다. 그
리하여 공민왕은 해괴망측한 짓을 꾸몄다. 자제위 중에서 홍륜,
한안 등에게 왕비를 강간하라고 시킨 것이다. 이때 정비, 혜비, 신

비는 목숨 걸고 거부했고, 공민왕의 협박에 겁먹은 익비가 이를 받아들였다.

마침내 익비가 홍륜의 아이를 잉태하자 공민왕은 자기 자식처럼 꾸미기 위해 내시 최만생에게 홍륜 일파를 제거하도록 시켰다. 하지만 도리어 최만생이 이를 홍륜에게 알려 줘 홍륜 등은 만취해 잠든 공민왕을 무참히 죽여 버렸다.

공민왕은 자신의 피살을 예견이나 한 것처럼 죽기 얼마 전에 모니노의 어미가 이미 죽은 궁인 한씨라고 밝혔다. 만일 반야가 친모라면 모니노의 아버지를 신돈이라고 생각할까 봐 그렇게 말한 것이었다.

공민왕이 살해당하자 여명태후는 이인임(?~1388)과 경복흥을 불러 범인을 잡아들이라고 했다. 그들은 즉시 궁궐을 폐쇄하고 조사해 자제위의 짓임을 밝혀냈다. 이로써 자제위는 설치된 지 2년 만에 해체되었고, 이인임과 양녕군 왕유 등의 주장에 따라 모니노가 왕위에 올랐다.

 ## 우왕, 이인임과 최영에게 의존하다

모니노는 고려의 제32대 우왕(1365~1389)으로 즉위했다. 당시 그는 열 살에 불과해 할머니인 명덕태후 홍씨가 섭정을 했다. 하지만 실권은 이인임이 행사했고 최영도 권부의 핵심 인물로 부상했다. 한편 우왕의 생모인 반야는 아들이 왕이 되었는데도 불러 주지 않자 명덕태후를 찾아가 고했다.

"제가 왕의 어미입니다. 제가 왕을 낳았는데 어찌 한씨가 왕의 어미라고 하십니까?"

이에 명덕태후는 반야의 입을 틀어막고 가두게 했다. 그리고 손자 우왕의 권위에 해가 되지 않도록 반야에게 불경죄를 물어 죽였다.

처음에 우왕은 명덕태후의 훈계를 받으며 학문 닦기에 힘썼고 바른 몸가짐을 해 신망을 얻었다. 그러나 1380년(우왕 6년) 매사에 근엄하고 법도가 엄격한 명덕태후가 세상을 떠나자 사냥과 주색잡기에 빠져 국고가 텅 비어 버렸다. 우왕이 총애한 여인은 비가 9명, 옹주가 3명으로 이들을 구비삼옹주九妃三翁主라 했다. 그런데 이들의 세도가 얼마나 대단했던지 한 달에 공상받은 포만 3,900필이었다고 한다.

이 무렵 전국 각지에서 왜구가 출몰해 노략질을 일삼았다. 1376년 논산에 침입한 왜구를 최영이 크게 물리쳤고, 1380년 금강 어귀의 진포에 침입한 왜구의 함선 500척을 최무선이 화약과 화포로 모두 불태웠다. 하지만 그 뒤로도 왜구의 노략질은 끊이지 않았다.

설상가상으로 명나라가 철령 이북의 땅이 원나라에 속했으니 자기네 것이라고 통보해 왔다. 원래 고려 땅인 철령 이북을 원나라가 강탈해 쌍성총관부를 설치하고 관할했는데 이를 되찾아오

  심리학으로 읽는 고려왕조실록

자 명나라는 이 땅을 직속령으로 삼고 철령위를 설치하려 했다.

이 일로 고려 조정은 회의를 거듭했다. 고려 말 최영 중심의 권문세가와 이성계 중심의 신진 사대부는 갈등이 깊어 가고 있었다. 이들은 홍건적과 왜구를 물리칠 때는 힘을 모았으나 요동 정벌 문제로 대립하기 시작했다. 권문세가는 쇠락하는 원나라와, 신진 사대부는 떠오르는 명나라와 가까웠으니 당연히 신진 사대부는 요동 정벌을 반대하고 권문세가는 적극 찬성했다.

이렇듯 요동 정벌을 눈앞에 둔 시점에 우왕은 최영의 딸을 왕비로 삼았다. 그동안 고려의 살림은 이인임이, 군권은 최영이 맡고 있었는데 둘 다 문무의 수구 보수파를 대변하는 인물이었다. 그런데 최영은 황금을 돌같이 보는 사람이었던 반면에 이인임은 매관매직을 일삼았다.

이인임이 염흥방, 임견미 등과 더불어 권력을 농락하자 우왕은 이인임을 제거하라고 최영에게 명했다. 평소에 이인임이 최영에게 이성계는 야심이 지나쳐 왕위를 노리는 자라고 경고했으나, 전쟁터에서 이성계와 동고동락했던 최영은 그 말을 믿지 않고 도리어 이인임을 제거하는 데 이성계를 동원했다. 그리하여 최영과 이성계는 함께 이인임을 축출하고 전권을 장악하게 되었다.

이인임에게 의존했던 우왕은 이인임을 제거한 뒤 그 공백을 메우기 위해 최영에게 매달렸다. 1388년 우왕에게 시집간 영비 최씨는 최영의 서녀였다. 최영은 우왕이 자신의 딸과 혼인하려고 할 때 첩의 딸이라 왕비가 될 수 없다며 거절했으나 우왕이 끈질기

강박 장애의 치료

어떤 행동을 하려는 충동이 반복적으로 떠오르고 그 행동을 하지 못할 때 불안을 느낀다면 강박 장애라고 할 수 있다. 이를 치료하려면 뇌에서 잘못 보낸 신호임을 알고 심리적 맷집을 키워야 한다. 계속 손을 씻는 결벽증이 있는 경우, 일부러 아주 더러운 것을 만지고 손을 씻지 못하게 한다. 이렇듯 강박적인 행동을 하지 않아도 아무렇지 않다는 것을 수차례 반복하다 보면 그 행동이 줄어들게 된다.

게 요청하자 하는 수 없이 허락했다. 원래 우왕은 최영이 너무 곧다며 그 집에 일절 찾아가지 않았으나 영비 최씨를 맞이한 후로는 사흘이 멀다 하고 최영을 찾았다. 그만큼 우왕은 의존 강박증이 있었다.

손을 계속 씻는다거나 문단속을 계속하는 것과 같은 행위 강박증은 스스로 자각할 수 있지만, 대인 의존 강박증의 경우 겉으로 드러나는 불편함이 없으므로 자신도 잘 모른다. 사람들은 대부분 특정 행위에 대한 집착이 있는데, 생활하는 데 불편하지 않다면 큰 문제가 되지 않는다.

대인 의존 강박증이 있었던 우왕은 출생 시비에 시달리다 왕위에 오른 터라 정통성 측면에서 위태로움이 잠복해 있는 상태였다. 게다가 고려의 상주국이던 원나라가 지고 명나라가 떠오르는 가운데 요동을 정벌해야 하는 상황에 처하자 극도로 불안해져서 더더욱 최영에게 의지하게 되었다.

 이성계의 위화도 회군

청렴결백한 최영이 나라를 맡자 조정이 안정되는가 싶더니 명나

심리학으로 읽는 고려왕조실록

라가 철령 이북의 땅을 요구하자 심각한 국론 분열이 일어났다. 이 논쟁이 지속되자 우왕과 최영은 사냥을 빌미로 대규모 군사를 동원해 해주에 가서 군사 훈련을 했다. 그 후 1388년 4월에 봉주로 이동해 이성계를 불러 요동 정벌을 분부했다. 하지만 이성계는 '사불가론四不可論'을 펴며 요동 정벌이 무모하다고 역설했다.

"첫째 작은 나라가 큰 나라를 치기가 쉽지 않고, 둘째 농사철에 군사를 일으키니 적합하지 않고, 셋째 요동을 치는 틈을 타 왜구가 준동할 염려가 있고, 넷째 여름 장마철이라 활의 아교가 녹고 병사들도 전염병에 걸리기 쉽사옵니다."

그래도 우왕이 출전을 고집하자 이성계가 중재안을 내놓았다.

"곡식이 익는 가을에 출영하시면 전하의 큰 계책을 이루실 수 있습니다."

이마저도 우왕이 거부하고 팔도도통사에 최영을 임명해 자신과 함께 서경에 남아 독전케 하고, 좌우도통사에 조민수와 이성계를 임명해 5만 군사를 주고 출전 명령을 내렸다. 이러한 요동 정벌의 강행 뒤에는 최영이 있었다. 그렇다면 최영은 왜 요동 정벌을 밀어붙였을까?

당시 상승일로에 있던 명나라를 완전히 꺾기 어렵다는 것을 최영도 잘 알고 있었으나 신생국인 명나라의 속사정도 편치만은 않았다. 명은 원을 북쪽으로 몰아내고 1368년 세워졌으나 외몽골로 쫓겨난 원의 잔존 세력이 북원을 세우고 1402년까지 존속했다.

명나라는 1421년 북경으로 천도하기 전까지 남경이 수도였으므로 주력군도 요동과는 거리가 먼 남쪽에 있었다. 황실 내부에 분열의 조짐도 있었다. 만일 명나라가 요동에서 고려와 전면전을 벌인다면, 서쪽과 남쪽 변경이 불안해져서 만주에 있던 여진족이 움직일 것이 뻔했다. 그러므로 명나라로서도 요동을 지키기 위해 고려와 맞설 수 없는 형편이었다. 이를 예측한 최영은 요동 정벌이 가능하다고 보았고, 설령 실패한다고 해도 최영 입장에서는 손해 볼 일이 전혀 없었다.

북진 정벌의 꿈은 1135년 승려 묘청이 추진하다가 좌절된 후 250년 만에 다시 추진하는 일이었다. 이것만 해도 최영은 고려 건국의 목표를 재확인하며 고려인들의 마음을 사는 업적을 쌓는 셈이었다. 신진 사림의 대부 이성계는 우왕과 최영에게 가장 위협적인 존재였는데, 전투에 나갔다가 죽을 수도 있고 만약 패배하고 돌아오면 책임을 물어 제거하면 된다. 만일 이성계가 승리하고 돌아온다면 요동 정벌을 주장했던 최영의 입지는 더욱 확고해진다.

이런 최영의 생각을 이성계도 꿰뚫고 있었다. 이인임을 몰아낼 때 자기 힘을 이용했던 최영이 요동 정벌이라는 대의명분으로 자신을 사지로 몰아넣는다는 것을 간파했다. 최영은 총사령관이면서도 전쟁에 나서지 않고 우왕과 함께 후방에 있었고, 명나라 정도와 싸우려면 적어도 30만 병력은 있어야 하는데 5만 병력만 내주었기 때문이다.

1388년 5월 초순, 고려군은 압록강 중간의 위화도에 머물렀

  심리학으로 읽는 고려왕조실록

다. 마침 장마가 시작되어 강물이 불어났고, 무더위에 갑옷을 입기도 힘든 지경인 데다 활도 풀렸다. 병사들의 사기가 크게 떨어지자 이성계와 조민수는 상소를 올려 회군을 청했으나 우왕과 최영은 도리어 빨리 진격하라고 재촉했다. 이렇게 우왕 측과 위화도 주둔군 사이에 논쟁이 일어나자 군사들은 싸울 의욕을 상실하고 하루빨리 고향으로 돌아가기만을 바랐다. 이런 상황에서 요동으로 쳐들어가 봐야 백전백패하리라 예상한 이성계는 군사를 돌려 개경으로 향했다.

우왕과 최영은 이성계의 회군 소식을 듣고 급히 개경으로 가 방어진을 쳤다. 하지만 요동 정벌에 동원된 대군을 막아 내기에는 역부족이었다. 궁궐을 장악한 이성계와 조민수는 우왕을 폐위해 강화도로 귀양을 보내고 겨우 아홉 살의 창왕(1380~1389)을 세웠다. 최영은 유배를 보냈다가 참형에 처했다.

최후를 맞이한 고려의 마지막 명장 최영과 새 시대를 여는 새벽별이 된 이성계. 이렇게 엇갈린 운명처럼 두 사람은 출신 배경부터 달랐다. 이성계보다 스무 살이 더 많은 최영은 누대에 걸친 귀족 가문 출신으로 권문세가를 옹호했다. 이에 비해 이성계는 고려 조정에 기반이 전혀 없이 지방 관리 출신인 아버지 이자춘의 공으로 20세에 벼슬을 시작했다. 자연히 이성계는 지방 향리 출신인 신진 사대부들과 어울리면서 개혁적인 성향을 띠게 되었다.

한편, 보수적인 성향의 최영은 개인적으로는 청렴하고 국가에 대한 충성심이 충만했다 하더라도 그가 속한 권문세가는 오랫동

최영 장군의 묘

．
．
．
．
．
．
．
．

최영은 1316년(충숙왕 3년)에 태어나 호군, 대호군을 거쳐 문하시중에
까지 올랐다. 공민왕과 우왕 때 왜구와 홍건적의 침입을 수차례 물리
치고 1388년 요동 정벌을 계획했으나 이성계의 위화도 회군으로 뜻
을 이루지 못했다. 개성에 난입한 이성계와 맞서 싸우다가 잡혀 유배
되었다가 참형을 당했다. 묘는 경기도 고양시 대자동 대자산 기슭에
있다.

안 원나라를 등에 업고 대농장을 경영하며 민생을 수탈해 온 세력이었다. 이런 특권층에 둘러싸여 있었으니 올곧은 성품이었다 해도 최영이 기존 체제의 모순을 몸소 느끼기는 어려웠을 것이다.

 ## 창왕, 이성계에 의해 공공의 적이 되다

최영을 몰아내고 권력을 거머쥔 이성계와 조민수는 우왕의 후계자를 결정하면서 세력이 둘로 나뉘었다. 이성계와 정도전 등 급진파는 종친 중에 자신들에게 동조할 사람을 왕으로 세우려 했고, 조민수와 정몽주 등 온건파는 우왕의 맏아들인 창을 세우려고 했다. 결국 합의를 보지 못하자 당시 신망이 높은 이색에게 의견을 물었는데, 이색은 마땅히 세자가 왕이 되어야 한다며 온건파를 지지했다.

창왕(고려의 제33대)이 즉위하자 창왕의 옹립에 공을 세운 이색과 조민수가 정권을 장악하는 듯했으나 묘하게 이성계에게 권력이 집중되기 시작했다. 이성계는 신진 사대부의 절대적 지지를 받으며 조준의 도움을 받아 국정 전반을 혁신하고자 했다. 1388년 7월, 이성계가 전제개혁소를 올려 토지 제도를 뒤집으려 하자 조민수가 이를 반대했다. 그러나 조준의 탄핵으로 조민수는 유배를 가게 되었고, 이성계파가 세력을 장악하자 이색도 더 이상 버티지 못하고 스스로 물러났다.

이렇게 조정의 전권을 장악한 이성계는
자신의 뜻에 반해 왕이 된 창왕을 쫓아내
려고 '폐가입진廢假立眞'의 논리를 내세웠
다. 이는 가짜를 없애고 진짜를 세운다는
뜻으로 창왕을 신돈의 혈통으로 규정한
것이었다. 명망 있는 대유학자 이색이 나
서서 "우왕과 창왕은 공민왕의 후손"이라
고 했지만 이는 이성계 일파에 묵살당하
고 말았다. 이렇게 정통성을 부정당한 창
왕은 왕으로서의 권위를 잃고 말았다.

폐가입진은 이씨 조선을 만들기 위한 모략에 불과했지만 정몽
주조차 이 논리에 동조하며 고려 왕씨로 적통을 새로이 내세울
명분을 확보했다. 백성의 불만이 고조될 때, 대중 조작에 능한 정
치인은 그 불만을 해소할 희생양이나 공공의 적을 만든다. 십자군
전쟁, 미국의 이라크 침공 등 역사 속에서 많은 전쟁이 이런 차원
에서 발생했다.

고려가 의지하던 원나라가 몰락하고 명나라가 새로 부상하던
때 왕실은 원에 집착하고 궁핍한 백성의 삶을 도외시한 채 명나
라와 싸우려 했으니 고려인의 분노가 한계에 달했음을 이성계는
잘 알고 있었다. 그런데 왕이 태조 왕건의 후손이 아니라 요승 신
돈의 자식이라면 민심이 돌아서는 것은 시간문제였다.

공양왕, 소심했기에 왕이 되다

1389년 11월, 마침내 창왕이 폐위되고 고려의 마지막 왕인 제34대 공양왕(1345~1394)이 등극했다. 공양왕은 제20대 왕 신종의 7대손으로 왕위에 오를 때 나이가 45세였다. 그런데 이성계는 그 많은 왕족 중에서 왜 하필 그를 골라 왕위에 앉혔을까?

공양왕은 눈물이 많은 왕으로 유명할 만큼 겁이 많고 우유부단했다. 주목받거나 자기 존재감을 과시하려는 사람이 아니었기 때문에 허수아비 왕 노릇을 하는 데 그가 적격이었다. 이성계가 왕이 되라고 하자 공양왕은 소스라치게 놀라며 근심 걱정을 했다. 그가 왕위에 오른 후 한 첫마디를 보면 그의 품성을 가히 짐작할 수 있다.

"내 평생 풍족하게 먹고 입고 종을 부리고 사는데 굳이 이제 와서 막중한 책임을 맡아야 한다니 어찌 해야 할지를 모르겠다."

이처럼 소심하고 유약한 덕분에 왕위에 오른 공양왕. 그를 차기 왕으로 지목했을 때 조준은 그가 나라를 다스릴 인물이 못 된다고 반대했지만, 공양왕은 이성계의 기대를 충족시켜 주었다. 창왕 즉위에 공을 세운 조민수, 하륜, 권근, 이승인 등을 유배 보내고 우왕과 창왕을 제거해 준 것이었다.

인간의 뇌는 효율성을 높이기 위해 습관적인 방식으로 작동한다. 처음 미로에 들어선 쥐는 뇌신경을 활발하게 움직이며 많은 에너지를 소모하지만, 길을 찾아 익숙해지면 에너지를 거의 소모하지 않고 아는 길로 다닌다. 뇌가 일련의 행동을 기계적 응답으로 전환하는 것을 '청킹chunking'이라 하는데, 이처럼 '신호-행동-보상'을 반복하는 사이에 기계적으로 습관이 형성된다.

심리학의 대상관계 이론에서는 모든 사람에게 자기와 타인의 관계 이미지가 있다고 본다. 자기 표상은 내가 나를 어떤 이미지로 보는지를 나타내고, 대상 표상은 내가 타인과 세상을 어떤 이미지로 보는지를 나타낸다. 주도적으로 일 처리를 할 만한 그릇이 아니었던 공양왕의 자기 표상은 '대세 추종형'이고, 대상 표상은 '힘센 주동자'였다. 이성계는 공양왕이 어떤 습관의 힘에 지배를 받는지 잘 알고 있었다.

인간은 무의식적으로 능력 면에서 '탁월한 자기'와 '무능한 대상' 또는 '무능한 자기'와 '탁월한 대상'으로 구분하고, 윤리 면에서 '바른 나'와 '못된 대상' 또는 '못된 나'와 '바른 대상'으로 구분한다. 이 안에서 대상이 누구냐에 따라 여러 반응을 보이는데, 자신은 바르지 못하거나 못났고 상대는 뛰어나다고 보는 경우 은연중에 마조히즘적 경향을 띠며, 상대가 자신을 무시하거나 억눌러도 그를 용감하고 멋지다고 생각하면서 관계를 유지한다. 반대의 경우에는 상대를 무시하고 억압하면서 이를 받아들이는 대상과 관계를 지속한다.

이 같은 대상관계 표상을 제대로 정립하려면 우선 나와 대상에게 잘난 측면과 못난 측면이 모두 있음을 인식해야 한다. 온전히 옳거나 온전히 나쁜 사람은 없는 법이다. 다소 실망스러운 부분이 있는 사람이라도 일관성 있게 안정된 관계를 지속해야 한다. 즉, 대상 항상성은 이분법적 대상관계를 극복하는 데 중요한 요소다.

고려를 딛고 조선이 들어서다

나약한 공양왕을 내세운 이성계는 정치, 경제, 교육 등 사회 전 분야에 걸쳐 유교 중심의 변혁 작업을 단행했다. 숭유억불 정책의 일환으로 집집마다 가묘를 세워 주자가례를 시행하도록 했으며, 사찰의 재산을 몰수해 국고를 채웠다. 1390년에는 도읍을 한양으로 옮겼다가 민심이 요동치자 다시 개경으로 돌아오기도 했다.

이런 급진적 개혁에 대해 정몽주, 이숭인 등은 부정적인 시각을 가졌다. 특히 1391년 과전법 시행 이후 정몽주는 이성계가 역성혁명易姓革命을 노골적으로 내비친다고 여겨 이성계를 반대하는 입장을 분명히 했다. 과전법은 기존 권력자들의 토지를 빼앗아 신흥 세력의 경제 기반을 제공하는 한 방편이 되었기 때문이었다.

정몽주는 위화도 회군은 물론 우왕과 창왕 폐위, 공양왕 옹립 등 고비마다 이성계와 뜻을 함께했다. 그러나 이 모든 것은 고려 왕조 안에서 개혁을 이루자는 의도였다. 정몽주 등 온건파는 부패한 권문세가의 제가齊家가 목적이었고, 정도전 등 급진파는 권문세가와 동반자인 고려 왕실도 해체되어야 한다고 보았다. 정도전은 부패한 고려를 대신할 이상 사회를 제시해 정몽주와 정면충돌

하게 되었다. 이성계는 이런 정도전을 활용해 고려 왕조를 전복하려는 뜻을 노골적으로 내비쳤다.

이성계 일파를 제거할 기회를 노리던 정몽주는 1392년 3월 이성계가 명나라에 다녀오는 세자를 영접하러 황주에 갔다가 낙마해 벽란도에서 머무는 사이에 조준, 남은, 정도전, 남재 등 이성계의 심복들을 탄핵해 유배를 보냈다. 우유부단한 공양왕은 이성계가 없는 틈에 이 탄핵을 받아들였다. 이에 이성계의 다섯째 아들 이방원(1367~1422)은 부랴부랴 벽란도로 달려가 이성계를 가마에 태워 데려왔다. 이성계가 돌아왔다는 소식을 들은 공양왕은 가슴이 덜컥 내려앉아 어쩔 줄 몰라 했다.

정몽주는 병문안도 하고 동태도 살필 생각으로 이성계의 집에 가려고 했다. 이때 변중량이 찾아와 이방원이 그를 제거할 계책을 꾸미고 있다고 알려 주었다. 변중량은 이성계의 이복형인 이원계의 사위로 어찌 보면 정몽주의 정적에 속했다. 그만큼 정몽주는 누구에게나 존경받는 인물이었다. 이런 경고를 받고도 1392년 4월 4일 정몽주는 이성계의 집을 방문했다. 이때 이방원은 정몽주의 진심을 마지막으로 확인하기로 했다. 백성의 신망이 높은 정몽주라면 새 왕조를 창건하고 민심을 안정하는 데 큰 도움이 될 것이었기 때문이다.

이방원은 정몽주가 이성계를 문병하고 나오기를 기다렸다가 대청마루에 마주 앉아 함께 술잔을 들었다. 이방원이 먼저 〈하여가何如歌〉를 읊자 정몽주가 〈단심가丹心歌〉로 화답했다.

〈하여가〉

이런들 또 어떠하며如此亦如何

저런들 또 어떠하리如彼亦如何

성황당의 뒷담이城隍堂後垣

무너진들 또 어떠하리頹落亦何如

우리도 이같이 하여吾輩若此爲

죽지 않은들 어떠하리不死亦何如

〈단심가〉

이 몸이 죽고 죽어此身死了死了

일백 번 고쳐 죽어一百番更死了

백골이 진토 되어白骨爲塵土

넋이라도 있고 없고魂魄有也無

임 향한 일편단심이야向主一片丹心

가실 줄이 있으랴寧有改理與之

　정몽주 같은 만고의 충신은 충성의 대상과 자신을 동일시한다. 그리고 그 동일시의 대상이 소멸하면 자기도 소멸한다고 생각해 위기 앞에서도 무모할 만큼 자신을 내던져 방어한다. 이방원의 회유에도 소신을 굽히지 않은 정몽주는 결국 집으로 돌아가던 길에 선죽교에서 최후를 맞았다.

　정몽주가 사라지자 공양왕은 고립무원이나 마찬가지였다.

선죽교

개성시 선죽동에 있는 석교로 북한의 국보 문화유물 제159호다. 태조 왕건이 919년 송도의 시가지를 정비할 때 축조한 것으로 추정된다. 정몽주가 훗날 조선 태종이 된 이방원 일파에게 피살된 장소로, 원래 선지교였으나 정몽주가 죽던 날 밤 다리 옆에서 참대가 솟아 나와 선죽교라 부르게 되었다고 전한다. 고려 시대에는 돌난간이 없었는데 1780년 정몽주의 후손이 설치했다.

1392년 7월 정도전, 남은, 조준 등이 공양왕을 왕위에서 끌어내림으로써 고려 왕조는 왕건이 918년 건국한 지 475년 만에 막을 내리게 되었다.

전全씨, 옥玉씨, 전田씨, 용龍씨로 바뀌는 등 부침이 심했던 왕씨 왕조가 끝나고 이씨 왕조의 문이 열렸다. 1392년 7월 17일 태조 이성계가 왕위에 오르고, 이듬해 2월 나라의 이름을 조선으로 바꿨으니 500년 조선의 역사가 시작되었다.

부록

세계사 속의 고려사
찾아보기

세계사 속의 고려사

고려사	연도	세계사
견훤, 후백제 건국	900년	
궁예, 후고구려 건국	901년	
	907년	당 멸망/5대 10국 시대 시작
왕건, 고려 건국	918년	
	926년	발해 멸망
신라 경순왕, 고려에 항복	935년	
후백제 멸망	936년	
제2대 혜종 즉위	943년	
제3대 정종 즉위	945년	
	947년	거란, 요 건국
제4대 광종 즉위	949년	
노비안검법 실시	956년	
과거 제도 실시	958년	
	960년	송 건국
	962년	신성 로마 제국 성립, 오토 대제 황제로 즉위
제5대 경종 즉위	975년	
제6대 성종 즉위	981년	
'시무 28조' 채택	982년	
	987년	러시아, 그리스 정교로 개종
거란의 1차 침입	993년	
건원중보 주조 · 유통	996년	
제7대 목종 즉위	997년	

고려사	연도	세계사
강조의 정변/제8대 현종 즉위	1009년	
거란의 2차 침입	1010년	
거란의 3차 침입	1018년	
강감찬의 귀주대첩	1019년	
제9대 덕종 즉위	1031년	
거란의 침략 시도	1033년	
제10대 정종 즉위	1034년	
	1037년	셀주크 왕조 건국
	1038년	서하 건국
제11대 문종 즉위	1046년	
삼복제 도입	1047년	
	1054년	크리스트교, 동 · 서 교회의 분열 시작
	1066년	노르만의 잉글랜드 정복
	1069년	북송, 왕안석의 신법 시행
고려, 송과 국교 재개	1071년	
	1077년	카노사의 굴욕
제12대 순종 즉위/제13대 선종 즉위	1083년	
제14대 헌종 즉위	1094년	
제15대 숙종 즉위	1095년	
	1096년	1차 십자군 전쟁
천태종 개창	1099년	
남경 건설 시작	1101년	
남경 궁궐 완성	1104년	
제16대 예종 즉위	1105년	
동북 9성 축조	1107년	
동북 9성 철수	1109년	
	1115년	여진, 금 건국
제17대 인종 즉위	1122년	
	1125년	요, 금에 멸망
이자겸의 난	1126년	
	1127년	북송 멸망/남송 건국
묘청의 난	1135년	
《삼국사기》편찬	1145년	
제18대 의종 즉위	1146년	

고려사	연도	세계사
유시의 변	1167년	
정중부의 난/제19대 명종 즉위	1170년	
이고의 반란	1171년	
조위총의 난	1174년	
망이 · 망소이의 난	1176년	
	1187년	이집트, 예루살렘 탈환
	1192년	일본, 가마쿠라 막부 성립
최충헌, '봉사 10조' 제시	1196년	
제20대 신종 즉위	1197년	
만적의 난	1198년	
제21대 희종 즉위	1204년	1204년 4차 십자군 전쟁(콘스탄티노플 함락)
	1206년	몽골 제국 성립
교정도감 설치	1209년	
희종 폐위/제22대 강종 즉위	1211년	
제23대 고종 즉위	1213년	
몽골과 고려 연합, 거란 공격	1218년	
고려, 몽골과 강제 맹약	1219년	
	1227년	서하, 몽골에 멸망
몽골 1차 침입	1231년	1231년 호라즘, 몽골에 멸망
강화도 천도/몽골 2차 침입	1232년	
	1234년	금, 몽골에 멸망
몽골 3차 침입	1235년	
대장도감 설치	1236년	
	1241년	신성 로마 제국, 한자동맹 성립
몽골 4차 침입	1247년	
	1250년	맘루크 왕조 건국
〈팔만대장경〉 완성	1251년	
최씨 무인 정권 붕괴	1258년	1258년 아바스 왕조, 몽골에 멸망
제24대 원종 즉위	1259년	
	1265년	영국, 의회 시작됨
개경 환도/삼별초의 항쟁	1270년	
	1271년	원 건국
제25대 충렬왕 즉위	1274년	
	1279년	남송 멸망/마르코 폴로 중국 여행

고려사	연도	세계사
정동행성 설치	1280년	
일연,《삼국유사》편찬	1281년	
	1287년	파간 왕조, 몽골에 멸망
제26대 충선왕 즉위/충렬왕 복위	1298년	
	1299년	오스만 제국 성립
충선왕 복위	1308년	
	1309년	프랑스, 삼부회 소집
제27대 충숙왕 즉위	1313년	
제28대 충혜왕 즉위	1330년	
충혜왕 폐위/충숙왕 복위	1332년	
	1336년	일본, 남북조 시대 시작
	1337년	백년전쟁 발발
	1338년	일본, 무로마치 막부 성립
충혜왕 복위	1339년	
제29대 충목왕 즉위	1344년	
	1347년	유럽, 흑사병 발생
제30대 충정왕 즉위	1349년	
제31대 공민왕 즉위	1351년	1351년 중국, 홍건적의 난 발발
	1358년	프랑스, 자크리의 난
홍건적 1차 침입	1359년	
홍건적 2차 침입	1361년	
김용의 난	1363년	
전민변정도감 설치	1366년	
	1368년	명 건국
	1369년	중앙아시아에 티무르 제국 성립
제32대 우왕 즉위	1374년	
이성계의 위화도 회군/제33대 창왕 즉위	1388년	
제34대 공양왕 즉위	1389년	
과전법 시행	1391년	
조선 건국	1392년	1392년 일본, 무로마치 막부의 요시미쓰가 남북조 통일

찾아보기

심리학으로 읽는
고려왕조실록

지은이 | 이동연
발행처 | 도서출판 평단
발행인 | 최석두

등록번호 | 제2015-00132호
등록연월일 | 1988년 7월 6일

초판 1쇄 인쇄 | 2022년 10월 25일
초판 1쇄 발행 | 2022년 11월 10일

주소 | (우편번호 10594) 경기도 고양시 덕양구 통일로 140(동산동 376)
　　　삼송테크노밸리 A동 351호
전화번호 | (02) 325-8144(代)
팩스번호 | (02) 325-8143
이메일 | pyongdan@daum.net

ISBN 978-89-7343-546-3 03180